互联网＋应用创新型财会系列教材

基础会计

（第二版）

主　编　冯　建

副主编　许　蓉

中国教育出版传媒集团

高等教育出版社·北京

内容简介

　　本教材主要阐述会计学的基本理论、基本核算方法和基本操作技能。通过本教材的学习,学生能够理解会计的定义、基本职能、会计对象、会计要素等基本理论,掌握设置会计科目和账户、复式记账、填制和审核会计凭证、登记账簿、成本核算、财产清查和编制会计报表的操作技能,为后续学习"财务会计""成本会计""管理会计""高级财务会计"等课程打下基础。

　　本教材可作为高等学校会计、财务管理、审计等专业本科生相关课程的教材,也可供对数字经济下会计理论和实务发展趋势感兴趣的读者学习知识使用。

图书在版编目（CIP）数据

　　基础会计 / 冯建主编;许蓉副主编 . --2 版 .

北京:高等教育出版社,2025.3. --ISBN 978-7-04
-062549-3

　　Ⅰ. F230

　　中国国家版本馆 CIP 数据核字第 2024KT6826 号

基础会计
Jichu Kuaiji

| 策划编辑　王　琼 | 责任编辑　王　琼 | 封面设计　李树龙 | 版式设计　徐艳妮 |
| 责任绘图　邓　超 | 责任校对　刘丽娴 | 责任印制　刘思涵 | |

出版发行	高等教育出版社	网　　址	http://www.hep.edu.cn
社　　址	北京市西城区德外大街4号		http://www.hep.com.cn
邮政编码	100120	网上订购	http://www.hepmall.com.cn
印　　刷	高教社（天津）印务有限公司		http://www.hepmall.com
开　　本	787 mm×1092 mm　1/16		http://www.hepmall.cn
印　　张	14.75	版　　次	2018 年 1 月第 1 版
字　　数	330 千字		2025 年 3 月第 2 版
购书热线	010-58581118	印　　次	2025 年 3 月第 1 次印刷
咨询电话	400-810-0598	定　　价	35.00 元

第二版前言

"基础会计"是会计学专业的专业核心课程,也是经管类其他专业的专业基础课。本课程具有理论性、实践性和技术性等特点。自本书第一版出版6年多来,国家修订了部分准则的同时,变更了部分会计科目的名称,增值税的基本税率也从17%调整到13%,第一版教材的部分科目和例题需要修订和更新。

《基础会计》第二版在保留第一版特色的基础上,以党的二十大报告中的"推进文化自信自强,铸就社会主义文化新辉煌"为指导,力争做到适应中国特色会计理论与方法体系建设需要,主要在结构和内容上做了如下修订:

(1) 根据最新企业会计准则规定,修订了全书的相关会计科目,根据增值税暂行条例及其实施细则的最新规定,按现行增值税率调整全书相关例题。

(2) 根据《关于规范电子会计凭证报销入账归档的通知》(财会〔2020〕6号)文件,第四章会计凭证部分补充了电子会计凭证归档的相关规定。基于信息化背景和智能会计的逐渐普及,第五章会计账簿部分简化了会计账簿登记的具体处理和详细规则。

(3) 根据最新企业会计准则规定,修订了第七章关于资产负债表和利润表的填列方法以及例题和练习题。

(4) 根据《会计法》(2024)、《会计人员职业道德规范》(2023)、《企业会计准则》(2020)、《会计基础工作规范》(2019)、《代理记账管理办法》(2019)和《会计专业技术人员继续教育规定》(2018)对第九章进行了修改。同时增加了"支付结算法律制度",更有利于学生理解"应收票据""应付票据"等内容,也为课内实训奠定理论基础。

本书由冯建担任主编,许蓉担任副主编。本书第一章由冉春芳编写、罗仁风修订;第二章由冯建编写、孙艺宁修订;第三章由许蓉编写和修订;第四章、第五章由李建红编写和修订;第六章、第七章、第九章由邱娜编写和修订;第八章由陈英蓉编写、王一萱修订。

本书的修订出版得益于高等教育出版社的精心组织和大力帮助,在此我们表示衷心的感谢！本书在编写和修订过程中参考和借鉴了同行的优秀教材和有关著作，在此一并表示感谢！由于作者水平有限，书中难免存在不足之处，恳请广大读者批评指正，以便我们进一步修正和完善。

编　者
2024 年 7 月

第一版前言

　　本书是为会计学专业、财务管理专业、审计学专业和其他经济管理类专业学生学习"基础会计学"课程编写的教材。作为会计学专业、财务管理专业、审计学专业的专业基础课和其他经济管理类专业的基础课程，"基础会计学"主要阐述会计的基本理论、方法和技能。根据课程的特点，我们将本书的目标定位为：通过对会计的基本理论、方法和技能的介绍，使学生充分认识会计的本质和作用，了解会计的规律和特点，掌握会计的程序、方法及基本技能，为进一步学习掌握会计理论和专业会计知识奠定坚实基础。

　　本书以会计学的基本原理与方法为主线，根据学科特点，分为总论、账户与复式记账、复式记账法的应用、会计凭证、会计账簿、财产清查、财务报告、复式记账法的电算化应用、会计工作组织共9章进行论述。

　　在教材编写过程中，我们力求坚持以下原则：

　　(1) 以我国新发布实施的企业会计准则、会计基础工作规范和《中华人民共和国会计法》等法规为依据，对会计概念、会计目标、会计信息质量要求、会计要素、会计确认原则与计量标准等会计基本理论进行阐述。

　　(2) 以应用性为选取教材内容的重要依据。这里，应用性包括了两层含义，一是教材内容的选择以实际应用为依据，将实际业务常用的内容作为重点讲解。二是考虑实务中会计电算化应用的普遍性，教材在介绍传统手工账时，删除部分实务中已经淘汰的内容，新增一章内容专门介绍复式记账法的电算化应用，让学生在学习"基础会计学"这门课程时就能初步了解和掌握电算化环境中怎么生成凭证、账簿、报表，为后续会计电算化课程打下一定的基础。

　　同时，为了进一步激发和培养学生对会计的兴趣，本书还通过二维码关联了多个拓展阅读材料，以达到拓宽学生学科视野的目的。

　　本书由冯建担任主编，负责拟订编写大纲，并对全书进行修改、总纂；由许蓉担任副主编，协助主编进行修改、统稿工作。

　　参加本书编写的人员有：冉春芳(第一章)，冯建(第二章)，许蓉(第三章、第九章)，李建红(第四章、第五章),邱娜(第六章、第七章),陈英蓉(第八章)。

在编写本书过程中,我们参考了大量国内外的优秀教材和科研成果,在此向相关作者谨致谢意;高等教育出版社为本书的出版提供了大力支持,在此表示衷心的感谢。

由于编者的学识水平有限,书中的不足和疏漏之处在所难免,恳请读者批评指正,以便我们进一步完善和提高。

编　者

2017 年 9 月

目 录

第一章　总论

....

学习目标

　　了解会计基本理论是学习、掌握会计信息生成的前提和基础。本章要求了解会计的演进、会计信息利用的主体与方法以及会计法规体系的层次,掌握会计的概念、职能与目标,会计信息的内容与要求,以及会计信息生成的前提、基础、程序与方法。

引例　会计的底细

　　现金从哪里来:借来的是负债,投入的是所有者权益;
　　现金到哪里去:当期消失了的是费用,可以管好多期的是资产;
　　资产或以成本形式转入产品中,或以折旧、摊销转为费用;
　　通过销售产品、提供劳务换回更多或更少的现金和应收款,是谓盈利或亏损;
　　企业之间的信用产生往来款项。

　　本章主要介绍会计的概念、会计的特征和基本职能。同时介绍了会计信息的内容——六大会计要素、会计等式关系和会计信息质量要求。最后介绍了会计信息的生成和会计信息利用的相关知识。

第一节　会　计　概　述

一、会计的演进

　　会计是为了满足人类生产活动发展的需要而产生的。物质资料的生产是人类社会存在和发展的基础。人类为了生存,需要从事生产活动,在进行生产活动的过程中,总是力图以尽可能少的劳动耗费取得尽可能多的劳动成果,这就需要对生产过程进行计量、计算和记录,以便于了解生产情况,有效管理生产,这样就产生了会计行为。

在人类社会早期,人类对生产过程的计量、计算和记录是凭头脑记忆来进行的,之后出现了结绳记事、刻木记事。可见,在人类社会的早期,会计就已经存在了,它是应生产实践活动的客观需要而产生的,是生产职能的附带部分。随着生产的发展,生产规模日益扩大,组织结构日趋复杂,需要计量、计算和记录的事项不断增多,会计逐渐从生产职能中分离出来,成为一项独立的、专业的工作。

会计是生产活动发展到一定阶段的产物。会计的发展经历了一个漫长的过程,大致可以分为四个阶段。

（一）会计萌芽阶段

会计萌芽阶段是指从旧石器时代中、晚期到奴隶社会的繁盛时期。这一阶段的会计是生产职能的附带部分,不是一项独立的工作,在生产时间之外附带地把劳动成果、劳动耗费等事项记载下来。因此,这一阶段又称为原始计量与记录时代。

（二）古代会计阶段

古代会计阶段涵盖的时间从奴隶社会的繁盛时期到 15 世纪末。随着社会的发展和劳动生产力的提高,生产活动的成果除了补偿劳动耗费之外出现了剩余,剩余产品与私有制的结合,形成了私人财富的积累,进而导致了受托责任会计的产生,会计逐渐从生产职能中分离出来,成为特殊的、专门委托有关当事人从事的一项独立活动。这一时期的会计不仅需要保护奴隶主的财产安全,还需要反映财产管理人受托责任的履行情况。这些要求促使原始的计量、计算和记录行为逐渐向单式簿记体系演变。

（三）近代会计阶段

近代会计阶段的时间为 15 世纪末到 20 世纪 30 年代。1494 年,意大利数学家卢卡·帕乔利的著作《算术、几何、比及比例概要》问世,标志着近代会计的开端。在随后的漫长历史中,人类在古代单式簿记的基础上,创建了复式簿记。与此同时,会计从特殊的、专门委托有关当事人从事的独立活动发展成为一种职业。在会计发展史上,复式簿记的创建和会计职业的出现被视为近代会计发展史上的两个里程碑。

（四）现代会计阶段

现代会计阶段的时间为从 20 世纪 30 年代至今。这一阶段簿记开始向会计演变,簿记工作开始向会计工作演变,簿记学开始向会计学演变。这些演变标志着簿记时代的结束,人类已经进入了现代会计的发展时期。在这一时期,随着社会生产力的提高和科学技术的迅猛发展,作为适应性学科的会计也发生了相应的变化,主要体现为:① 创立了会计基本理论;② 会计理论和方法逐渐分化成两个领域,即财务会计和管理会计;③ 股份有限公司出现后的"两权分离"对会计提出了对外报告信息的要求;④ 创立了审计基本理论;⑤ 会计电算化、会计信息化和会计智能化的产生和应用。

由于信息技术的采用,现代会计出现了一些新特点:会计数据载体从纸张转向磁介质和光介质;会计数据处理工具从草稿纸、算盘转向计算机;会计信息输入输出的方式从低速单向传递变为实时双向交流,互联网、电子数据交换（EDI）等的出现使每个人都具有了相同的及时获得信息的条件。总之,会计是适应生产活动发展的需要而产生的,它随着生产的发展和科技的进步而不断发展。

会计真的就这样简单!

二、会计的概念

会计的概念即会计的本质。自从会计活动产生以来,关于会计的本质,各国会计理论界和实务界经历了一个长期的探索过程,存在诸多观点。比较有代表性的观点主要有会计信息系统论和会计管理活动论。特别是20世纪以来,随着现代公司制企业和资本市场的发展,基于"两权分离"的企业特征和公司股东的分散化,客观要求会计对外披露财务报告信息,反映企业经营者受托责任的履行情况。因此,会计的本质是一个经济信息系统。

将会计的本质理解为一个经济信息系统,具体是指在企业或其他组织范围内,旨在反映和控制企业或其他组织的各项经济活动,由若干具有内在联系的程序、方法和技术组成,由会计人员加以管理,用以处理经济数据、提供财务信息和其他有关经济信息的有机整体。

会计信息系统论的思想起源于美国会计学家利特尔顿(A.C. Littleton),他在《会计理论结构》(1953)一书中指出,"会计是一种特殊门类的信息服务","会计的显著目的在于对一个企业的经济活动提供有意义的信息"。20世纪60年代末,随着控制论、信息论和系统论的发展,美国的会计学界和会计职业界开始认可会计的本质是会计经济信息系统这一观点。美国会计学会1966年在其发表的《会计基本理论说明书》中明确指出,"本质上说,会计是一个信息系统"。20世纪70年代,戴维森(S. Davidson)在其主编的《现代会计手册》中将会计的本质视为,"一个经济信息系统,目的是向利益相关者传输一家企业或其他个体的富有意义的经济信息"。会计信息系统论这一观点得到西方会计学者普遍认可。

我国会计学者余绪缨教授较早接受会计信息系统论这一观点。他在《要从发展的观点看会计学的科学属性》(1980)中首先提出"会计的本质是一个信息系统"。随后,葛家澍教授和唐予华教授(1984)也提出,"会计是为提高企业和各单位的经济效益,加强经济管理而建立的一个以提供财务信息为主的经济信息系统"。

[小提示]

会计管理活动论认为会计的本质是一种经济管理活动。具体来说,会计是经济管理的重要组成部分,是以提供会计信息、提高经济效益为目的的管理活动。将会计视为管理活动,并使用"会计管理"概念主要存在于西方管理理论学派。如"古典管理理论"学派的代表人物法约尔将会计活动列为经营的六种管理活动之一,美国学者卢瑟·古利克将会计管理列为管理化功能之一。我国最早提出会计管理活动论的会计学者是杨纪琬教授和阎达五教授。1980年,他们在中国会计学会成立大会上做了题为《开展我国会计理论研究的几点意见——兼论会计学的科学属性》的报告,报告中指出,"无论从理论还是实践上看,会计本身具有管理的职能,不仅是管理经济的工具,还是人们从事管理的一种活动"。阎达五教授进一步指出,会计作为经济管理的组成部分,它的核算和监督内容以及目的受不同社会制度的制约。

财务、会计以及审计的区别

会计是以货币作为主要计量单位,对企业、事业、机关单位或其他经济组织的经济活动进行连续、全面、系统地反映和监督的一项经济活动,其目的是提高经济效益。会计作为一个信息系统,是企业管理信息系统的子系统,其本质是以提供财务信息为主的经济信息系统,目标是向信息使用者提供与其决策相关的会计信息。

三、会计的特征

（一）会计以货币作为主要计量单位

会计作为一个经济信息系统,主要是为会计信息使用者提供决策支持的定量信息。会计信息系统主要用于接收、加工并传递每个会计主体进行生产经营活动和业务活动所产生的有关价值运动的信息。因此,现代会计必须以货币为主要计量单位。当然,不可否认,在会计核算过程中还会使用实物计量单位,如量度实物自然属性的件、千克、吨、平方米等,这是因为在商品经济条件下,使用价值是价值的载体。

（二）会计既是一种经济管理工具,又是一种经济管理活动

会计作为一个经济信息系统,通过会计确认、计量、记录和报告等生成的会计信息,是了解经济活动情况,进行经营管理决策的基础。会计是为经济管理服务的,是经济管理的一种工具。为了使经济活动更加有效,达到预期目的,会计在反映经济活动情况的同时,还必须对经济活动进行指导和调节,包括事前预测、事中控制、事后分析考核等,这就是会计的监督职能。从这个角度看,会计又是一种经济管理活动。

（三）运用一系列专门方法

会计运用一系列科学的、专门的核算方法,且这些专门方法相互联系、相互配合、各有所用,构成一套完整的核算经济活动过程和经营成果的方法体系,有效地发挥会计应有的作用。

四、会计的职能

会计职能是指会计在经济管理中所具有的功能,具体来说,就是在经济管理中人们利用会计来做什么。马克思在其《资本论》中对会计的基本职能归纳为"过程的监督和观念上的总括"。会计对"过程的监督和观念上的总括",实际上就是对经济活动过程的反映和监督。为了达到反映和监督的目的,会计在发展过程中逐渐形成两大工作体系,即会计信息系统和会计控制系统。

[小提示]

《中华人民共和国会计法》(2024 年修正)将会计的职能归纳为会计核算职能和会计监督职能。为了适应我国企业和资本市场的发展需要,特别是我国企业会计准则与国际财务报告准则的持续性趋同,借鉴国际财务报告准则的提法,我国现行会计类教材多将会计职能归纳为会计反映职能和会计监督职能,会计反映职能又称会计核算职能。

马克思在其《资本论》中对会计的基本职能有过精辟的论述。他指出："过程越是按社会的规模进行,越是失去纯粹个人的性质,作为对过程的监督和观念上的总括的簿记就越是必要;因此,簿记对资本主义生产,比对手工业和农民的分散生产更为必要,比对资本主义生产更为必要。"① 马克思对会计的基本职能归纳为反映(观念总括)和监督。

（一）会计的核算职能与会计信息系统

会计的反映职能又称核算职能,是指按照会计准则的要求,采用一定的程序和方法,连续、全面、系统地将一个会计主体所发生的会计交易或事项表现出来,以达到揭示会计交易或事项的本质、为经营管理提供经济信息的目的。

会计的核算职能在客观上体现为通过会计的信息系统对会计信息进行优化。这一过程体现在记账、算账和报账三个阶段。记账就是把一个会计主体所发生的全部经济业务运用一定的程序和方法在账簿上予以记载;算账就是在记账的基础上,运用一定的程序和方法计算该会计主体在生产经营过程中的资产、负债、所有者权益、收入、费用以及利润情况;报账就是在记账、算账的基础上,通过编制会计报表等方式,将该会计主体的财务状况、经营成果、现金流量和所有者权益变动等信息向会计信息使用者披露。会计的核算职能具有下列显著特征:

（1）会计以货币作为主要计量单位。货币是衡量各种商品的价值尺度,企业所有者的初始投资、追加投资均用货币度量。会计核算主要是从价值量方面反映各单位的经济活动情况。如企业对固定资产进行计量时,只记录其数量、成本、折旧等数量变化,而不反映其技术性能、运行状况等。会计在反映各单位经济活动时主要使用货币量度,实物量度、其他指标以及文字说明等都处于附属地位,可以作为货币量度的辅助信息进行补充。

（2）会计是核算过去已经发生的经济活动。会计核算经济活动就是反映其事实,探索并说明真相。因此,只有在每项经济业务发生或完成之后,才能取得该项经济业务完成的书面凭证;根据可验证性的书面凭证记录账簿,才能保证会计所提供的信息真实可靠,因此企业对外披露的财务报告信息主要反映的是企业过去的经济活动信息。

（3）会计核算具有连续性、系统性和全面性。会计核算的连续性是指对经济业务的记录是连续的,逐笔、逐日、逐月、逐年进行,不得间断。会计核算的系统性是指对会计对象要按科学的方法进行分类,进行系统的加工、整理和汇总,以便提供管理所需要的各类信息。会计核算的全面性是指对会计主体所发生的全部经济业务都应该进行记录和反映,不得有任何遗漏和缺失。

（二）会计的监督职能与会计控制系统

会计的监督职能又称控制职能,就是监督经济活动按照有关的法规和计划进行,它是指会计按照一定的目的和要求,利用会计信息系统所提供的信息,对会计主体的经济活动进行控制,使之达到预期目标。会计的监督职能包含合规性监督和控制性

---

① 马克思恩格斯选集.第2卷.北京:人民出版社,2012:327.

监督。合规性监督指在办理会计业务的过程中,对日常发生的经济业务进行监督,审核其合理性、合法性,以及监督、检查会计核算是否遵循公认会计原则;控制性监督是指利用会计反映所提供的财务信息,进行反馈控制,对企业生产经营活动进行事前预决策、事中控制和事后分析考核等。会计的监督职能具有下列显著特征:

(1) 会计监督具有强制性和严肃性。会计依据国家的财经法规和财经纪律进行监督,《中华人民共和国会计法》不仅赋予会计机构和会计人员实行监督的权利,还规定了监督者的法律责任。会计监督以国家的财经法规和财经纪律为准绳,具有强制性和严肃性。

(2) 会计监督具有连续性。社会再生产的过程是不间断的,会计对生产过程的核算也是不间断的,在会计核算的整个过程中始终离不开会计监督。会计主体每发生一笔经济业务都要通过会计进行核算;在核算的同时,就要审查每一笔经济业务是否符合法律、制度、规定和计划。因此,会计核算具有连续性,会计监督同样具有连续性。

(3) 会计监督具有完整性。会计监督不仅体现在已经发生或已经完成的业务方面,还体现在业务发生过程中以及尚未发生业务之前,包括事前监督、事中监督和事后监督。事前监督是指会计部门或人员在参与制定各项决策以及相关的各项计划或费用预算时,依据有关政策、法规、准则等的规定对各项经济活动的可信性、合理性、合法性和有效性等进行审查,对未来经济活动进行指导和调节。事中监督是指在日常会计活动中,随时审查所发生的经济活动,及时反映发现的问题,及时提出建议或改进意见,促使有关部门或人员采取措施纠正问题。事后监督是指以事先制定的目标、标准和要求为依据,利用会计核算取得的资源,对已经完成的经济活动进行考核、分析和评价。事后监督可以为后期的计划、预算的制定提供资料,还可以对经济活动的发展趋势进行预测。

五、会计的目标

会计目标就是在一定的时空条件下会计主体作用于会计客体所期望达到的目的或要求。会计信息系统按照其所特有的运行机制和原理,通过会计确认、计量、记录和报告等一系列会计程序和方法,生成会计信息,供会计信息使用者使用。从会计产生和发展的社会实践看,人类利用会计的目的主要是借助会计对经济活动进行反映和监督,为经营管理提供财务信息,考核评价经营责任,目的是取得最大的经济效益。

会计的基本目标是向财务报告使用者提供企业财务状况、经营成果和现金流量等有关的会计资料和信息,反映企业管理层受托责任履行情况,有助于财务报告使用者做出经济决策,达到不断提高企业事业单位乃至社会整体的经济效益和效率的目的和要求。从更高层面看,会计的目标还包括规范会计行为,保证会计资料真实、完整,加强经济管理和财务管理,提高经济效益,维护社会主义市场经济秩序,为市场在资源配置中起决定性作用和更好发挥政府作用提供基础性保障。

[小提示]

关于会计的目标有两种代表性观点,即决策有用观和受托责任观。决策有用观认为会计的目标就是向信息使用者提供决策有用的信息,例如,反映经济组织的现金流量、经济业绩与资源变动等信息。决策有用观适用的经济环境是所有权与经营权分离,委托方与受托方的关系不是直接建立起来的,而是通过资本市场建立的所有者与经营者之间的模糊关系。所有者需要企业对外披露的会计信息进行投资决策,优化资源的分配。受托责任观产生的原因在于所有权与经营权的分离且存在明确的委托受托责任关系,基于受托责任看会计的目标是反映受托责任的履行情况,包括:资源的受托方接受委托,管理委托方所交付的资源,受托方承担有效地管理与应用受托资源,并使其保值增值的责任;资源的受托方承担如实地向委托方报告受托责任履行过程及其结果的义务;资源受托方的管理层负有依法纳税、保持企业所处社区的良好环境、培养人力资源等方面的社会责任。

会计目标的这两种观点分别适用于不同的经济环境,受托责任观要求两权分离是直接进行的,所有者与经营者都十分明确,两者形成的委托受托关系清楚,不存在模糊和缺位现象。决策有用观要求两权分离必须通过资本市场形成,两者不直接交流,委托者在资本市场上以群体的形象出现,从而导致两者的委托受托关系变得模糊,所有者容易缺位。

第二节　会计信息的内容和质量

会计作为一种社会实践活动,主要通过生产信息满足信息使用者的决策要求。会计生成的信息主要是财务信息,即以货币形式表达的信息。对财务信息进行加工整理,可以转换为综合信息,利用综合信息可以参与企业的经营管理。会计作为提供商业信息的信息系统,需要采用一定的信息呈现形式、信息生成方法和信息处理程序,客观反映经济活动的过程及其结果,生产符合信息质量要求、满足信息使用者决策需求的会计信息。

一、会计信息的内容——会计要素

会计是以货币形式反映企业的经济活动,会计生成的信息是关于经济活动的信息。会计反映的对象是资金运动,表现为各种各样的经济交易或事项组成的经济活动。所谓经济交易或事项是指在企业经济活动中发生的、需要由会计反映的一切经济业务。在企业实际经营中,经济交易或事项是多种多样、纷繁复杂的。会计上为了分类反映,提供分门别类的会计信息就必须对其反映的具体内容进行适当分类,这就是会计要素。

会计要素是对经济交易或事项引起变化的项目所做的归类,是对会计对象的基本分类,是反映会计主体的财务状况和经营成果的基本单位。按照会计要素所处的状态,可以分为静态会计要素和动态会计要素两类。

(一) 静态会计要素

静态会计要素描述企业某一时间点的资产、负债和投资者对净资产的要求权,反映企业在一定日期的财务状况,包括资产、负债和所有者权益。

1. 资产

(1) 资产的定义。

资产是指企业过去的交易或事项形成的、由企业拥有或者控制的、预期会给企业带来经济利益的资源。

(2) 资产的特征。

资产的特征主要包括:

① 资产预期会给企业带来经济利益。资产预期会给企业带来经济利益是指资产预期能直接或间接导致现金和现金等价物流入企业,或者是预期能减少现金或现金等价物流出企业。

② 资产应为企业拥有或者控制的资源。具体是指企业享有某项资源的所有权,或者虽然不享有所有权,但该资源能被企业控制。

③ 资产是由过去的交易或者事项形成的。资产应当由企业过去的交易或者事项形成,企业预期在未来发生的交易或者事项不形成资产。

(3) 资产的确认条件。

将一项资源确认为资产,需要符合资产的定义,还应同时满足以下两个条件:

① 与该资源有关的经济利益很可能流入企业。由于经济环境瞬息万变,与该资源有关的经济利益能否流入企业具有不确定性。如果在资产负债表日,与该资源有关的经济利益很可能流入企业,则应当将其确认为资产;反之,不能确认为资产。

② 该资源的成本或者价值能够可靠地计量。会计系统是一个可确认、计量和报告的系统,可计量性是所有会计要素确认的重要前提,只有当有关资源的成本或价值能够可靠计量时,资产才能予以确认。

(4) 资产的分类。

资产按照流动性(资产的周转、变现能力)可以分为流动资产和非流动资产。

① 流动资产。流动资产是指可以在一年或者超过一年的一个营业周期内变现、出售或耗用的资产。生产企业的一个营业周期是指从用货币资金购买原材料到生产的产品销售出去,并转化为货币资金所需要的时间。企业的流动资产包括货币资金(如库存现金、银行存款、其他货币资金等)、交易性金融资产、应收票据、应收账款、预付账款、其他应收款、存货(如原材料、库存商品、周转材料等)等。

② 非流动资产。流动资产以外的资产为非流动资产。企业的非流动资产包括长期股权投资、在建工程、固定资产、无形资产、投资性房地产、长期待摊费用等。

2. 负债

(1) 负债的定义。

负债是指企业过去的交易或事项形成的、预期会导致经济利益流出企业的现时义务。它是企业债权人对企业资产的要求权,是企业对债权人所承担的经济责任。

(2) 负债的特征。

负债的特征主要有:

① 负债是企业承担的现时义务。

② 负债预期会导致经济利益流出企业。

③ 负债是由企业过去的交易或者事项形成的。

(3) 负债的确认条件。

将一项现时义务确认为负债,需要符合负债的定义,还应同时满足以下两个条件:

① 与该义务有关的经济利益很可能流出企业。

② 未来流出的经济利益的金额能够可靠地计量。

(4) 负债的分类。

负债按偿还期限的长短,分为流动负债和非流动负债。

① 流动负债。它是指在一年或者超过一年的一个营业周期内需要偿还的债务,包括短期借款、应付款项(如应付票据、应付账款、预收账款、其他应付款)、应付职工薪酬、应交税费、应付股利、应付利息、应付股利等。流动负债的确认除了其偿还期限短之外,还应注意其清偿对象一般是流动资产。

② 非流动负债。它是指偿还期在一年或超过一年的一个营业周期以上的债务,包括长期借款、应付债券、长期应付款等。与流动负债相比,非流动负债具有偿还期限长、每次发生数额大、需要支付使用成本的特点。企业举借非流动负债主要是为了进行长期资产投资,如扩建厂房、购买机器设备等。

3. 所有者权益

所有者权益是企业投资者对企业净资产的要求权,所谓净资产就是资产减去负债后的差额。

(1) 所有者权益的定义。

所有者权益又称股东权益,是企业投资者对企业净资产的要求权。所谓净资产就是资产减去负债后的差额。

(2) 所有者权益的特征。

所有者权益的特征主要包括:

① 企业所有者有权管理或者委托他人管理企业。

② 所有者权益在企业存续期间无须偿还,具有永久性。

③ 所有者权益同时受企业经营活动和企业经营成果的影响(所有者参与企业利润分配)。

(3) 所有者权益的确认条件。

所有者权益的确认主要依赖于其他会计要素的确认,尤其是资产和负债的确认;所有者权益金额的确定也主要取决于资产和负债的计量。

(4) 所有者权益包含的内容。

① 实收资本。它是指投资者实际投入企业的财产物资。

② 资本公积。它是指企业收到投资者的超出其在企业注册资本(或股本)中所

占份额的投资,以及直接计入所有者权益的利得和损失等。资本公积包括资本溢价(或股本溢价)和其他资本公积。

③ 其他综合收益。它是指企业根据相关会计准则规定未在当期损益中确认的各项利得和损失。

④ 盈余公积。它是指按规定从净利润中提取的公积金。

⑤ 未分配利润。它是指企业留待以后年度分配的利润或本年度已经实现尚未分配的利润。

以上三个要素反映企业的财务状况,资产是企业拥有或控制的经济资源,负债和所有者权益分别是债权人和所有者对企业资产的要求权。因此,它们之间的数量关系是:

$$资产 = 负债 + 所有者权益$$

(二) 动态会计要素

动态会计要素描述企业在一定时期资产和对资产要求权的变动过程,反映企业在一定时期的经营成果,包括收入、费用和利润。

1. 收入

(1) 收入的定义。

收入是指企业在日常活动中形成的、会导致所有者权益增加的、与所有者投入资本无关的经济利益的总流入。其中,日常活动是指企业为完成其经营目标所从事的经常性活动以及与之相关的其他活动。

(2) 收入的特征。

收入的特征主要有:

① 在日常活动中形成,而不是偶发交易或事项。

② 是与所有者投入资本无关的经济利益的总流入,不包括为第三者或客户代收的款项。

③ 表现为企业资产的增加或负债的减少,或二者兼而有之,最终导致所有者权益增加。

(3) 收入的确认条件。

企业应当在履行了合同中的履约义务(卖方角度),即在客户取得相关商品控制权(买方角度)时确认收入。

取得相关商品控制权,是指能够主导该商品的使用并从中获得几乎全部的经济利益,也包括有能力阻止其他方主导该商品的使用并从中获得经济利益。

(4) 收入的分类。

企业的营业收入按照企业经营业务的主次,可以分为主营业务收入和其他业务收入。

主营业务收入是指企业为完成其经营目标从事的经营性活动实现的收入。

其他业务收入是指主营业务收入以外的其他日常活动所获取的营业收入。如出售多余的材料物资所取得的收入、转让技术使用权的收入、出租固定资产和包装物的租金收入。

按照企业从事日常活动的性质,还可以将收入分为销售产品收入、提供劳务收入、让渡资产使用权收入、建造合同收入等。

2. 费用

(1) 费用的定义。

费用是指企业在日常活动中发生的、会导致所有者权益减少的、与向所有者分配利润无关的经济利益的总流出。费用的发生必然引起资产的流出，或者负债的增加，或者两者兼而有之。

(2) 费用的特征。

费用的特征主要有：

① 费用是企业在日常活动中发生的经济利益的流出。

② 费用将引起所有者权益的减少。

③ 费用与向所有者分配利润无关。

(3) 费用的确认条件。

费用的确认条件主要有：

① 与费用相关的经济利益很可能流出企业。

② 经济利益流出企业会导致资产的减少或者负债的增加。

③ 经济利益的流出额能够可靠计量。

(4) 费用的分类。

费用可以分为营业成本、期间费用和其他费用三大类。

营业成本包括主营业务成本和其他业务成本。其中：

主营业务成本是指企业销售商品或产品，提供劳务或让渡资产使用权等日常活动而发生的成本。其他业务成本是指企业除主营业务活动以外的其他经营活动所发生的支出，包括销售材料的成本、经营租出固定资产的折旧额、出租无形资产的摊销额、出租包装物的成本或摊销额等。

期间费用包括管理费用、销售费用和财务费用。其中：

管理费用是指企业行政部门为了组织和管理生产经营活动而发生的各种费用，包括企业在筹办期间发生的开办费、董事会和行政管理部门在企业的经营管理中发生的或者应由企业统一负担的公司经费（包括行政管理部门职工工资及福利费、物料消耗、低值易耗品摊销、办公费和差旅费等）、工会经费、董事会费（包括董事会成员津贴、会议费和差旅费等）、聘请中介机构费、咨询费（含顾问费）、诉讼费、业务招待费、技术转让费、排污费、行政管理部门等发生的固定资产修理费用以及应缴纳的残疾人就业保障金等。

销售费用是指企业在销售商品和材料、提供劳务的过程中发生的各种费用，包括企业在销售商品过程中发生的保险费、包装费、展览费和广告费、商品维修费、装卸费等（不包括构成合同履约成本从而应当计入主营业务成本的情形），以及为销售本企业商品而专设的销售机构（含销售网点、售后服务网点等）的职工薪酬、业务费、折旧费、固定资产修理费用等费用。

财务费用是指企业为了筹集生产经营所需资金而发生的应予以费用化的筹资费用，包括利息支出（减利息收入）、外币汇兑损益以及相关的手续费用等。

其他费用主要包含税金及附加、所得税费用等。其中：

税金及附加,是指企业营业活动应当负担并根据销售收入确定的各种税费,如消费税、城市维护建设税、资源税和教育费附加等。

所得税费用是指企业按企业所得税法的规定向国家缴纳的所得税。

[小提示]

企业应将"销售费用"科目改为"业务及管理费"科目,核算企业在业务经营和管理过程中所发生的各项费用,包括折旧费、业务宣传费、业务招待费、电子设备运转费、钞币运送费、安全防范费、邮电费、劳动保护费、外事费、印刷费、低值易耗品摊销、职工工资及福利费、差旅费、水电费、职工教育经费、工会经费、会议费、诉讼费、公证费、咨询费、无形资产摊销、长期待摊费用摊销、取暖降温费、聘请中介机构费、技术转让费、绿化费、董事会费、财产保险费、劳动保险费、待业保险费、住房公积金、物业管理费、研究费用、提取保险保障基金等。

3. 利润

(1) 利润的定义。

利润是企业在一定会计期间的经营成果,包括营业利润、利润总额和净利润。

(2) 利润的特征。

利润的特征主要有:

① 利润是企业经营一段时期后的经营成果的体现,即一定时期的收入与费用相减后的结果。

② 影响利润的因素比较复杂。

(3) 利润的确认条件。

利润主要依赖于收入和费用、利得与损失的确认和计量。

(4) 利润包含的内容。

营业利润是指营业收入(主营业务收入、其他业务收入)减去营业成本(主营业务成本、其他业务成本)、税金及附加、管理费用、销售费用、财务费用、研发费用,加上其他收益、投资收益(减投资损失)、公允价值变动收益(减公允价值变动损失),减去资产减值损失、信用减值损失,加上资产处置收益(减去资产处置损失)之后的金额。它是狭义收入与费用配比后的结果。

利润总额是指营业利润加上营业外收入、减去营业外支出后的金额。

净利润是指利润总额减去所得税费用后的金额。它是广义收入与广义费用配比后的结果。

以上三个要素反映企业的经营成果。它们之间的数量关系是:

$$收入 - 费用 = 利润$$

企业的经营成果归属于企业的所有者,企业获得利润将使所有者权益增加,企业的资产也随之增加;企业发生亏损将使所有者权益减少,企业的资产也会随之减少。因此,企业经营活动产生收入、费用、利润后,会计基本等式会演变为:

$$资产 = 负债 + 所有者权益 + 利润 = 负债 + 所有者权益 + (收入 - 费用)$$

或者:资产 + 费用 = 负债 + 所有者权益 + 收入,这一等式被称为扩展的会计等式。

二、会计信息的质量特征

会计信息的质量特征指的是会计信息应达到的质量标准,直接体现了信息使用者对会计信息的质量要求,表明了什么样的信息是有用的会计信息。根据《企业会计准则——基本准则》,会计信息质量特征包括下列八项标准。

（一）可靠性

可靠性又称客观性、真实性,是指会计核算必须以实际发生的经济业务及证明经济业务发生的合法凭证为依据,如实反映企业的财务状况、经营成果和现金流量,做到内容真实、数字准确、资料可靠。可靠性要求企业应当以实际发生的交易或者事项为依据进行会计确认、计量和报告,如实反映符合确认和计量要求的各项会计要素及其他相关信息,保证会计信息真实可靠、内容完整。

可靠性包括三层含义:一是会计核算应当真实反映企业的财务状况、经营成果和现金流量;二是会计核算应当客观反映企业的财务状况、经营成果和现金流量;三是会计核算应当具有可验证性。所谓可验证性,是指对于同一会计核算业务,分别由两个或两个以上的会计人员同时进行会计处理,能得出相同的会计核算结果,并且可以相互验证。

（二）相关性

相关性要求企业提供的会计信息应当与财务报告使用者的经济决策需要相关,有助于财务报告使用者对企业过去、现在或者未来的情况做出评价或者预测。会计核算要考虑信息使用者对会计信息需求的不同特点,确保他们对会计信息的相关性需要得到满足。具体地说,会计核算应当满足国家宏观经济调控的要求,满足各相关方了解企业财务状况和经营成果的需要,满足企业内部加强经营管理的需要。相关性意味着会计信息与决策更为相关,于决策更为有用。

（三）可理解性

可理解性要求企业提供的会计信息清晰明了,便于财务报告信息使用者的理解和使用。可理解性不仅可以扩大会计信息的使用范围,而且可以进一步增强会计信息的效用。企业编制财务报告、提供会计信息的目的在于使用,而要让使用者有效使用会计信息,应当让其能了解会计信息的内涵。弄懂会计信息的内容,这就要求财务报告所提供的会计信息清晰明了,易于理解。只有这样,才能提高会计信息的有用性,实现财务报告的目标,满足向投资者等财务报告使用者提供决策有用信息的要求。

（四）可比性

可比性是指企业的会计核算必须按照规定的会计处理方法来进行,会计指标应当口径一致,相互可比。具体要求:① 同一企业不同时期发生的相同或者相似的交易或者事项,应当采用一致的会计政策,不得随意变更。② 不同企业发生的相同或者相似的交易或者事项,应当采用统一的会计政策。会计处理方法的统一是保证会计信息可比的基础。在会计核算中坚持可比性,既可以提高会计信息的相关性,又可以制约和防止利用会计处理方法和程序的变更来弄虚作假的现象,以保证会计核算的客观性。

（五）实质重于形式

在会计实务中,交易或事项的实质往往存在与其法律形式不一致的情形。实质重于形式要求企业应当按照交易或者事项的经济实质进行会计确认、计量和报告,不应仅以交易或者事项的法律形式为依据。会计信息遵循实质重于形式,体现了对经济实质的尊重,能够保证会计确认、计量和披露的会计信息与客观经济事实相符。

（六）重要性

重要性是指在会计核算过程中对经济业务或会计事项应区别其重要程度,采用不同的会计处理方法和程序。在会计核算中坚持重要性原则,能够使会计核算在全面反映企业财务状况、经营成果和现金流量的基础上,保证重点,有助于加强对经济活动和经营决策有重大影响和重要意义的关键性问题的核算,达到事半功倍的效果,有助于提高会计工作效率。重要性要求企业提供的会计信息应当反映与企业财务状况、经营成果和现金流量等有关的所有重要交易或者事项。

（七）谨慎性

谨慎性又称稳健性,要求企业对交易或者事项进行会计确认、计量和报告应当保持应有的谨慎,不应高估资产或者收益、低估负债或者费用。对经济活动中的不确定性因素,要求企业在会计核算中持谨慎态度,充分估计可能发生的风险和损失,尽量少计或不计预期将实现的收益,从而降低经营风险,增强企业持续发展的能力。

（八）及时性

及时性要求企业对于已经发生的交易或者事项,应当及时进行会计确认、计量和报告,不得提前或者延后。凡是在某会计期间发生的经济事项,应当在该期间内及时登记入账,不得拖延也不得提前;结算业务要及时办理;财务报表要及时编报。及时性附属于会计信息的相关性。不及时的信息就是不相关的信息,因而也是无用的信息。

第三节 会计信息的生成

会计活动赖以存在的客观经济环境具有较多的不确定性,导致会计对经济交易事项进行会计处理时需要运用一定的判断和估计。为了避免判断和估计的随意性,保证会计信息符合信息质量要求,需要对会计信息的生成进行合理、普遍认可的假定,这些假定是会计信息生成的前提条件。会计信息生成的前提条件包括会计主体、持续经营、会计期间和货币计量,它们分别从空间、时间和计量单位上对会计信息的生成活动进行了限制。

一、会计信息生成的前提——基本假设

（一）会计主体假设

会计主体是指会计所服务的特定单位。会计主体假设是对会计信息生成活动的空间范围的限定。它要求会计核算应当以企业发生的各项经济业务为对象,记录和

反映企业本身的生产经营活动。一个单位要想运用会计为之服务,它必须成为一个会计主体。

会计主体不同于法律主体。一般来说,法律主体必定是会计主体。一个独立的企业既是法律主体,又是会计主体,应当建立会计核算体系,独立地反映其财务状况、经营成果和现金流量状况。会计主体不一定是法律主体。如企业集团,一个母公司拥有若干个子公司,企业集团在母公司的统一领导下开展生产经营活动,母子公司具有独立的法人资格,既是法律主体又是会计主体。而企业集团不具有法人资格,只是一个虚拟的法律主体。但是,为了全面反映企业集团的财务状况、经营成果和现金流量状况,需要将企业集团作为会计主体,编制合并报表。

会计信息生成遵循会计主体假设,有利于把会计主体与主体所有者和经营者自身的财务收支严格区分开来,有利于把会计服务的主体与其他会计主体的活动严格区分开来。这样,会计只是计量和报告特定主体经营活动和财务活动的结果,从而正确反映企业管理层对投资人所负的受托责任,明确了处理各种会计业务所应持有的立场。

(二) 持续经营假设

持续经营是指会计主体的生产经营活动按既定目标将无期限地延续下去,在可预见的将来,不会进行清算。生产的连续性是任何社会生产方式下的普遍规律,生产经营过程构成再生产过程的一个环节,但企业总要经历新陈代谢的变化过程,从而出现持续经营、间断经营和结束经营的情况。这种不确定性给会计处理带来了困难。因此,会计中提出了持续经营的假设。

持续经营假设是对会计核算时间无限性的规定。它要求会计核算应当以企业持续、正常的生产经营活动为前提,连续记录和报告企业的经营活动和结果。会计计量特别是资产的计价、费用的分摊、收益的确定都必须按持续经营的观点处理,除非企业已经破产,否则都不应建立在企业即将破产清算的基础之上。

会计信息生成遵循持续经营假设,能够合理解决企业资产与负债的计量、费用与成本的分配问题。

(三) 会计分期假设

会计分期又称会计期间,是指将一家企业持续不断的生产经营活动人为地划分为连续的、长短相同的会计期间。会计分期的目的是将会计主体持续不断的生产经营活动划分成若干连续、相等的期间,据以结算盈亏,按期编制财务报告,从而及时向会计信息使用者提供有关企业财务状况、经营成果、现金流量和所有者权益变动等方面的信息。

会计分期假设是对持续经营假设的必要补充,是对会计反映时间有效性的规定。按照持续经营假设,企业的存在是没有时间限制的,而会计信息用户又需要得到反映某一会计期间的会计信息。所以,有必要在持续经营假设的基础上提出会计期间假设。我国会计期间采用的是公历历年制,即公历 1 月 1 日至 12 月 31 日为一个会计年度。中期是指短于一个完整的会计年度的报告期间,如月度、季度、半年度等。

会计信息生成遵循会计分期假设,有利于分期进行会计核算,编制财务报表,有利于采用特殊的会计程序和方法,划清各个会计期间的经营业绩和经济责任。

(四) 货币计量假设

货币计量,是指会计主体在会计核算过程中采用货币为统一计量单位,计量、记录和报告会计主体的生产经营活动。经济活动和反映经济活动的度量本来是多种多样的,但由于创造商品使用价值的具体劳动的差异带来了使用价值的差异,从而使使用价值量度的应用受到了限制。同时由于会计所反映的经济活动与价值形式密不可分,所以,会计计量不得不以价值量度来反映会计主体的经济活动,这就形成了货币计量假设。

货币计量假设要求会计核算必须确定一种货币为记账本位币。比如,我国是以人民币为记账本位币,业务收支以外币为主的企业和境外企业也可设定某种外币为记账本位币,但在编制财务报表时,应换算成人民币反映。

货币计量假设还附带一个假设,即币值不变。现实经济生活中的货币价值并非是一个永恒不变的量,货币币值的经常变动会影响会计计量信息的可靠性,因此,货币计量假设是以币值不变为前提的,它要求用作计量单位的货币的购买力是固定不变的。

会计信息生成遵循货币计量假设,有利于以货币为综合计量单位来计量、记录企业的经济活动并报告其结果,使有关企业的经济活动情况予以数量化和综合化,从而使会计信息用户得到更充分的会计信息。值得注意的是,在现实中,通货膨胀和通货紧缩可能降低或提高货币的购买力,对币值产生影响,从而使单位货币所包含的价值量随着现行价格的波动而变化。这时,币值不变假设的缺陷就暴露出来,资产不能反映其真实价值,影响了会计信息的质量。

二、会计信息生成的基础——会计基础

为了保证会计信息的有用性,正确划分各个会计期间的收入和费用,正确确定各个会计期间的损益,必须确定会计基础。根据企业会计准则,会计确认、计量和报告应当以权责发生制为基础,正确划分费用化支出与资本化支出的关系,收入与费用要满足配比性的要求。

(一) 权责发生制

以收入是否实现、费用是否发生为标准,确认各个会计期间的收入和费用。权责发生制要求:凡是在本会计期间已经实现的收入,不论是否收到款项,都应作为本会计期间的收入入账;凡是在本会计期间发生的费用,不论是否付出款项,都应作为本会计期间的费用入账。换言之,凡是不属于本会计期间的收入,即使收到款项,也不应作为本会计期间的收入入账;凡是不属于本会计期间的费用,即使付出款项,也不应作为本会计期间的费用入账。采用权责发生制有利于准确划分不同会计期间的收入和费用,通过收入与费用的比较,准确确定经营成果。

[小提示]

企业的生产经营活动是一个持续不断的过程,不断地取得收入,不断地发生

各种成本、费用,将收入和相关的费用相配比,就可以计算和确定企业生产经营活动中所产生的利润或亏损。由于企业生产经营活动是连续的,而会计期间是人为划分的,所以难免有一部分收入和费用出现收支期间和应归属期间不一致的情况。处理这类经济业务,可供选择的会计基础有权责发生制和收付实现制两种。

收付实现制,也称现收现付制,是以款项是否实际收到或付出作为确定本期收入和费用的标准。采用收付实现制会计处理基础,凡是本期实际收到的款项,不论其是否属于本期实现的收入,都作为本期的收入处理;凡是本期付出的款项,不论其是否属于本期负担的费用,都作为本期的费用处理。反之,凡是本期没有实际收到款项和付出款项,即使应归属于本期,也不作为本期收入和费用处理。这种会计处理基础,由于款项的收付实际上以现金收付为准,所以又称现金制。

(二) 划分费用化支出与资本化支出

会计信息生成遵循会计分期假设,需要将会计主体发生的支出合理划分为费用化支出与资本化支出。受益期仅限于一个会计年度或者一个营业周期的支出,应当作为费用性支出;受益期在一个会计年度或者一个营业周期以上的支出,应当作为资本化支出。

正确划分费用化支出和资本化支出的目的在于正确计算企业的本期和非本期的损益。费用化支出表现为本期成本费用的增加,资本化支出表现为本期固定资产、无形资产和其他长期资产的增加。费用化支出是为取得本期收益而发生的支出,应当作为本期费用,计入当期损益,列于利润表,如已销售商品的成本、期间费用、所得税费用等。资本化支出是为了形成企业的生产经营能力,为以后各期取得收益而发生的各种支出,应当作为长期资产反映,列于资产负债表,如购置固定资产、无形资产等长期资产发生的支出。

(三) 收入与费用的配比

收入与费用配比是指企业应将某一会计期间取得的收入与为取得该收入所发生的成本、费用相配比,从而正确地计算该期间的净损益。

收入与费用的配比包括因果配比和期间配比两种。因果配比是指收入与费用存在一定的因果关系,即取得一定的收入时发生了一定的支出,而发生这些支出的目的就是为了取得这些收入;期间配比是指收入与费用在时间意义上的配比,即一定会计期间的收入与费用的配比。

绕不开的会计原则

三、会计信息生成的程序——确认、计量、记录、报告

企业发生的经济交易或事项,需要经过会计确认、计量、记录和报告等会计程序,才能生成出与信息使用者决策相关的会计信息。

(一) 会计确认

一个经济事项的发生要进入会计系统,首先要经过会计确认。所谓会计确认,就是把一个经济事项正式作为会计要素予以认可的会计行为。会计确认主要解决：① 判断一个经济事项是否进入会计系统；② 如果该经济事项要进入会计系统，应以何种会计要素进入系统；③ 该经济事项应当在何时进入会计系统。

按照对经济事项确认的时间顺序，会计确认可以分为初始确认和再确认。初始确认主要是针对最初输入会计系统的经济事项的确认。通过初始确认，有关经济数据才能在计量后正式输入账簿系统。再确认是指对已经确认的经济事项在未来发生变动或者消失，对变动结果或者消失所进行的确认。因此，初始确认和再确认的关系是：初始确认是对会计信息系统输入数据的"筛选"，再确认是对会计信息系统输出信息的"检验"。前者针对应输入复式簿记系统的经济数据，后者主要针对财务报表上应揭示的信息。

(二) 会计计量

会计计量是会计信息生成过程中的价值量的确定，它是会计人员采用一定的计量模式，对符合会计要素定义的项目所做的货币量化，并产生以货币定量信息为主的一种会计行为。会计计量主要解决会计要素项目的货币定量。会计计量的内容包括资产计量和收益计量两大部分。资产计量是以一定的金额表现特定时点上的资产、负债和所有者权益及其变动结果，从资产计量的结果中可以了解企业的财务状况；收益计量则是以一定的金额计量企业在一定时期内的收入与费用，并通过比较来决定企业的收益，从收益计量的结果中可以确定企业的经营成果。资产计量和收益计量相互联系、相互制约，只有将两者有机结合起来，才能正确揭示企业的财务状况和经营成果。

会计计量是为了将符合确认条件的会计要素登记入账并列报于财务报表而确定其金额的过程。企业应当按照规定的会计计量属性进行计量，确定相关金额。根据《企业会计准则》，会计计量属性包括以下几项。

1. 历史成本

历史成本又称实际成本，是指取得或制造某项财产物资时所实际支付的现金或其他等价物。在历史成本计量下，资产按照其购置时支付的现金或者现金等价物的金额，或者按照购置资产时所付出的等价的公允价值计量。负债按照其因承担现时义务而实际收到的款项或者资产的金额，或者承担现时义务的合同金额，或者按照日常活动中为偿还负债预期需要支付的现金或者现金等价物的金额计量。

2. 重置成本

重置成本又称现行成本，是指按照当前市场条件，重新取得同样一项资产所需支付的现金或者现金等价物金额。在重置成本计量下，资产按照现在购买相同或者相似资产所需支付的现金或者现金等价物的金额计量。负债按照偿付该项债务所需支付的现金或者现金等价物的金额计量。在实务中，重置成本多应用于盘盈固定资产、接受捐赠资产的计量。

3. 可变现净值

可变现净值是指在正常生产经营过程中，以预计售价减去进一步加工成本和预计销售费用以及相关税费后的净值。在可变现净值计量下，资产按照其正常对外销售所能收到现金或者现金等价物的金额扣减该资产至完工时估计将要发生的成本、估计的销售费用以及相关税费后的金额计量。可变现净值通常应用于存货的期末计价。

4. 现值

现值是指对未来现金流量以恰当的折现率进行折现后的价值,是考虑货币时间价值的一种计量属性。在现值计量下,资产按照预计从其持续使用和最终处置中所产生的未来净现金流入量的折现金额计量,负债按照预计期限内需要偿还的未来净现金流出量的折现金额计量。现值通常用于确定非流动资产可收回金额和以摊余成本计量的金融资产价值。

5. 公允价值

公允价值是指市场参与者在计量日发生的有序交易中,出售一项资产所能收到或者转移一项负债所需支付的价格。

以公允价值计量相关资产或负债,应当考虑该资产或负债的特征。相关资产或负债的特征,是指市场参与者在计量日对该资产或负债进行定价时所考虑的特征,如资产状况、资产所在位置、对资产出售或者使用的限制等。

(三)会计报告

会计报告是以簿记系统加工生成的信息为基础,按照会计信息用户的要求进行加工和转化,并通过财务报表将会计信息输出系统。

会计报告主要解决:① 将簿记信息转化为会计信息。虽然经济事项的数据经过会计记录处理以后已经转化为簿记信息,但是,由于簿记信息数量庞大而且分散,不利于信息的传输和信息用户的利用,因此,还必须借助于会计报告对簿记信息进行加工转化,最终生成会计信息。② 将会计信息输出到会计信息生成系统。财务报表是会计信息的"物质载体",会计信息只有通过财务报表,才能传递到信息用户手中。

会计确认、计量、记录和报告相互联系,逐步深入,都以会计要素为共同的对象,都以会计信息的有用性为共同的目标,都统一于会计信息生成的过程之中,并构成会计信息生成的一般程序。

四、会计信息生成的方法——凭证、账簿、报表等

在会计确认、计量、记录和报告的过程中,需要采用一套专门的会计信息生成方法。随着会计的发展,会计信息生成的方法也在不断地丰富和完善。会计信息生成的方法有填制和审核凭证、设置和运用账户、复式记账、设置和登记账簿、成本计算、财产清查和编制财务报表。

(一)填制和审核凭证

填制和审核凭证是初步记录经济业务,并保证经济业务的合理性和合法性所使用的专门方法。会计凭证是证明经济业务已经完成作为记账依据的一种书面证明。企业在生产经营过程中都会发生各种各样的经济业务。企业发生经济业务以后,首先要通过会计凭证加以初步记录,经审核认定后,才能作为记账的依据。所以,填制和审核凭证是会计信息生成的第一步。

(二)设置和运用账户

设置和运用账户是连续地归类记录经济业务各项数据,从而提供各个会计要素动态和静态资料所使用的专门方法。会计凭证对经济业务的反映是零星的、分散的,

所以必须按照会计要素项目,设置和运用账户,对零星的、分散的数据,进行系统地归类。

（三）复式记账

复式记账是在账户中,全面地、相互联系地记录经济业务所使用的专门方法。企业发生的经济业务不是孤立的,都有来龙去脉,为了真实地反映经济业务的来龙去脉及其所引起的变化,不仅要求对一切变化了的会计要素项目进行记录,而且要对同一经济业务引起的变化项目联系起来记录。采用这种方法,不仅可以全面地反映经济事项,而且可以通过账户的对应关系,检查会计记录的准确性。

（四）设置和登记账簿

设置和登记账簿是序时地或分类地记录经济业务所使用的专门方法。企业发生的经济业务都必须设置若干账册,对发生的经济业务进行分类登记。

（五）成本计算

成本计算是对生产经营过程中发生的耗费按照成本计算对象进行归集,从而计算出总成本和单位成本所使用的专门方法。通常,外购材料、生产的产品和销售的产品都应单独进行成本计算。

（六）财产清查

财产清查是核实各项财产物资、货币资金账实是否相符所使用的专门方法。货币资金和实物资产的增减变化虽然有账簿记录,但由于种种原因,可能导致账实不符,所以,需要运用财产清查的方法进行核实,以保证会计记录的真实性和正确性。

（七）编制财务报表

编制财务报表是会计总括地和系统地提供会计信息所使用的专门方法。在日常会计核算中,有关会计数据是分散在各个会计账户中的,为了满足会计信息用户的需要,会计部门应当定期将账户资料加工成会计信息,通过财务报表传递给用户。

会计信息生成的各种方法既独立存在又相互联系,形成了一套完整的方法体系。

五、会计信息生成的规范——会计法规体系

会计主要为信息使用者提供信息服务,而提供会计信息就必须要规范信息提供者的行为。会计法规是一种标准,其主要作用是实现会计信息生产的标准化,即在会计领域内对会计确认、计量、记录和报告等会计行为进行规范,其内容包括法规、准则等。将所有属于会计规范的内容按照一定逻辑顺序、层次分明、有机地联系起来就构成了一套体系,即会计法规体系。我国会计法规体系按照强制力排列,分为会计法律、会计行政法规和会计部门规章三个层次。

（一）会计法律

会计法律是指由全国人民代表大会及其常委会经过一定立法程序制定的有关会计工作的法律。在会计领域中,属于法律层次的规范主要有《中华人民共和国会计法》(以下简称《会计法》)和《中华人民共和国注册会计师法》(以下简称《注册会计师法》)。会计法律是会计法规体系中最具有权威性、最具有法律效力的规范,是制定其他各层次会计规范的依据,也是会计工作的基本大法。

（二）会计行政法规

会计行政法规是根据会计法律制定的,是对会计法律的具体化或对某个方面的补充,一般称为条例,由国家最高行政机关国务院制定。在我国的会计规范体系中,属于会计行政法规的有《企业财务会计报告条例》和《总会计师条例》。

（三）会计部门规章

会计部门规章是国务院财政部门根据法律、法规的规定发布的指导会计工作的具体规定。我国现行的会计法律中将国务院财政部门制定的会计规章称为"国家统一的会计制度"。国家统一的会计制度,是指国务院财政部门根据《会计法》制定的关于会计核算、会计监督、会计机构和会计人员以及会计工作管理的制度,主要包括《企业会计准则》《企业会计制度》《会计基本工作规范》《会计从业资格管理办法》《会计档案管理办法》等。

［小提示］

目前,我国企业会计准则体系包括1项基本准则、42项具体会计准则及应用指南和8项会计准则解释。现行企业会计准则体系基本上反映了我国行业和企业当前绝大部分的经济业务特点,能够满足企业对外披露财务报告信息的要求,同时也有助于我国企业会计准则与国际财务报告准则(International Financial Reporting Standards,IFRS)的持续性趋同。

六、会计信息生成的路径——手工、软件

会计信息的生成有手工生成和软件生成两种路径。在计算机技术产生之前,会计信息主要依赖于会计人员的手工操作,会计凭证的填制、账簿的登记、算账、结账、报表等均通过手工完成。随着计算机的普及,以计算机为主要信息处理工具的会计信息系统,被称为计算机会计信息系统,又称会计电算化。会计从手工操作到计算机操作,是会计信息生成的革命性进步。

计算机会计信息系统是一个人机合一的系统,它是由会计人员、计算机硬件、计算机软件和系统运行规范等要素组成的。在计算机环境下,会计人员主要从事会计数据的录入、审核、控制和使用,财务管理系统的开发、组织和维护。计算机硬件是进行会计数据输入、处理、存储、传输和输出的各种电子、机械设备。输入设备如键盘、光电自动扫描输入装置、条形码扫描装置等,数据处理设备即计算机主机,存储设备如磁盘机、磁带机等,传输设备如调制解调器、电话机及电缆、光缆等,输出设备如打印机、显示器等。计算机软件包括系统软件和会计软件。会计软件,如用友软件、浪潮软件等,专门用于会计数据处理的应用软件。系统运行规范是保证计算机信息系统正常运行的各种制度和控制程序,如硬件管理制度、数据管理制度、操作人员岗位管理制度、系统安全制度等。

现如今,各单位积极推进会计信息化建设,部分单位实现了会计核算的集中和共

享处理,推动会计工作从传统核算型向现代管理型转变。单位内部控制嵌入信息系统的程度不断提升,为实施精准有效的内部会计监督奠定了基础。会计信息系统得到普遍推广应用,为单位会计核算工作提供了有力保障。企业资源计划(ERP)逐步普及,促进了会计信息系统与业务信息系统的初步融合,有效提升了单位服务管理效能和经营管理水平。大数据、人工智能、移动互联、云计算、物联网、区块链等新技术在会计工作中得到初步应用,智能财务、财务共享等理念以及财务机器人等自动化工具逐步推广,优化了会计机构组织形式,拓展了会计人员工作职能,提升了会计数据的获取和处理能力。企业会计准则通用分类标准持续修订完善,在国资监管、保险监管等领域有效实施;修订《会计档案管理办法》,出台电子会计凭证报销入账归档相关规定,推动电子会计资料普遍推广,促进了会计信息的深度应用。

计算机会计信息系统是在对手工会计信息系统进行充分调查研究的基础上开发出来的,其实质是将手工会计信息处理流程计算机化。因此,计算机会计信息系统与手工会计信息系统既有联系又有区别。

两者的联系体现为:

(1) 都以会计信息处理为目的,都遵循相同的会计准则、会计理论和会计方法。计算机会计信息系统虽然引起了会计理论和方法的一些变革,但并不动摇会计信息处理的基础,手工会计信息系统采用的填制和审核凭证、设置和运用账户、复式记账、设置和登记账簿、成本计算、财产清查、编制财务报表等方法同样适用于计算机会计信息系统。

(2) 两者的基本功能相同,都进行信息的收集和记录、存储、加工处理、传输和输出。但计算机会计信息系统收集记录数据的数量更大、速度更快,信息加工处理更迅速,信息输出也更加丰富多样。

计算机会计信息系统与手工会计信息系统相比也有许多区别,这些区别使计算机会计信息系统具有更大的优越性,具体表现在:

(1) 在运算工具上,手工会计信息系统以算盘、计算器为运算工具,计算速度慢,出错率高,且不能存储计算结果。计算机会计信息系统采用不断更新换代的电子计算机作为运算工具,数据处理过程由计算机程序控制,自动完成,计算速度快,准确率高,并可以储存大量运算结果。

(2) 在信息载体上,手工会计信息系统下的会计信息载体是凭证、账簿和报表等纸介质,这些会计信息不需要经过任何转换便可直接查阅。计算机会计信息系统下的会计信息以各种数据文件的形式,记录在磁带、磁盘、光盘等载体中,这些磁介质、光介质中的会计信息以机器可读的形式存在,具有体积小、易保管、复制快等优点,当然也容易被删除或更改,甚至损坏或丢失,所以,保证会计信息的安全性尤为重要。

(3) 在表达方法上,手工会计信息系统主要用文字和数字表达。计算机系统下,为了便于计算机处理和存储,大量信息用代码表达,如常见的会计科目、部门、职工、产成品、材料、固定资产、主要客户等需要以适当的代码表达,这虽然便于计算机处理,但不便于直接阅读和利用。因此,科学设计代码是计算机会计信息系统的一项重要工作。

(4) 在信息处理方式上,计算机会计信息系统改变了手工会计信息系统由许多人分工协作完成记账、算账、编表的工作方式,改变了通过账账核对、账证核对和账表核对以保证记录正确性的工作方式,各种凭证一经输入计算机,便由计算机自动完成记账、算账、编表及部分分析工作,许多人分工完成的工作由计算机程序集中完成,凭证、账簿、报表之间的勾稽关系由计算机程序自动予以保证;利用计算机进行批处理和实时处理,提高了会计信息处理的及时性,缩短了会计结算的周期,可以做到月核算、周核算甚至日核算,及时编制月报、季报和年报;会计数据的集中管理可以实现一数多用、充分共享、联机快速查询和远程数据交换;通过建立数学模型,辅助进行预测、决策、控制、分析,扩大了会计信息的应用领域。这样,会计人员就从烦琐的工作中解脱出来,有更多的时间和精力从事更高层次的管理活动,因此,计算机会计信息系统促使了会计工作从核算型向管理型的深刻转变。

(5) 在运行环境上,计算机会计信息系统所使用的计算机、打印机、通信设备等精密设备要求防磁、防震、防尘、防潮等,系统环境要保证计算机的正常运行。

了解会计做
假账的方法

第四节　会计信息的利用

一、会计信息的利用主体及其信息需要

会计信息生成系统主要生成会计信息,反映经济过程,满足信息主体做决策的需要。明确会计信息的利用主体,有助于提供与信息主体决策相关的会计信息。

(一) 会计信息的利用主体

会计信息的利用主体,又称会计信息使用者。会计信息的利用主体较多,按其与企业的关系,可以分为外部信息利用主体和内部信息利用主体两类。

外部信息利用主体泛指企业外部的人士和组织,他们又可分为与企业有直接利害关系的外部信息利用主体和与企业有间接利害关系的外部利用主体。前者如企业的投资者、债权人等,后者如税务部门、证券监管部门、政府机构、社会公众等。外部信息利用主体需要通过会计信息了解企业的财务状况、经营成果、现金流量,以便做出投资、信贷和其他决策。内部信息利用主体是指企业内部各阶层的管理人员,包括董事会成员,经理,计划、财务、人事、供应、市场营销、技术等方面的管理人员,甚至企业车间的负责人。在企业经营活动中,企业内部的管理人员需要根据会计信息做出判断和决策,如筹资决策、投资决策、营销决策、薪酬决策、股利分配决策等。

(二) 信息利用主体的信息需要

信息利用主体所需要的信息,并非都由会计信息生成系统生成。会计信息生成系统所生成的信息有其自身的特性。这些特性表现在:会计信息是以货币单位表述的财务信息,会计信息是近似计量的结果,会计信息反映的是已发生的经济事项的结果,会计信息的提供要花费代价。这些特性决定了会计信息生成系统不能提供信息使用者决策所需的全部信息,而只能提供基本的财务信息。

从经济内容看,基本财务信息包括:

(1) 有关企业经济资财的信息。企业经济资财是指企业在经营活动中可以利用的、能够为企业带来未来经济利益的经济资源,如资产负债表中资产的配置、资产结构、体现企业核心竞争能力的资产状况等信息。

(2) 有关企业经济资财要求权的信息。债权人和投资者对企业的经济资财有要求权,会计应提供有关企业经济资财要求权的信息,如资产负债表中,债权人和所有者之间的权益构成情况、比重以及结构等方面的信息。

(3) 有关企业经济资财、经济资财要求权变动情况的信息。企业经济活动会引起企业经济资财、经济资财要求权发生变动,有关这些变化的信息可以说明企业经营业绩、财务状况和发展趋势,如综合收益表、现金流量表、所有者权益变动表等信息。

所以,会计人员既要了解信息使用主体及其需要,又要明白会计信息的特性,只有这样,才能进一步确定会计应该搜集哪些数据,以及如何加工和处理这些数据,从而最大限度地保障信息使用者决策所需要的信息供给。

二、会计信息的利用方法

会计信息生成系统所生成的信息与经济决策之间存在一定程度的相关性,但与经济决策所要求的信息相比,这种相关性还不够。这是因为:

(1) 会计主体假设使得会计信息局限在会计主体的范围内,会计信息只反映会计主体的经济活动,不能反映会计主体内的各种非经济因素以及会计主体外部有关环境变动的情况。

(2) 货币计量假设使会计信息局限在财务信息的范围内。会计信息主要是以货币形式表达的财务信息,排除了若干无法以货币形式表达的非财务信息,难以满足信息用户对非财务信息的需求,并且容易使决策者根据单纯的"货币化信息"做出错误判断。

(3) 会计生成的信息局限在信息用户所需要的共同信息上,这些共同信息舍弃了企业经济交易的特殊性,以致会计信息难以满足信息用户的多样化信息需求,尤其是某些特定的信息需求。

(4) 历史成本原则使会计信息主要表现为历史信息,而不是企业现在的和未来的信息,不利于信息用户直接了解企业生产经营活动和财务活动的未来发展趋势。同时,历史成本原则以原始交易价格并经双方认可的基础来计量,导致物价变动下资产的账面价值难以反映资产的实际价值。

(5) 会计信息采用会计报表的输出方式,往往使信息用户难以从会计报表中直观地发现相关数据之间的内在联系,给经济决策造成麻烦甚至误导。

因此,有必要对会计信息进行合理的加工利用,以弥补会计信息的上述不足,增强会计信息的效用,使经济决策建立在可靠的信息供给基础之上。会计信息的加工利用实质上是数据挖掘、凝练与再生的过程。会计信息的利用方法有一般加工利用方法和综合加工利用方法。

(一) 会计信息的一般加工利用方法

会计信息的一般加工利用是指采用特定的方法,对会计信息生成系统所生成的信息直接进行加工转化,并利用加工转化后的信息评价企业的财务状况和经营成果。

会计报表分析是会计信息一般加工利用的主要体现。

会计信息一般加工利用的方法多种多样,比如:运用调整的方法,通过计算,消除物价变动对会计信息的影响;运用比较分析法,通过比较两个相关的财务数据,揭示有关财务数据之间的相互关系;运用比率分析法,计算不同报表项目有关数据的比率,据以分析评价企业的财务状况和经营成果;运用趋势分析法,通过计算连续数期会计报表中相同项目的百分比,分析各个项目的动态趋势等。

会计信息经过一般加工利用,能够解释和评价企业的偿债能力、营运能力、盈利能力和综合财务能力。

（二）会计信息的综合加工利用方法

会计信息的综合加工利用就是采用灵活多样的方法,主要根据会计信息并结合其他信息(非财务信息),进行综合加工转化,并利用加工转化后的信息来规划经济未来、参与经济决策、控制经济过程。管理会计实质上是对会计信息的综合加工利用。

会计信息的综合加工利用主要包括:

（1）会计规划,如成本性态分析、损益平衡分析等。

（2）会计决策,如短期经营决策、长期投资决策等。

（3）会计控制,如标准成本控制、责任成本控制等。

会计趣味问答

未来会计的一个重大变化在于会计信息的综合加工利用将变得越来越重要,会计理论和会计方法的发展特别是计算机、互联网等先进技术在会计中的广泛而又深入的应用,为这一变化提供了有力支持。

▌ 本章小结

本章主要介绍会计概述、会计信息、会计信息的生成与利用等知识。会计的概念,又称会计的本质,有会计信息系统论和会计管理活动论两种观点。会计信息系统论把会计的本质理解为是以提供财务信息为主的经济信息系统,而会计管理活动论则将会计的本质理解为会计是经济管理的重要组成部分。会计具有反映和监督两种基本职能。会计目标有受托责任观和决策有用观两种。

会计信息的内容——会计要素,是对会计对象的基本分类,是会计对象的具体化,是反映会计主体的财务状况和经营成果的基本单位,包括资产、负债、所有者权益、收入、费用和利润六大会计要素。资产、负债和所有者权益反映资金运动的静态表现,呈现出“资产 ＝ 负债 ＋ 所有者权益”静态会计等式关系,是资产负债表的构成要素。收入、费用和利润是企业在一定期间资金运动的动态表现,三者构成“收入 － 费用 ＝ 利润”会计等式关系,反映一定期间的经营成果,是利润表的构成要素。会计信息质量要求包括可靠性、相关性、可理解性、可比性、实质重于形式、重要性、谨慎性和及时性八项质量标准。

会计信息生成的前提条件,包括会计主体假设、持续经营假设、会计分期假设和货币计量假设四大假设,共同为会计信息的生成奠定基础。会计信息的生成必须经过会计确认、计量、记录和报告等程序。会计确认包括会计记录中的初始确认和在财务报告中的最终确认。会计计量即对符合确认条件的会计要素确定其金额列示于财务报表的过程。会计计量属性包括历史成本、重置成本、可变现净值、现值和公允价值。会计信息的生成需要遵循权责发生制基础,准确划分费用化支出与资本化支出的关系,收入与费用的配比要求。会计信息的生成主要有凭证、账簿、报表等方法,有手工和软件两种生成路径。

关键名词

会计信息   会计要素   会计假设   会计信息生成

即测即评

请扫描二维码进行即测即评。

思考题

1. 会计假设包含的内容及其意义是什么?
2. 会计反映和监督必须遵循哪些原则? 会计信息需要符合什么标准?
3. 会计信息的内容——会计要素包括哪几个要素?
4. 各会计要素之间存在怎样的关系?
5. 思考会计确认、会计计量、会计记录和会计报告之间的关系。

延伸阅读

请扫描二维码阅读相关文献。

延伸阅读

第二章 账户与复式记账

学习目标

理解会计科目的设置意义,熟悉会计账户设置原理;掌握会计账户的基本结构、记账规则、九大会计事项和复式记账法的运用;掌握试算平衡表的编制。

> ### 引例　借左贷右
>
> 有一位会计主任他每天上班做的第一件事就是:打开他座位右边第一个抽屉看一下再关起来。有时工作到一半又会开抽屉再看一下,很多同事都注意到了,很好奇,但不敢问……
>
> 终于,主任要退休了。大家一起为他开了惜别会。结束后,大家一起到主任的座位打开那个抽屉。上面写着:"借方在左边,贷方在右边。"

借贷记账法是会计业务核算的核心方法,是学习后续会计业务处理的基础和前提。本章要求了解复式记账法的特点,掌握借贷记账法的基本原理。

第一节　会计科目

会计为了提供全面、系统地反映价值运动及其结果的有关信息,首先应解决如何对反映经济事项的各种数据分类记录的问题。为此,必须根据会计科目设置账户,在账户中记录和分类数据,以便进一步加工处理,使之成为有用的会计信息。

一个会计
故事

一、会计科目的概念

会计科目,简称科目,是对会计要素按经济内容进一步分类的项目。会计要素不仅包含的内容多,而且具体项目差别大。比如,厂房、机器、材料等都属于资产,但它们的经济用途、价值方式各不相同;应付供应单位货款和向银行借入的长期借款虽然都属于负债,但它们的形成原因、偿还期限和承担的风险程度有很大差别。因此,如果企业发生的各项经济活动都以资产、负债、所有者权益、收入、费用、利润六个要素作为会计数据归类的标准,难免过于笼统,很难满足信息用户的需要。为了提供详细、具体、规范化的会计信息,就有必要对每一会计要素按构成项目的经济内容再分类,并在此基础上设置会计科目。比如,将厂房、机器等主要劳动资料设置一个"固定资产"科目,将货币资金按其存放地点设置"库存现金""银行存款"科目。每一科目是经济业务引起要素变动的基本归类单位,如以银行存款购入机器,则反映"银行存款"减少,"固定资产"增加。由此可见,只有在对会计要素具体内容进一步分类的基础上设置会计科目,会计才可能对经济业务引起的会计要素具体内容的增减情况做出正确而恰当的记录。

二、会计科目设置的原则

为了使会计核算所提供的信息口径统一、可以互相比较和易于理解,应当按照下列原则对会计要素项目分类设置会计科目。

第一,每一会计要素所包括的全部项目,必须由该要素所划分的会计科目所涵盖,既不允许遗漏,也不允许重复、交叉。必要时,也可跨要素归类并设置会计科目,比如,对于预收款、预付款不多的企业,可将负债项目"预收账款"归入资产项目"应收账款",设置一个"应收账款"科目,将资产项目"预付账款"归入负债项目"应付账款",设置一个"应付账款"科目。

第二,会计科目的名称应通俗易懂,体现会计主体的特点。每一个会计科目都应当有一个通俗易懂而又含义明确的名称,以便判断该科目是对哪类会计数据所做的归类;会计科目的名称还应体现会计主体的性质和特点。比如,基于日常活动中主要的业务收入,称作"主营业务收入"更为贴切,次要的业务收入称作"其他业务收入";所有者投入的资本,在有限责任公司叫作"实收资本",而对于股份有限公司,称作"股本"则更为贴切。

会计提供的信息既是国家宏观经济调控、进行国民经济综合平衡的重要依据之一,又是投资者、债权人等了解企业财务状况和经营成果的主要依据。为了统一核算口径,保证核算指标在不同企业、不同部门的可比性,便于综合汇总和分析利用,我国企业使用的一级科目和主要的明细科目由财政部统一颁布,其他明细科目和二级科目由企业根据需要和规定设置。

三、会计科目的层次和分类

1. 会计科目的层次

会计科目是一个完整的体系,它包括会计科目的内容和级次。科目的内容反映科目的横向联系,每个科目都有其特定的经济内容;科目的级次体现科目的纵向联系,许多科目都可据以进一步划分层次。为了兼顾各有关方面对会计信息不同详略程度的需要,可以将会计科目划分成总分类账科目(一级科目)、子目(二级科目)和明细分类账科目(细目)三个层次。

　　总分类账科目,亦称总账科目或一级科目,是按照会计要素分别设置的会计科目,是设置总分类账的依据,提供的是各类别总括资料,如"原材料"科目、"固定资产"科目等。明细分类账科目,亦称明细科目,是依据总账科目的具体内容而设置的会计科目,是企业设置明细账的依据,提供的是每一类别更加详细、具体的会计信息。如在"原材料"总账科目下可按材料的品种、规格、名称设置明细科目,分设"圆钢""方钢""扁钢"或"甲材料""乙材料""丙材料"科目;在"应收账款"总账科目下可按购买单位或个人设置明细科目等。

　　子目,亦称二级科目,介于总账科目和明细科目之间,核算资料比总账科目详细、比明细科目概括。如在"原材料"总账科目和"甲材料""乙材料""丙材料"明细科目之间设置的"金属材料""非金属材料"或"原料""辅助材料""燃料"等都属二级科目。

　　一级科目、二级科目、明细科目之间的关系如图 2-1 所示。

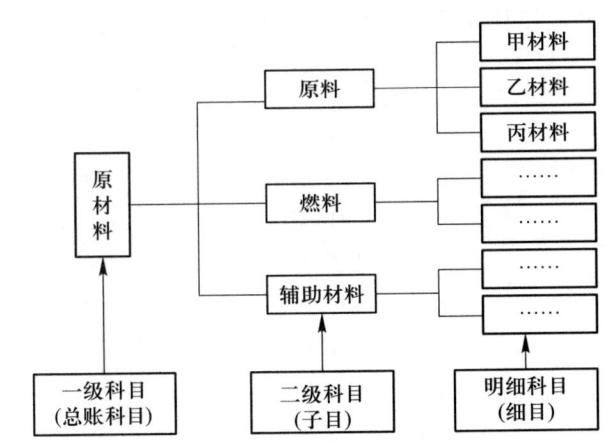

图 2-1　一级科目、二级科目、明细科目的关系——原材料示例

　　2. 会计科目的分类

　　会计科目,简称科目,是对会计要素具体内容进行分类核算的项目,是进行会计核算和提供会计信息的基础。会计科目可以按其反映的经济内容(所属会计要素)分类。

　　会计科目按其反映的经济内容不同,可分为资产类科目、负债类科目、共同类科目、所有者权益类科目、成本类科目和损益类科目。每一类会计科目可按一定标准再分为若干具体科目。

　　(1) 资产类科目,是对资产要素的具体内容进行分类核算的项目,按资产的流动性分为反映流动资产的科目和反映非流动资产的科目。反映流动资产的科目主要有"库存现金""银行存款""应收账款""原材料""库存商品"等;反映非流动资产的科目主要有"长期股权投资""长期应收款""固定资产""在建工程""无形资产"等。

　　(2) 负债类科目,是对负债要素的具体内容进行分类核算的项目,按负债的偿还期限长短分为反映流动负债的科目和反映非流动负债的科目。反映流动负债的科目主要有"短期借款""应付账款""应付职工薪酬""应交税费"等；反映非流动负债的科目主要有"长期借款""应付债券""长期应付款"等。

（3）共同类科目，是既有资产性质又有负债性质的科目，主要有"清算资金往来""货币兑换""套期工具""被套期项目"等科目。

（4）所有者权益类科目，是对所有者权益要素的具体内容进行分类核算的项目，主要有"实收资本"（或"股本"）及"资本公积""其他综合收益""盈余公积""本年利润""利润分配""库存股"等科目。

（5）成本类科目，是对可归属于产品生产成本、劳务成本等的具体内容进行分类核算的项目，主要有"生产成本""制造费用""劳务成本""研发支出"等科目。

（6）损益类科目，是对收入、费用等要素的具体内容进行分类核算的项目。其中反映收入的科目主要有"主营业务收入""其他业务收入"等；反映费用的科目主要有"主营业务成本""其他业务成本""销售费用""管理费用""财务费用"等。

根据企业会计准则及其应用指南规范的制造业企业常用会计科目如表2-1所示。

表2-1　制造业企业常用会计科目表

科目代码	科目名称	科目代码	科目名称	科目代码	科目名称
	一、资产类	2001	短期借款	5301	研发支出
1001	库存现金	2201	应付票据		六、损益类
1002	银行存款	2202	应付账款	6001	主营业务收入
1012	其他货币资金	2203	预收账款	6051	其他业务收入
1101	交易性金融资产	2211	应付职工薪酬	6101	公允价值变动损益
1121	应收票据	2221	应交税费	6111	投资收益
1122	应收账款	2231	应付股利	6115	资产处置损益
1123	预付账款	2232	应付利息	6117	其他收益
1131	应收股利	2501	长期借款	6301	营业外收入
1132	应收利息	2502	应付债券	6401	主营业务成本
1231	坏账准备		三、共同类	6402	其他业务成本
1402	在途物资		略	6403	税金及附加
1403	原材料		四、所有者权益类	6601	销售费用
1405	库存商品	4001	实收资本	6602	管理费用
1511	长期股权投资	4002	资本公积	6603	财务费用
1601	固定资产	4003	其他综合收益	6701	资产减值损失
1602	累计折旧	4101	盈余公积		信用减值损失
1604	在建工程	4103	本年利润	6711	营业外支出
1605	工程物资	4104	利润分配	6801	所得税费用
1701	无形资产		五、成本类	6901	以前年度损益调整
1901	待处理财产损溢	5001	生产成本		
	二、负债类	5101	制造费用		

第二节　会计账户

会计科目的设置只是解决了价值运动中所产生的各种数据如何分类的问题,而分类数据的记录则有待于设置账户。企业任何一项经济业务发生以后,都会引起会计要素的各个具体内容发生数量上的增减变动。为了反映经济业务发生后所引起的各个会计要素在数量方面的增减变动情况,实现对经济活动过程和结果的反映与控制,就需要设置账户,通过账户记录来全面、系统、完整地反映各要素变动过程和结果,提供用户所需的会计信息。

一、会计账户及其设置

会计账户是对会计要素各具体内容进行分类反映和控制,并提供每一类别增减变动过程(动态)和结果(静态)指标的工具。设置和运用会计账户是会计核算的基本方法。在实际工作中,会计账户是根据会计科目设置的。

以会计科目为依据设置会计账户有以下原则:

首先,一个会计科目相应地就应设置一个账户,用以反映每一类别增减变动的情况。比如,根据"库存现金""银行存款"科目可分别设置"库存现金"账户和"银行存款"账户,用以分别记录现金、银行存款的收款、付款数据;根据"原材料"科目可以设置"原材料"账户,用以记录材料收入、发出数据。

其次,由于会计科目是对各会计要素项目归类的结果,有反映资产、负债、所有者权益、共同、成本、损益类科目,因而账户也就有资产类账户、负债类账户、所有者类权益账户、共同类账户、成本类账户、损益类账户六类账户。

最后,由于会计科目分别有总账科目、二级科目和明细科目不同层次,相应地会计账户也分别设置成总分类账户、二级账户和明细分类账户,不同层次的账户提供同一类别指标的详细程度不同。

会计账户与会计科目是既有联系又有区别的两个概念。其联系在于:会计科目是设置会计账户的依据,也是会计账户的名称;会计科目与会计账户所反映的经济内容都是会计要素的具体内容;设置科目和开设账户都是为了提供分类核算的会计信息。其区别在于:会计科目仅仅是要素分类的项目,本身没有具体格式,不能用来记录经济业务,只是分类的标志;而会计账户既有其名称,又有专门的格式,是记录经济业务并进行分类核算的载体。

二、会计账户的基本结构

会计账户的基本结构是由会计要素及其数量变化情况决定的,会计账户的基本结构是指构成账户的要素。构成账户的各个要素都有其独特作用,因而是不可缺少的。经济业务所引起的各项会计要素的数量变化,不外乎是增加和减少两种情况。因此,作为记录经济业务的账户,除应有一个特定名称以表明它记录的经济业务的类别外,还应相应地分为两个基本部分,用以分别记录经济业务所引起的各会计要素的增加额和减少额。账户通常分左右两方,一方记录增加额,另一方记录减少额,各方再根据实际需要辟出若干栏次,用以登记有关信息资料。会计账户的基本结构,一般应包含下列要素:

(1)账户名称。由于账户是根据会计科目开设的,通常就以会计科目作为账户的名称。其作用是表明该账户是记录哪一类分类数据,也就是说由账户名称可以判断出它所记录的数据的经济内容。

(2)日期和摘要。说明经济业务发生的时间,概括经济业务的内容。

(3)金额。记录增加、减少、余额的数额。

账户的基本结构可具体化为一定的格式,账户的格式如图2-2和图2-3所示。图2-2为会计实务中使用的格式、图2-3为教学中使用的格式(也是简化格式)。

"××××"账户

时间 (年 月 日)	经济交易或事项 (经济业务)	增加	减少	余额

图 2-2　账户格式 1

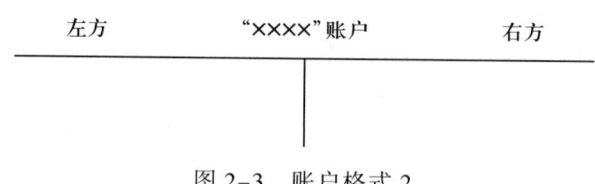

图 2-3　账户格式 2

账户格式左右两方的金额栏,一方记增加额,另一方记减少额。增减金额相抵后的差额,称为账户的余额。余额按其表现的时间不同分为期初余额和期末余额。因此,通过账户记录经济业务可以提供四种金额数据:期初余额、本期增加额、本期减少额、期末余额。本期增加额是指在一定时期内(月份、季度、年度)账户所登记的增加金额合计,也称本期增加发生额。本期减少额是指在一定时期内账户所登记的减少金额合计,也称本期减少发生额。本期(增加或减少)的发生额属于动态指标,反映有关会计要素增减变动的过程。本期增加发生额与期初余额之和抵减本期减少发生额后的差额即为本期期末余额,本期期末余额转入下期,即为下期期初余额。期初余额和期末余额属于静态指标,反映有关会计要素增减变动的结果。上述四种金额指标的关系用公式表示为:

$$期末余额 = 期初余额 + 本期增加发生额 - 本期减少发生额$$

三、会计账户的使用方法

在会计账户中,左右两方各叫什么名字,哪方记增加数,哪方记减少数,余额应在哪方,取决于所采用的记账方法和账户本身的性质。按照我国《企业会计准则》的要求,企业会计核算应统一采用借贷记账法。按照账户反映会计要素的经济内容,账户可分为资产、负债、所有者权益、共同、成本、损益六大类账户。在记账方法既定的前提条件下,不同性质的账户使用的方法不同。

在借贷记账法下,账户左方称为"借方",右方称为"贷方"。借方、贷方仅表示账户的一个方向,本身无实质性含义,其账户格式如图 2-4 所示。

借方　　　　　　　"××××"账户　　　　　　　贷方

图 2-4　账户格式 3

借方、贷方哪方记增加额、哪方记减少额,由账户的性质决定。

资产类账户:借方登记期初余额、本期增加额,贷方登记本期减少额,期末余额在借方。

负债和所有者权益类账户:借方登记本期减少额,贷方登记期初余额、本期增加额,期末余额在贷方。

上列几类账户的使用方法如图 2-5 所示。

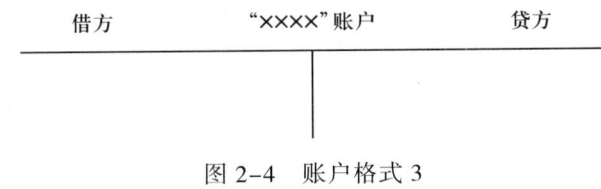

图 2-5　账户的使用方法

【例 2-1】　假定有关账户余额为:银行存款 80 000 元,原材料 50 000 元,短期借款 10 000 元,应付账款 12 000 元。

本期发生下列经济业务:

① 购入材料 10 吨,价值 3 000 元,货款以存款支付。

② 以存款 5 000 元偿还欠银行的 8 月期借款。

③ 购入材料 20 吨,价值 6 000 元,货款未付。

④ 借入 10 月期借款 8 000 元存入银行。

⑤ 借入 5 月期借款 9 000 元直接偿还供应单位的购料款。

对以上业务记入账户的方法是:

第①笔业务:引起材料增加,银行存款减少。材料属于资产,增加的 3 000 元记入"原材料"账户借方;银行存款属于资产,减少的 3 000 元记入"银行存款"账户贷方。

第②笔业务:引起银行存款减少和短期借款减少。银行存款属于资产,减少的 5 000 元记入"银行存款"账户贷方;短期借款是负债,减少的 5 000 元记入"短期借款"账户的借方。

第③笔业务:引起材料(资产)的增加,记入"原材料"账户借方;同时引起应付账款(负债)的增加,记入"应付账款"账户贷方。

第④笔业务:引起短期借款(负债)增加,记入"短期借款"账户贷方;同时引起银行存款(资产)增加,记入"银行存款"账户借方。

第⑤笔业务:引起短期借款(负债)增加,记入"短期借款"账户贷方;同时引起应付账款(负债)减少,记入"应付账款"账户借方。

上述业务记入账户的结果如图 2-6 所示。

借方		原材料	贷方	
期初余额	50 000			
①	3 000			
③	6 000			
发生额	9 000	发生额		0
余额	59 000			

借方		银行存款	贷方	
期初余额	80 000	①		3 000
④	8 000	②		5 000
发生额	8 000	发生额		8 000
余额	80 000			

借方		短期借款	贷方	
②	5 000	期初余额		10 000
		④		8 000
		⑤		9 000
发生额	5 000	发生额		17 000
		余额		22 000

借方		应付账款	贷方	
		期初余额		12 000
⑤	9 000	③		6 000
发生额	9 000	发生额		6 000
		余额		9 000

图 2-6 账户使用实例

与账户使用的几个相关问题:

(1)在账户记录业务前,首先应登记期初余额。上述原材料、银行存款属资产,其账户余额登记在借方;短期借款、应付账款为负债,其账户余额登记在贷方。

(2)在期末,要计算出每一个账户的发生额和期末余额,这项工作在会计上称为结账。在借贷记账法下,在账户借方的发生额叫借方发生额,表示本期每一资产项目的增加合计数(资产类账户)和每一负债、所有者权益项目的减少合计数(负债、所有者权益类账户);在贷方的发生额叫贷方发生额,表示每一资产项目的减少合计数或负

债、所有者权益的增加合计数。由于借贷方发生额在不同性质账户中含义不同,因此,账户余额计算方法也不同。其中,资产类账户:

$$期末余额 = 期初余额 + 借方发生额 - 贷方发生额$$

负债、所有者权益类账户:

$$期末余额 = 期初余额 + 贷方发生额 - 借方发生额$$

(3) 前述账户使用方法只讲了资产、负债、所有者权益三类基本账户。费用类账户与资产类账户的运用方法基本相同;收入、利润类账户与负债、所有者权益类账户的运用方法基本相同。后三类账户的运用将在后续章节中逐一阐述。

第三节　复式记账法

一、复式记账法及其特点

在第一节中曾指出:为了详细反映会计要素的具体内容,需要设置相应的会计科目,并根据会计科目开设相应的账户。但是,账户仅仅是记录经济业务的工具,要通过账户反映特定会计主体经济活动的增减变动过程及结果,还必须运用科学的记账方法——复式记账法。

复式记账法是随着社会生产的进一步扩大,经济活动日益频繁,经济业务内容更加复杂以及管理要求不断提高而产生的。复式记账法是指对任何一笔经济业务,都应以相等的金额,在两个或两个以上的账户中全面地、相互联系地进行登记的方法。

[小提示]

复式记账法在国际上主要是指借贷复式记账法,在我国曾使用过增减记账法、现金收付记账法、财产收付记账法。

企业任何一笔经济业务的发生,都会引起会计要素中至少两个具体项目的变化,并体现其变化的相互关系。这两个项目可能是同一性质的要素项目(如以银行存款购入材料业务,同时引起资产中的银行存款减少和材料的增加,且银行存款的减少是材料增加导致的),也可能是不同性质的要素项目(如以银行存款上缴税费业务,同时引起资产中的银行存款和负债中的应交税费的减少,且说明了银行存款的减少是应交税费减少导致的)。可见,复式记账的主要特点是:对发生的任何一笔经济业务所引起的不同项目的增减变化,都能以相等金额在至少两个账户中相互联系地反映出来。因此,通过复式记账不仅可以了解每一项经济业务的来龙去脉,而且将全部经济业务记入账户后,可以通过账户记录,完整、系统地反映经济活动的过程和结果。同时,对账户记录的结果可以试算平衡,以检查账户记录的正确性。

复式记账法的产生和应用,是记账方法的一个具有划时代意义的进步,它推动了现代会计方法体系的形成,是"会计科学史上的伟大建筑"。

> **[小提示]**
>
> 复式簿记是文艺复兴时代的产物,是一个巧妙的科学核算系统,自从它被推广应用以后,备受各界著名人士的交口赞扬。
>
> 德国诗人、文学家、哲学家歌德:复式簿记是"人类智慧的绝妙创造之一,每一个精明的商人从事经营活动都必须利用它"。
>
> 数学家凯利:复式簿记原理"像欧几里得的比率理论一样,是绝对完善的"。
>
> 经济史学家松巴特:"创造复式簿记的精神,也就是创造伽利略和牛顿系统的精神。"
>
> 会计学家黑泽清:"在复式簿记出现以前,世界上不存在所谓'资本'的概念。或者说,倘若没有复式簿记,就没有'资本'的出现。""复式簿记还创造出资本主义'企业'的概念。"

二、借贷复式记账法

"会计之父"
——卢卡·巴
其阿勒

借贷复式记账法,简称借贷记账法,是复式记账法的一种。它大约起源于13世纪至14世纪资本主义开始萌芽的意大利,15世纪逐步发展成为一种比较完备的复式记账方法。从1494年由卢卡·帕乔利系统总结成书出版以后,首先在欧洲广泛传播和运用,继而流传至世界各地,在日本明治维新时期传入日本,20世纪初传入我国。借贷记账法以其科学性和广泛的适用性为世界各国会计所采纳,以至成为会计的国际语言。

借贷记账法是以"资产 = 负债 + 所有者权益"为理论依据,以"借""贷"作为记账符号,按照"有借必有贷、借贷必相等"的记账规则,对发生的经济业务在两个或两个以上的账户中全面地、相互联系地记录的一种复式记账方法。

《数学大全》
《簿记论》

(一)理论依据

"资产 = 负债 + 所有者权益"的会计等式是建立借贷记账法的理论依据。

首先,会计等式规范了企业经济业务的内容。一家企业要进行生产经营活动必须拥有一定数额的资产,资产的来源一是负债,二是所有者权益。因此,企业有一定数额的资产,就必然有一定数额的负债和所有者权益;反之,有一定数额的负债和所有者权益,就必然形成同等数额的资产。资产与负债、所有者权益是相互依存的,从数量上看,"资产总额 = 负债总额 + 所有者权益总额"。经济业务尽管多种多样,但就一个会计主体来讲,任何一笔业务要么引起会计等式的左方或者右方某一要素的增加,另一要素的减少;要么引起会计等式左右双方要素同时增加或同时减少。但无论属于哪类业务,都不会破坏会计等式的平衡关系。依据会计等式的基本规律,企业经济业务的变化类型有:

（1）一项资产增加，另一项资产减少；

（2）一项负债增加，另一项负债减少；

（3）一项所有者权益增加，另一项所有者权益减少；

（4）一项资产增加，一项负债增加；

（5）一项资产减少，一项负债减少；

（6）一项资产增加，一项所有者权益增加；

（7）一项资产减少，一项所有者权益减少；

（8）一项负债增加，一项所有者权益减少；

（9）一项负债减少，一项所有者权益增加。

具体经济业务变化类型见表 2-2。

表 2-2　经济业务变化类型

会计事项	资产	负债	所有者权益
1	+-		
2		+-	
3			+-
4	+	+	
5	-	-	
6	+		+
7	-		-
8	+		-
9		-	+

以上九种业务是引起企业资产、负债、所有者权益变动的经济业务。此外，还有引起费用、收入、利润变动的经济业务。一般来讲，费用发生会导致资产减少（或负债增加），收入取得会引起资产增加（或负债减少），收入大于费用的利润属于所有者，收入小于费用的亏损由所有者承担。因此，从其性质上看，利润增加所有者权益、亏损减少所有者权益。所以，会计等式规范的九种业务类型就是借贷记账法所要反映的业务内容。

其次，会计等式可检验账户记录结果的正确性。会计等式规范的以上九种经济业务的数量变化对会计要素的影响为：有的类型的经济业务发生不引起会计要素总额的变动，有的类型经济业务的发生会引起会计要素总额的变动，但无论是否引起会计要素总额发生变动，都不会影响"资产＝负债＋所有者权益"的平衡关系。因此，记账是否正确可以根据记账结果是否符合这一等式来加以检验。

（二）记账符号

记账符号是指经济业务发生后记入账户的方向的标记。在借贷记账法下，以"借""贷"作为记账符号，即一切账户的左方为借方，右方为贷方。至于借方、贷方

会计的"画皮"——借贷记账法

哪方记增加数,哪方记减少数,由账户的经济性质来决定。

（三）账户的设置和运用

在借贷记账法下,将账户分设成资产、负债、所有者权益、共同、成本、损益(包括收入和费用两类)六大类,不同性质的账户使用方法不同。各类账户的使用方法如图 2-7 所示。

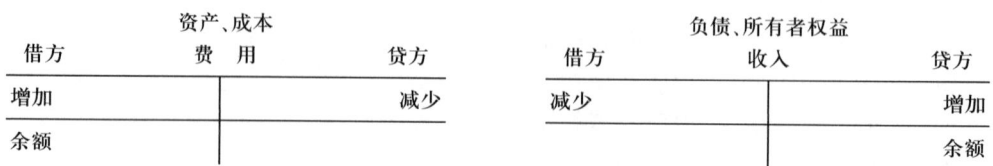

图 2-7　各类账户模式

（四）记账规则

记账规则是指在账户中记录经济业务的规律性,它是根据不同性质账户的结构和不同类型经济业务在账户中登记的方法总结而成的。借贷记账法的记账规则是"有借必有贷,借贷必相等",即每笔经济业务发生后在记入一个账户借方的同时,记入另一个账户的贷方,且记入借方、贷方账户的金额应该相等。它是将借贷记账法应予记录的九种类型的经济业务按各类账户的使用方法记录的结果。这种联系如图 2-8 所示。

从图 2-8 看出,借贷记账法下,无论发生怎样的业务,在记入账户时总是一方面记入有关账户借方,另一方面必然记入相关账户的贷方,且每笔业务金额是相同的。可见,借贷记账法的记账规则是"有借必有贷,借贷必相等"。

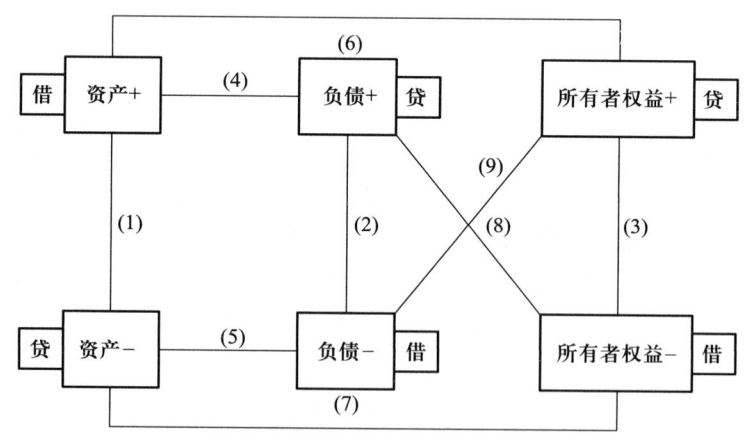

图 2-8　经济业务类型与账户模式的联系

（五）平账方法

平账方法是根据复式记账原理,检查和验证账户记录正确性的方法。借贷记账法下可根据账户的发生额和余额进行检验。

发生额法是以全部账户借方、贷方发生额为依据检验账户记录正确性的方法。由于借贷记账法记账规则是每笔业务发生都记入一个账户借方和另一个账户贷方,

且借方、贷方金额相等,因此,将全部业务登记入账后必然有:

$$\sum(全部账户借方发生额)=\sum(全部账户贷方发生额)$$

余额法是以账户余额为依据检验账户记录正确性的方法。按照账户模式记账,期末各类账户的余额必然是:资产类账户余额在借方,负债、所有者权益类账户余额在贷方,收入、费用类账户发生额期末转入所有者权益中的利润类账户后,应无余额。利润类账户余额若在贷方,为实现的利润,属于所有者权益增加数;若在借方,为发生的亏损,属于所有者权益减少数。这样,根据"资产 = 负债 + 所有者权益"的原理,在账户余额间必然有以下关系:

$$\sum(全部账户借方余额)=\sum(全部账户贷方余额)$$

记账后的平账方法可通过编制总分类账户本期发生额对照表进行。

以上发生额平衡反映企业资本处于不断变化的平衡关系,是余额平衡的前提条件,余额平衡是发生额平衡的必然结果。

【例 2-2】 盛荣公司某年 3 月初各账户的期初余额如表 2-3 所示。

表 2-3 盛荣公司 3 月初各账户期初余额　　　　单位:元

账户	期初余额	
	借方	贷方
库存现金	2 000	
银行存款	23 000	
库存商品	8 600	
原材料	12 000	
生产成本	6 000	
固定资产	100 000	
短期借款		10 000
应付账款		6 600
实收资本		105 000
资本公积		30 000
合计	151 600	151 600

盛荣公司某年 3 月所发生的经济业务及分录如表 2-4 和图 2-9 所示。

表 2-4 盛荣公司 3 月发生的 6 笔经济业务及分录

经济业务	会计分录
① 用银行存款购买材料一批,价值 6 000 元,材料已验收入库	借:原材料　6 000 　贷:银行存款　6 000
② 从银行提取现金 600 元备用	借:库存现金　600 　贷:银行存款　600

续表

经济业务	会计分录
③ 从银行借入短期借款 5 000 元,去归还之前欠的货款	借:应付账款 5 000 　贷:短期借款 5 000
④ 生产产品耗用材料 2 000 元	借:生产成本 2 000 　贷:原材料 2 000
⑤ 收到投资者投入的设备一台,价值 50 000 元	借:固定资产 50 000 　贷:实收资本 50 000
⑥ 销售产品一批,货款 9 000 元已收存银行	借:银行存款 9 000 　贷:主营业务收入 9 000

库存现金

期初 2 000 ② 600	
600	
期末 2 600	

银行存款

期初 23 000 ⑥ 9 000	① 6 000 ② 600
9 000	6 600
期末 25 400	

库存商品

期初 8 600	
期末 8 600	

原材料

期初 12 000 ① 6 000	④ 2 000
6 000	2 000
期末 16 000	

生产成本

期初 6 000 ④ 2000	
2 000	
期末 8 000	

固定资产

期初 100 000 ⑤ 50 000	
50 000	
期末 150 000	

短期借款

	期初 10 000 ③ 5 000
	5 000
	期末 15 000

应付账款

③ 5 000	期初 6 600
5 000	
	期末 1 600

主营业务收入	
	⑥ 9 000
	9 000
	期末 9 000

实收资本	
	期初 105 000
	⑤ 50 000
	50 000
	期末 155 000

资本公积	
	期初 30 000
	期末 30 000

图 2-9　T 字形账户

盛荣公司总分类账户本期发生额及余额试算平衡表如表 2-5 所示。

表 2-5　总分类账户本期发生额及余额试算平衡表

20×× 年 3 月 31 日　　　　　　　　　　　　　　单位:元

账户名称	期初余额		本期发生额		期末余额	
	借方	贷方	借方	贷方	借方	贷方
库存现金	2 000		600		2 600	
银行存款	23 000		9 000	6 600	25 400	
库存商品	8 600				8 600	
原材料	12 000		6 000	2 000	16 000	
生产成本	6 000		2 000		8 000	
固定资产	100 000		50 000		150 000	
短期借款		10 000		5 000		15 000
应付账款		6 600	5 000			1 600
实收资本		105 000		50 000		155 000
资本公积		30 000				30 000
主营业务收入				9 000		9 000
合计	151 600	151 600	72 600	72 600	210 600	210 600

试算平衡只是通过借贷金额是否平衡来检查账户记录是否正确的一种方法。如果借贷双方发生额或余额相等,表明账户记录基本正确,因为有些错误并不影响借贷双方的平衡,因此,试算平衡时,不能表明记账一定正确。但是试算不平衡,则表明记

账一定有错误。

不影响借贷双方平衡关系的错误通常有：

(1) 漏记某项经济业务，使本期借贷双方的发生额等额减少，借贷仍然平衡。

(2) 重记某项经济业务，使本期借贷双方的发生额等额虚增，借贷仍然平衡。

(3) 某项经济业务记录的应借、应贷科目正确，但借贷双方金额同时多记或少记，且金额一致，借贷仍然平衡。

(4) 某项经济业务记错有关账户，借贷仍然平衡。

(5) 某项经济业务在账户记录中，颠倒了记账方向，借贷仍然平衡。

(6) 某借方或贷方发生额中，偶然发生多记和少记并相互抵销，借贷仍然平衡。

由于账户记录可能存在上述不能由试算平衡发现的错误，所以需要对一切会计记录进行日常或定期的复核，以保证账户记录的正确性。

第四节 会 计 分 录

会计分录是根据复式记账原理，集中、简明、完整地指出每笔业务应记账户名称、方向和金额的一种记录。会计分录的编制方法通过以下经济业务的分析加以说明。

【例2-3】 从银行提取现金500元备用。

该笔业务引起资产中的银行存款项目减少500元，因而记入"银行存款"账户贷方；同时引起资产中现金项目增加500元，因而记入"库存现金"账户借方。由此，该笔经济业务的会计分录为：

借：库存现金   500
  贷：银行存款   500

【例2-4】 购入材料3 000元，货款以存款支付2 000元，其余1 000元暂欠。

该笔业务引起材料(资产)项目增加3 000元，记入该账户借方，同时引起银行存款(资产)项目减少2 000元，记入该账户贷方，以及应付账款(负债)项目增加1 000元，记入该账户贷方。由此，该笔经济业务的会计分录为：

借：原材料   3 000
  贷：银行存款   2 000
    应付账款   1 000

【例2-5】 企业收回购买单位所欠购货款6 000元，其中4 000元存入银行，2 000元为现金。

该笔业务发生引起资产中的银行存款增加4 000元和现金增加2 000元，因此分别记入"银行存款"和"库存现金"账户借方；同时引起资产中的应收账款减少6 000元，因而记入"应收账款"账户贷方，由此，该笔经济业务的会计分录为：

借：银行存款   4 000
  库存现金   2 000
  贷：应收账款   6 000

通过对以上经济业务的分析可以看出：

（1）会计分录的格式是：借方科目在上，贷方科目在下，且借、贷方科目及金额应错开。借方靠前，贷方退后。这样可直接体现借贷记账法的记账规则。

（2）会计分录的种类有两种：一是简单分录，即由两个账户，一个借方账户和一个贷方账户构成的分录，如例2-3的分录；二是复合分录，即由两个以上的账户构成的会计分录，它可以是一个借方账户和多个贷方账户构成，如例2-4的分录，也可以是多个借方账户和一个贷方账户构成，如例2-5的分录，同时还可以由多个借方账户和多个贷方账户构成。但由于多借多贷的会计分录不能清晰地反映账户对应关系，不能一目了然地看出经济业务的内容，所以一般应尽量避免采用。

从以上分析看出，利用不同账户反映同一经济业务后，在相关账户之间必然存在内在联系，即账户对应关系。账户对应关系是采用复式记账记录每笔经济业务以后，由相互关联的账户产生的应借、应贷的相互关系。发生对应关系的账户，互称对应账户。在前述例2-3中，银行存款与库存现金发生对应关系，互为对方的对应账户。在例2-4中，原材料与银行存款、应付账款发生对应关系，原材料既是银行存款的对应账户，又是应付账款的对应账户；同时，银行存款的对应账户是原材料，应付账款的对应账户也是原材料，同一方向的银行存款与应付账款则不构成对应关系，也不是相互的对应账户。通过账户对应关系，可以了解经济业务的内容和资本运动的来龙去脉。

本章小结

会计科目是对会计要素的进一步分类。设置会计科目并在此基础上设置会计账户是会计核算的一种专门方法。账户都要分设"借方"和"贷方"，但哪一方登记增加数，哪一方登记减少数，则要视账户的性质而定。

复式记账法就是任何一笔经济业务的发生都要在两个或两个以上的账户中，用相等的金额进行相互联系的登记。以"借""贷"作为记账符号的借贷复式记账法，简称为借贷记账法。要学会运用借贷记账法就必须认真掌握它的理论基础、记账符号、账户结构、记账规则和试算平衡。

关键名词

会计科目　　　　　会计账户　　　　　复式记账法　　　　　记账规则

即测即评

请扫描二维码进行即测即评。

思考题

1. 企业销售产品属于九大会计事项的哪一个事项？
2. 企业购买办公用品属于九大会计事项的哪一个事项？

3. 试算平衡能检查出所有的错误吗?

▊▊▊ 业务处理题

(一)资料:月华有限责任公司某年 1 月发生以下经济业务:

1. 接受新安公司以货币资金 300 000 元投资,款项已收存银行。

2. 通过银行转账支付之前欠飞鸣工厂材料款 200 000 元。

3. 从银行提取现金 10 000 元。

4. 销售货物一批,卖价 3 000 000 元,不考虑增值税,款项已收到存入银行。

5. 以银行存款 50 000 元归还短期借款。

6. 企业购买原材料一批,价值 30 000 元,不考虑增值税,款项已通过银行转账支付。

7. 从银行借入临时周转款项 600 000 元,已存入公司账户。

8. 以资本公积金 50 000 元转增实收资本。

要求:根据上述经济业务编制会计分录。

(二)飞鸿有限责任公司某年 12 月初各账户的期初余额如表 2-6 所示。

表 2-6 飞鸿有限责任公司 12 月初各账户期初余额   单位:元

账户	期初余额	
	借方	贷方
库存现金	1 000	
银行存款	23 000	
库存商品	8 000	
原材料	12 000	
生产成本	6 000	
固定资产	100 000	
短期借款		10 000
应付账款		6 000
实收资本		104 000
资本公积		30 000
合计	150 000	150 000

该年 12 月飞鸿公司发生了下列经济业务:

1. 从银行借入短期借款 100 000 元存入银行存款账户。

2. 从银行存款中提取现金 500 元备用。

3. 购进甲材料 80 吨,每吨单价 100 元,货款以银行存款支付,材料已验收入库,不考虑增值税。

4. 以银行存款偿还之前欠长江公司材料款 5 000 元。

5. 车间生产产品领用丙材料 50 吨，每吨成本 400 元。

6. 销售 A 产品 25 台，每台售价 400 元，收到货款存入银行，不考虑增值税。

7. 购进乙材料 100 吨，每吨单价 300 元，货款尚未支付，材料已入库，不考虑增值税。

8. 以资本公积 16 000 元转增资本。

9. 以银行存款购进设备一台，价值 50 000 元，不考虑增值税。

10. 从银行存款中支付厂部本月水电费 6 000 元。

11. 收到投资者投入的设备一台，价值 300 000 元，不考虑增值税。

12. 以银行存款 20 000 元，归还银行短期借款。

要求：

1. 根据上述经济业务编制会计分录。

2. 编制飞鸿公司试算平衡表。

延伸阅读

请扫描二维码阅读相关文献。

延伸阅读

第三章 复式记账法的应用

学习目标

了解制造业企业的主要经济活动；理解并掌握资金筹集业务、生产准备业务、产品生产业务、产品销售业务、财务成果形成和分配业务的会计处理。

引例 记账的左右真的平衡吗？

夫妻二人均是学会计的，某日妻子购买化妆品，消费 500 元，丈夫说该业务的会计处理应当计入"管理费用——维修费用"；妻子大怒说："这怎么能算维修费用呢？应该计入无形资产！"丈夫解释："如你还未结婚，未达到预定用途，计入无形资产中去是对的，但你现在嫁给我那么多年了，按会计准则规定，必须计入管理费用中去。"

制造业企业为了开展生产经营活动，首先要筹集资金(筹资业务)，利用筹措来的资金购买机器设备、原材料等(生产准备业务)，紧接着企业需经历由原材料加工为库存商品的生产过程，才能生产出完工产品(生产过程)，下一步企业需要销售产品实现资金的回流(销售过程)，才能进入下一轮的生产经营；同时企业需要根据国家的税收政策缴纳相关的税金以及给投资者分红(财务成果的形成和分配业务)，营业周期资金运动过程如图 3-1

仓储与生产、采购、销售、财务等供应链环节之间的关系

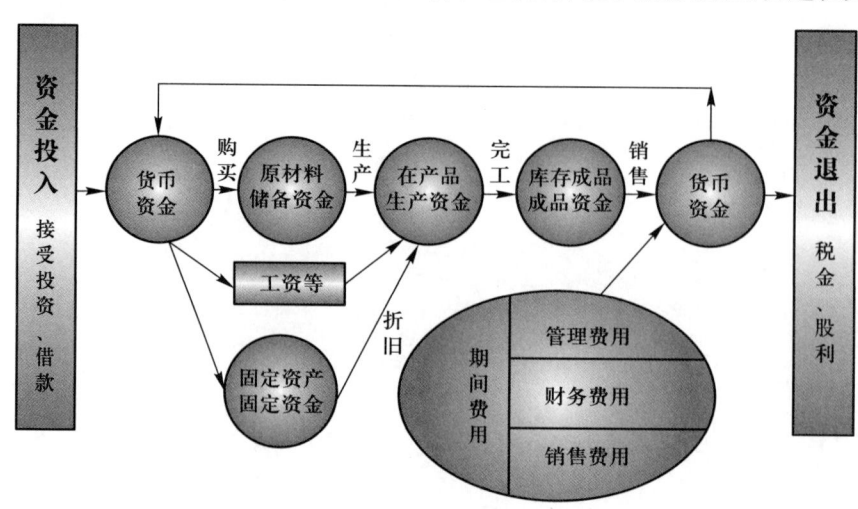

图 3-1 制造业企业资金运动过程

所示。因此,本章按照上述制造业的主要经济业务分为以下五个方面展开学习:资金筹集业务、生产准备业务、产品生产业务、产品销售业务以及财务成果的形成和分配业务。

第一节　资金筹集业务的会计处理

一、资金筹集业务的主要内容

企业为开展生产经营活动,必须从多种渠道筹集资金(也称融资)。企业筹集资金的方式主要有两种:一是权益融资,即接受所有者投入的资本,形成企业的所有者权益;二是债务融资,即以负债的形式向债权人借入的资金,形成企业的负债。

(一) 权益融资

投资者对企业的投资方式可以有多种,如以货币资金、存货、固定资产和无形资产等方式出资。企业接受所有者投入的资本通常形成实收资本和资本公积。

实收资本是投资者按照企业章程或者合同、协议的约定,实际投入企业的资本金,以及按照有关规定由资本公积、盈余公积等转增资本的资金。股份公司的实收资本称为股本。

资本公积是企业收到投资者投入的超出其在企业注册资本(或股本)中所占份额的投资,以及直接计入所有者权益的利得和损失等。资本公积作为企业所有者权益的重要组成部分,主要用于转增资本。

(二) 债务融资

债务融资是指企业在生产经营过程中,由于资金周转或其他方面的原因,从银行等金融机构借入的资金及向社会公众发行公司债券等所筹集的资金。从银行借款和向社会公众发行债券都会导致企业负债规模的变化。

借款按照借用期限的长短分为短期借款和长期借款。短期借款是指偿还期在1年以内(包含1年)的借款,其目的是满足日常生产经营对资金的短期需要,它属于企业的流动负债。长期借款是偿还期在1年以上(不含1年)的借款,其目的是满足企业扩大生产经营规模而进行的工程项目建设等资金的需要,它属于企业的长期负债。

[小提示]

《中华人民共和国证券法》规定:公司债券是指公司依照法定程序发行、约定在一定期限内还本付息的有价证券。公司债券的期限为1年以上,公司债券每张面值100元,发行价格由发行人与保荐人通过市场询价确定。公司债券可以公开发行,也可以非公开发行。我们一般称债券购买方为债权人,债券发行方为债务人。企业发行债券一般应有发行期限,在债券发行期间,应按规定的利率向债券持有人支付利息;待发行期满以后,按债券的面值将本金归还给债权人。企业由于发行债券,形成了应当支付的利息和本金,这就构成了企业的负债。有关企业发行债券的账务处理将在"财务会计学"课程中讲解。

二、会计账户的设置

(一) 所有者投入资本

1. "实收资本"账户

(1) 该账户用来核算企业实收资本的增减变动及余额情况。

(2) 账户性质:所有者权益类账户。

(3) 账户结构:该账户的贷方登记企业实际收到投资者作为资本金投入的资金以及由资本公积转增的资本金;借方登记实收资本的减少额;期末余额在贷方,表示企业期末实收资本数额。

需要注意的是,企业收到所有者的投资超过其在注册资本中所占份额的部分,作为溢价,在"资本公积"账户核算。

(4) 明细账户的设置:该账户应按投资者的名称设置明细账,进行明细分类核算。因企业性质的不同,接受投资业务选择的账户有所不同,有限责任公司一般用"实收资本"账户,而股份有限公司用"股本"账户。

2. "资本公积"账户

(1) 该账户用来核算企业资本公积的增减变动及余额情况。

(2) 账户性质:所有者权益类账户。

(3) 账户结构:该账户的贷方登记企业取得的资本公积,如接受投资产生的溢价;借方登记资本公积的减少额,如企业利用资本公积转增资本;期末余额在贷方,表示企业期末资本公积的实际结存数。

(4) 明细账户的设置:该账户设有两个明细账户,分别为"资本公积——资本溢价"或"资本公积——股本溢价"和"资本公积——其他资本公积"。针对接受投资产生溢价的情况,有限责任公司一般用"资本公积——资本溢价"账户,而股份有限公司用"资本公积——股本溢价"账户。

[小提示]

"资本公积——其他资本公积"是指除资本溢价(或股本溢价)项目以外所形成的资本公积。如采用权益法核算的长期股权投资以及以权益结算的股份支付会引起"资本公积——其他资本公积"发生增减变化,有关账务处理将在"中级财务会计""高级财务会计"课程讲解,详见《企业会计准则第 2 号——长期股权投资》《企业会计准则第 11 号——股份支付》。

与实收资本(或股本)不同,资本公积不直接反映企业所有者在企业的基本产权关系,不作为企业持续经营期间进行利润或股利分配的依据。

（二）负债筹资

1．"短期借款"账户

（1）该账户用来核算短期借款的取得、归还及余额情况。

（2）账户性质：负债类账户。

（3）账户结构：该账户的贷方登记企业短期借款本金的增加额；借方登记企业归还的借款本金；期末余额在贷方，表示期末尚未归还的短期借款本金。

（4）明细账户的设置：该账户按债权人名称和借款种类设置明细账，进行明细分类核算。

2．"长期借款"账户

（1）该账户用来核算长期借款的取得、归还及余额情况。

（2）账户性质：负债类账户。

（3）账户结构：企业取得的长期借款应计入该账户的贷方；归还的长期借款应计入该账户的借方；期末余额在贷方，表示企业尚未归还的长期借款本金。

（4）明细账户的设置：该账户按债权人名称和借款种类设置明细账，进行明细分类核算。一般设置"本金""应计利息""利息调整"等明细科目。

3．"财务费用"账户

（1）该账户用来核算企业为筹集生产经营用资金等而发生的筹资费用，包括利息收支、汇兑损益以及相关手续费、企业发生的现金折扣或收到的现金折扣等。

（2）账户性质：损益类账户，属于六大会计要素中的费用。

（3）账户结构：借方登记"财务费用"的增加数；贷方登记"财务费用"的减少数或者期末结转到"本年利润"账户的转销数；期末结转后账户无余额。

（4）明细账户的设置：该账户按费用项目设置明细账，进行明细分类核算。

4．"应付利息"账户

（1）该账户用来核算企业按照合同约定应支付的利息，包括吸收存款、分期付息到期还本的长期借款、企业债券等应支付的利息。

（2）账户性质：负债类账户。

（3）账户结构：贷方登记应付利息的增加数；借方登记应付利息的减少数；期末余额在贷方，表示企业尚未归还的利息。

（4）明细账户的设置：该账户按债权人名称和借款种类设置明细账，进行明细分类核算。

[小提示]

短期借款的偿还期在1年以内（包含1年），从而短期借款利息的偿还期也在1年以内（包含1年），"应付利息"属于流动负债。因此短期借款利息的计提应当计入"应付利息"，会计分录一般为：

借：财务费用

贷：应付利息

但是，长期借款的偿还期在1年以上（不含1年），长期借款的利息因偿还方式的不同,分类也不用。分期付息、到期还本的长期借款,其利息为流动负债。这种情况下的长期借款利息的计提应当计入"应付利息",会计分录一般为:

借:财务费用

　　贷:应付利息

到期一次性还本付息的长期借款,其利息的偿还时间与本金一样,在 1 年以上,为非流动负债。这种情况下的长期借款利息的计提不应当计入"应付利息",而是计入"长期借款——应计利息",会计分录一般为:

借:财务费用

　　贷:长期借款——应计利息

三、应用举例

本章所有经济业务均以四川锦华机械有限责任公司(以下简称锦华公司)为会计主体,以其 202× 年 12 月发生的交易或事项为例说明其账务处理(见表 3-1)。

表 3-1　总账及所属明细账期初余额表

202× 年 12 月 1 日

单位:元

账户名称	借方余额	账户名称	借方余额	账户名称	贷方余额	账户名称	贷方余额
库存现金	120 000	原材料	1 000 000	短期借款	1 000 000	应付职工薪酬	570 000
银行存款	10 000 000	A 材料	600 000	应付票据	180 000	工资	500 000
应收票据	2 340 000	B 材料	400 000	北方公司	180 000	职工福利	70 000
新华公司	2 340 000	库存商品	3 000 000	应付账款	500 000	其他应付款	10 000
应收账款	3 000 000	甲产品	2 000 000	南方公司	180 000	供电公司	10 000
东方公司	2 000 000	乙产品	1 000 000	北方公司	320 000	实收资本	42 000 000
西方公司	1 000 000	生产成本	1 200 000	预收账款	2 000 000	东湖公司	22 000 000
预付账款	900 000	甲产品	800 000	丽江公司	1 000 000	东海公司	20 000 000
天天公司	900 000	乙产品	400 000	丽水公司	1 000 000	资本公积	500 000
其他应收款	10 000	固定资产	40 000 000	应交税费	800 000	资本溢价	400 000
坏账准备	-300 000	累计折旧	-5 000 000	应交增值税	300 000	其他资本公积	100 000
应收账款	-300 000	在建工程	3 000 000	应交城建税	21 000	盈余公积	2 430 000
在途物资	200 000	厂房	3 000 000	教育费附加	9 000	利润分配	10 250 000
A 材料	120 000	无形资产	1 000 000	应交所得税	470 000	未分配利润	10 250 000

续表

账户名称	借方余额	账户名称	借方余额	账户名称	贷方余额	账户名称	贷方余额
B 材料	80 000	累计摊销	−200 000	应付利息	30 000	本年利润	0
资产合计:60 270 000				负债及所有者权益合计:60 270 000			

（一）企业接受投资业务实例

1. 接受货币资金投资

【例 3-1】 12 月 1 日,锦华公司收到东河公司作为资本投入的资金 5 000 000 元,款项已全部存入银行。会计分录为:

借:银行存款　　　　　　　　　　　　　　　　　　　5 000 000
　　贷:实收资本——东河公司　　　　　　　　　　　　　　5 000 000

2. 接受实物资产投资

【例 3-2】 12 月 2 日,锦华公司收到东湖公司投入设备一台,收到的增值税专用发票注明该机器设备的价值为 1 000 000 元,增值税为 130 000 元。会计分录为:

借:固定资产　　　　　　　　　　　　　　　　　　　1 000 000
　　应交税费——应交增值税(进项税额)　　　　　　　　130 000
　　贷:实收资本——东湖公司　　　　　　　　　　　　　　1 130 000

【例 3-3】 12 月 3 日,锦华公司收到东海公司投入原材料一批,收到的增值税专用发票注明该批材料的价值为 500 000 元,增值税为 85 000 元。会计分录为:

借:原材料　　　　　　　　　　　　　　　　　　　　500 000
　　应交税费——应交增值税(进项税额)　　　　　　　　 65 000
　　贷:实收资本——东海公司　　　　　　　　　　　　　　565 000

3. 接受无形资产投资

【例 3-4】 12 月 4 日,锦华公司收到西海公司投入一项专利权,收到的增值税专用发票注明该专利的价值为 500 000 元,增值税为 30 000 元。会计分录为:

借:无形资产　　　　　　　　　　　　　　　　　　　500 000
　　应交税费——应交增值税(进项税额)　　　　　　　　 30 000
　　贷:实收资本——西海公司　　　　　　　　　　　　　　530 000

［小提示］

　　根据《中华人民共和国增值税暂行条例》,企业以专利权(无形资产)对外投资的,视同销售按照 6% 的税率缴纳增值税;接受投资方,视同购进,取得的增值税专用发票注明的进项税额可以抵扣。

4. 接受投资产生溢价

【例 3-5】 12 月 4 日,锦华公司收到南海公司作为资本投入的资金 1 500 000 元,根据投资协议,该投资在注册资本中所占份额为 1 200 000 元,款项已全部存入银行。会计分录为:

借:银行存款	1 500 000
贷:实收资本——南海公司	1 200 000
资本公积——资本溢价	300 000

（二）向银行借款业务实例

1. 借入本金

【例3-6】　12月1日,锦华公司从工商银行借入期限6个月、年利率为6%的借款6 000 000元,款项已存入银行。会计分录为:

| 借:银行存款 | 6 000 000 |
| 贷:短期借款 | 6 000 000 |

【例3-7】　12月1日,锦华公司从工商银行借入期限3年、年利率为9%的借款1 000 000元,款项已存入银行。会计分录为:

| 借:银行存款 | 1 000 000 |
| 贷:长期借款 | 1 000 000 |

2. 短期借款利息的计提

【例3-8】　续【例3-6】,12月31日,锦华公司计提本月短期借款利息共30 000元。公司应做如下账务处理:

锦华公司一个月的利息 =6 000 000×6%÷12=30 000（元）

| 借:财务费用 | 30 000 |
| 贷:应付利息 | 30 000 |

【例3-9】　12月1日,锦华公司支付上月已计提的短期借款利息共30 000元。

| 借:应付利息 | 30 000 |
| 贷:银行存款 | 30 000 |

【例3-10】　12月31日,锦华公司支付本月的短期借款利息共30 000元,假定企业未计提过该利息。会计分录为:

| 借:财务费用 | 30 000 |
| 贷:银行存款 | 30 000 |

3. 归还借款

【例3-11】　12月5日,锦华公司向工商银行偿还一笔到期的短期借款80 000元,款项已存入银行。会计分录为:

| 借:短期借款 | 80 000 |
| 贷:银行存款 | 80 000 |

［小提示］

　　长期借款的利息核算相对于短期借款更为复杂。按照《企业会计准则第17号——借款费用》的相关规定,如果是为构建或生产满足资本化条件的资产而发生的应予以资本化的借款利息费用,应当借记"在建工程""研发支出""制造费用"等科目,贷记"应付利息"或"长期借款——应计利息"科目。同时,利息支出应当采用实际利率法进行摊销。具体内容会在"高级财务会计"课程里面介绍。

第二节　生产准备业务的会计处理

一、生产准备业务的主要内容

企业在筹集到所需要的资金后,就进入生产准备阶段。制造业企业在进行产品生产前,企业应该做好生产准备。企业一方面需要购建厂房、车间、其他建筑物和机器设备、生产线等固定资产;另一方面需要购入材料物资等供产品生产。因此,企业生产准备业务的内容具体包括固定资产的购置和原材料的采购两个方面。

(一) 固定资产的购置业务

1. 固定资产的概念

固定资产是指同时具有下列特征的有形资产:① 为生产商品、提供劳务、出租或经营管理而持有的;② 使用寿命超过一个会计年度。

企业的固定资产主要包括房屋、建筑物、机械设备、运输设备以及其他与生产经营相关的器具、工具等。

2. 固定资产的特征

(1) 为生产商品、提供劳务、出租或经营管理而持有。从固定资产的定义看,企业持有固定资产是为了生产商品、提供劳务、出租或者经营管理,而不是直接用于出售。其中,出租是指以经营租赁方式出租的机器设备等。

(2) 使用寿命超过一个会计年度。固定资产的使用寿命是指固定资产的预计使用期间,比如,企业的某办公大楼的预计使用年限为 30 年,企业某机器设备预计使用年限为 10 年。

(3) 固定资产是有形资产。固定资产必须是具有实物形态的,要将其与无形资产区别开来。无形资产的持有目的也可以是为生产产品、提供劳务而持有的,其使用寿命大多也超过一个会计年度,但是由于无形资产没有实物形态,因此其不是固定资产。

3. 固定资产的初始计量

固定资产的初始计量是指确定固定资产的取得成本。取得成本是指企业购建固定资产达到预定可使用状态前所发生的一切合理的、必要的支出。这包括为购买固定资产支付的买价、包装费、运杂费、安装调试费、进口环节的关税等。

(二) 原材料的采购业务

为保证生产环节有序进行,企业必须要提前购买和储备一定数量和品种的原材料以备生产。原材料是指企业在生产过程中经加工改变其形态和性质并构成产品主要实体的各种原料及主要材料、辅助材料、外购半成品、修理用备件、包装材料、燃料等。因此,材料采购业务主要包括:材料采购成本的计算、材料的采购及入库、与上游供应商进行款项结算等。

1. 原材料的采购成本

外购原材料的采购成本是指企业物资从采购到入库前所发生的全部支出,包括购买价款、相关税费、运输费、装卸费、保险费以及其他可归属于原材料采购成本的费用。其中,购买价款是企业收到的增值税专用发票注明的价款;相关税费是指企业购买材料发生的进口关税、消费税、资源税和不能抵扣的增值税进项税额以及相应的教育费附加等应计入材料采购成本的税费。

为了简化核算,原材料采购过程中发生的市内运杂费、采购人员的差旅费、专设的采购机构的经费等计入"管理费用",不计入原材料的采购成本中。

2. 材料的采购及入库

企业所购的原材料运回后,应根据事先签订好的购销合同进行验收,如符合合同要求的,则应将材料放入仓库中储备保管。同时还应确认入库材料的价值,并在账面上予以反映。

3. 与上游供应商的货款结算

企业在采购材料后,下一步是与供应商结算货款。常见的货款结算方式有:现款交易(一手交钱,一手交货),票据结算(商业汇票、银行汇票、本票、支票等)和赊购方式(产生"应付账款")。

二、会计账户的设置

(一) 固定资产的购置

企业购买的固定资产有的不需要安装调试,直接就可以投入使用,有的需要经过安装调试之后才能投入使用。因此,为了核算和监督固定资产的价值变动过程及结果,应设置以下主要账户:

1."固定资产"账户

(1) 该账户用来核算企业持有的固定资产原价的增减变动及其结存情况。

(2) 账户性质:资产类账户。

(3) 账户结构:该账户的借方登记固定资产的原价的增加;贷方登记固定资产的原价的减少;期末余额在借方,表示企业期末固定资产的原价(账面余额)。

(4) 明细账户的设置:该账户应按固定资产的种类设置明细账,进行明细分类核算,如"固定资产——厂房""固定资产——机器设备"等。

2."在建工程"账户

(1) 该账户用来核算企业进行设备安装工程(包括购入的需要安装的设备的购买价值)、建造固定资产的建筑工程等发生的实际支出。

(2) 账户性质:资产类账户。

(3) 账户结构:该账户借方登记进行设备安装等工程所发生的全部支出,贷方登记安装工程达到预定可使用状态时结转进入"固定资产"账户的工程实际成本;期末余额在借方,表示尚未达到预定可使用状态的在建工程的成本。

(4) 明细账户的设置:该账户明细账的设置与"固定资产"相似,一般按照在建工程的种类设置明细科目,如"在建工程——厂房""在建工程——机器设备"等。

3."应交税费——应交增值税"账户

(1) 该账户用来核算企业应交和实交增值税的情况。

(2) 账户性质:负债类账户。

(3) 账户结构:该账户的借方登记企业购买固定资产、材料、劳务、服务等时向供应商支付的增值税进项税额;贷方登记企业在销售商品、提供劳务和服务时向购买单位收取的增值税销项税额;期末余额如果在借方,表示企业本期尚未抵扣的增值税;期末余额如果在贷方,表示企业应交而未交的增值税。

(4) 明细账户的设置:"应交增值税"是在"应交税费"账户下设置的二级账户。该账户下还可以设置"进项税额""销项税额""已交税金""进项税额转出"等明细账户。

[小提示]

　　增值税是以单位和个人生产经营过程中取得的增值额为课税对象征收的一种税(是一种流转税)。增值税的计税方法分为一般计税方法和简易计税方法。其中,增值税一般纳税人适用一般计税方法;增值税小规模纳税人适用于简易计税方法,增值税一般纳税人的部分业务也可以采用简易计税方法,具体内容将在税法课程进行学习。

　　一般计税方法下,计算公式如下:

$$应纳税额 = 当期销项税额 - 当期进项税额$$

　　其中,销项税额指纳税人销售货物或提供应税劳务,按照销售额和规定的税率计算并向购买方收取的增值税税额。进项税额指纳税人购进货物或接受应税劳务所支付或负担的增值税税额。

(二) 材料采购

1."在途物资"账户

(1) 当企业采用"实际成本法"进行材料、商品等物资的日常处理,该账户用来核算企业已经购买但尚未验收入库的在途材料的采购成本。

(2) 账户性质:资产类账户。

(3) 账户结构:该账户的借方反映所购材料的实际采购成本,贷方登记已验收入库材料的实际采购成本;期末如果有余额,则余额在借方,表示已结算货款但尚未运达企业或虽已运达企业但尚未办理验收入库手续的在途材料的实际采购成本。

(4) 明细账户的设置:该账户应按材料品种设置明细账,进行明细分类核算。

[小提示]

　　材料采购业务的核算还可以采用计划成本法,该方法强调在材料的收发存环节采用计划成本,然后在期末将计划成本调整为实际成本。企业应当设置"材料采购"账户,借方登记采购材料发生的实际成本,贷方登记验收入库材料的计划成本。实际成本与计划成本之间的差额计入"材料成本差异"。当月领用材料采用计划成本,月末将计划成本调整为实际成本,以实际成本数列报资产负债表。

2. "原材料" 账户

(1) 该账户用来核算企业库存材料的收、发及其结存情况。

(2) 账户性质:资产类账户。

(3) 账户结构:该账户借方登记已验收入库材料的实际成本;贷方登记发出材料的实际成本;期末余额在借方,表示期末结存材料的实际成本。

(4) 明细账户的设置:该账户应按材料的保管地点,以及材料的类别、品种和规格设置明细账,进行明细分类核算。

3. "应付票据" 账户

(1) 该账户用来核算企业在购买材料、商品和接受相关劳务供应时所开出、承兑的商业汇票(包括商业承兑汇票和银行承兑汇票)。

(2) 账户性质:负债类账户。

(3) 账户结构:该账户贷方登记采购材料等开出并承兑的商业汇票的金额;借方登记到期支付的票据金额;期末余额在贷方,表示尚未到期的应付票据金额。

(4) 明细账户的设置:该账户应按供应单位的名称设置明细账户,进行明细分类核算。

4. "应付账款" 账户

(1) 该账户用来核算企业由于购买材料、商品和接受劳务供应等应付给供应单位的款项。

(2) 账户性质:负债类账户。

(3) 账户结构:该账户的贷方登记应付给供应单位的款项,包括买价、增值税、供应单位代垫付的运杂费等;借方登记已向供应单位偿还的款项;期末余额在贷方,表示企业尚未归还的应付账款。

(4) 明细账户的设置:该账户应该按供应单位的名称设置明细账户,进行明细分类核算。

5. "预付账款" 账户

(1) 该账户用来核算企业按照购货合同的规定预付给供货单位的货款。

(2) 账户性质:资产类账户。

(3) 账户结构:该账户借方登记预付及补付给供应单位的款项;贷方登记收到材料物资时所需支付的款项及退回多余的款项;期末余额一般在借方,表示预付给供应单位尚未结算的预付款项;若余额在贷方,则表示尚未补付的款项。

(4) 明细账户的设置:该账户一般按供应单位的名称设置明细账,进行明细核算。

三、应用举例

(一) 固定资产购置业务实例

1. 购入不需要安装的固定资产

【例3-12】 12月1日,锦华公司购入设备一台,不需要安装,收到销售方开具的增值税专用发票注明买价400 000元,增值税税额为52 000元,锦华公司因购买该设备另支付运杂费和装卸费20 000元(不考虑运杂费和装卸费的增值税),全部款项已

经通过银行转账支付,该设备已运到企业并投入使用。会计分录为:

借:固定资产　　　　　　　　　　　　　　　　　　420 000
　　应交税费——应交增值税(进项税额)　　　　　52 000
　　贷:银行存款　　　　　　　　　　　　　　　　472 000

2. 购入需要安装的固定资产

【例 3-13】 12 月 1 日,锦华公司购入一条需要安装的生产线,收到销售方开具的增值税专用发票注明买价 400 000 元,增值税税额为 52 000 元,锦华公司因购买设备另支付运杂费和装卸费 20 000 元(不考虑运杂费和装卸费的增值税),全部款项已经通过银行转账支付,该生产线已运到企业并准备开始安装。假定安装过程中发生安装调试费 30 000 元。

公司应做如下会计分录:

(1) 购入时:

借:在建工程　　　　　　　　　　　　　　　　　　420 000
　　应交税费——应交增值税(进项税额)　　　　　52 000
　　贷:银行存款　　　　　　　　　　　　　　　　472 000

(2) 以银行存款支付安装调试费时:

借:在建工程　　　　　　　　　　　　　　　　　　30 000
　　贷:银行存款　　　　　　　　　　　　　　　　30 000

(3) 安装完毕交付使用时:

借:固定资产　　　　　　　　　　　　　　　　　　450 000
　　贷:在建工程　　　　　　　　　　　　　　　　450 000

[小提示] 工程物资与原材料的区别

　　工程物资是指用于固定资产建造的建筑材料(如钢材、水泥、玻璃等),企业(民用航空运输)的高价周转件(如飞机的引擎)等。它为买回来要再次加工建设的资产,在资产负债表中列示为非流动资产。原材料是指企业在生产过程中经加工改变其形态或性质并构成产品主要实体的各种原料及主要材料、辅助材料、燃料、修理备用件、包装材料、外购半成品等,原材料是企业存货的重要组成部分。企业购买的资产,不能仅仅根据种类判定计入"工程物资"还是"原材料"账户,还需要根据其用途进行确认。例如,企业购买钢材一批,如果该批钢材是用来建造房屋(固定资产)的,应当计入"工程物资",会计分录如下:

借:工程物资
　　应交税费——应交增值税(进项税额)
　　贷:银行存款

如果该批钢材是用来加工存货的,应当计入"原材料",会计分录如下:

借:原材料
　　应交税费——应交增值税(进项税额)
　　贷:银行存款

（二）材料采购业务实例

【例 3-14】 12 月 1 日,锦华公司从北方公司购入 A 材料 1 000 千克,收到的增值税专用发票上注明价款 50 000 元,增值税税率为 13%,增值税额为 6 500 元,合计 56 500 元,因购买该批材料另支付装卸费、保险费 1 000 元(不考虑装卸费和保险费的增值税),上述款项已通过银行转账支付,材料已运达企业并验收入库。会计分录为:

借:原材料——A 材料　　　　　　　　　　　　　　　　　　　　51 000
　　应交税费——应交增值税(进项税额)　　　　　　　　　　　　6 500
　　　贷:银行存款　　　　　　　　　　　　　　　　　　　　　　　　57 500

【例 3-15】 12 月 2 日,锦华公司从北方公司购入 B 材料 1 000 千克,收到的增值税专用发票上注明价款 30 000 元,增值税税率为 13%,增值税额为 3 900 元;另外购进该批材料取得的增值税专用发票注明运费 1 000 元,增值税额为 90 元(交通运输业增值税税率为 9%),款项尚未支付,材料尚未验收入库。会计分录为:

借:在途物资——B 材料　　　　　　　　　　　　　　　　　　　　31 000
　　应交税费——应交增值税(进项税额)　　　　　　　　　　　　3 990
　　　贷:应付账款——北方公司　　　　　　　　　　　　　　　　　　34 990

【例 3-16】 12 月 2 日,锦华公司从北方公司购入 A 材料 1 000 千克,收到的增值税专用发票上注明价款 50 000 元,增值税税率为 13%,增值税额为 6 500 元;另外购进该批材料取得增值税专用发票注明运费 1 000 元,增值税额为 90 元(交通运输业增值税税率为 9%),锦华公司开出一张商业承兑汇票用于支付上述款项,材料已运达企业并验收入库。会计分录为:

借:原材料——A 材料　　　　　　　　　　　　　　　　　　　　51 000
　　应交税费——应交增值税(进项税额)　　　　　　　　　　　　6 590
　　　贷:应付票据——北方公司　　　　　　　　　　　　　　　　　　57 590

【例 3-17】 12 月 12 日,【例 3-15】所购 B 材料运抵企业并验收入库。会计分录为:

借:原材料——B 材料　　　　　　　　　　　　　　　　　　　　31 000
　　　贷:在途物资——B 材料　　　　　　　　　　　　　　　　　　　31 000

【例 3-18】 12 月 5 日,锦华公司通过银行转账支付款项到对方账户,以偿还前欠北方公司的购料款 320 000 元。会计分录为:

借:应付账款——北方公司　　　　　　　　　　　　　　　　　　320 000
　　　贷:银行存款　　　　　　　　　　　　　　　　　　　　　　　320 000

【例 3-19】 12 月 5 日,锦华公司根据合同规定,以银行存款 50 000 元预付南方公司购买 A 材料款。会计分录为:

借:预付账款——南方公司　　　　　　　　　　　　　　　　　　50 000
　　　贷:银行存款　　　　　　　　　　　　　　　　　　　　　　　50 000

【例 3-20】 续【例 3-19】,12 月 12 日,A 材料已运抵企业验收入库,南方公司开出的增值税专用发票载明 A 材料 2 000 千克,每千克 40 元,价款 80 000 元,增值税款为 10 400 元,价税合计为 90 400 元。

公司应做如下会计分录:

采购两种以上的材料的运杂费的分摊问题

(1) 12 月 12 日,采购材料入库处理:

借:原材料——A 材料　　　　　　　　　　　　　　　　80 000

　　应交税费——应交增值税(进项税额)　　　　　　　　10 400

　　　贷:预付账款　　　　　　　　　　　　　　　　　　　　　　　90 400

(2) 12 月 20 日,锦华公司与南方公司结算货款,补付差价 40 400 元:

借:预付账款　　　　　　　　　　　　　　　　　　　　40 400

　　　贷:银行存款　　　　　　　　　　　　　　　　　　　　　　　40 400

[小提示]

　　现行财务会计制度规定,月末在货物已到而发票未到的情况下,其财务处理按计划成本或实际成本暂估入账,会计分录为:

借:原材料

　　贷:应付账款——暂估应付款

下个月初用红字将上述会计分录冲销,等到发票到达,按照发票做账。

第三节　产品生产业务的会计处理

一、产品生产业务的主要内容

　　产品生产阶段是指企业从投入原材料到产品生产完工并验收入库的全过程。制造业企业的生产过程,一方面要生产产品,另一方面要发生各种耗费。

　　企业在生产产品的过程中发生的各种耗费,被称为生产费用。为生产某种产品而耗用的生产费用,称为产品的制造成本。产品的制造成本一般由直接材料费用、直接人工费用和制造费用构成。因此,在产品生产过程中生产费用的发生、归集和分配,以及产品成本的形成,便是产品生产业务会计处理的主要内容。

　　(一) 直接材料

　　直接材料,是指直接用于产品生产、构成产品实体的原料、主要材料以及有助于产品形成的辅助材料。一旦当原材料被产品的生产所耗用,其价值就一次性地转移到产品中去,并构成产品成本的一个组成部分。一般来说,凡属于某种产品单独耗用的直接材料,其价值应直接归集到该产品的成本中;凡属于几种产品共同耗用的直接材料,则应当采用适当的分配方法将其价值分配计入各产品的成本中。

　　(二) 直接人工

　　直接人工,是指直接参加产品生产的工人的薪酬费用。职工薪酬包括:工资、奖金、津贴和补贴;职工福利费;医疗保险费、养老保险费等社会保险费;住房公积金;工会经费和职工教育经费等各种费用。如果是单独生产某一产品的生产工人的工资和福利费等人工成本,应直接归集到该产品的成本中;而同时生产多种产品的生产工人的工资和福利费等人工成本,应当采用适当的分配方法进行分配后,再计入各产品的成本中。

（三）制造费用

制造费用,即间接费用,是指企业各生产单位为组织和管理生产而发生的各项间接费用。制造费用包括:工资和福利费、折旧费、修理费、办公费、水电费、机物料消耗、劳动保护费等。一般情况下,需将这些费用进行汇总,然后再用一定的方法在各种产品之间进行分配,才能计入相关产品的成本。

二、会计账户的设置

为了核算企业在生产过程中发生的各项经济业务,正确归集和分配各项生产费用,以确定产品的生产成本,应设置以下账户。

（一）"生产成本"账户

（1）该账户用来归集和分配企业在产品生产过程中所发生的各项费用,并正确计算产品生产成本。

（2）账户性质:成本类账户。

（3）账户结构:该账户的借方登记生产过程中所发生的各项费用,包括直接材料费用、直接人工费用和经过分配计入产品生产成本的制造费用;贷方登记完工产品的生产成本;期末余额在借方,表示企业在生产过程中尚未完工的产品（即在产品）的生产成本。

（4）明细账户的设置:该账户应按成本核算对象设置明细账,进行明细分类核算。

（二）"应付职工薪酬"账户

（1）该账户用来核算应付职工薪酬的提取、结算、使用等情况。

（2）账户性质:负债类账户。

（3）账户结构:该账户贷方登记已分配计入有关成本费用项目的职工薪酬的数额;借方登记实际发放职工薪酬的数额;该账户期末贷方余额,反映企业应付而未付的职工薪酬。

（4）明细账户的设置:该账户应按照职工薪酬组成的内容设置明细账,进行明细分类核算,如"工资""职工福利""社会保险费""住房公积金""工会经费""职工教育经费""非货币性福利"等。

（三）"制造费用"账户

（1）该账户用来核算企业的生产车间为生产产品而发生的各项间接费用。

（2）账户性质:成本类账户。

（3）账户结构:该账户借方登记实际发生的各项制造费用;贷方登记经过分配而转入"生产成本"账户的制造费用;期末该账户在结转后一般无余额。

（4）明细账户的设置:该账户应按不同的车间部门设置明细账,进行明细分类核算。

（四）"累计折旧"账户

（1）该账户用来核算企业的固定资产累计折旧情况。

（2）账户性质：资产类账户。同时又是"固定资产"账户的备抵账户。

（3）账户结构：该账户的贷方登记企业每期期末计提的固定资产折旧；借方登记固定资产折旧的减少或注销额；期末余额在贷方，表示现有的固定资产已提取的累计折旧额。将"固定资产"账户的期末借方余额减去"累计折旧"账户的期末贷方余额，即可求得期末固定资产的净值。

（4）明细账户的设置：该账户应按固定资产的种类设置明细账，分类核算。

[小提示] 折旧原理

固定资产在较长的使用期内仍保持原有的实物形态，但其价值却随着使用中发生的损耗而逐渐减少。固定资产这种因损耗而减少的价值，就是固定资产的折旧。必须指出的是，固定资产因折旧而减少的价值，并不能直接记入"固定资产"账户的贷方。这是因为固定资产能多次使用且不改变其原有的形态，为了体现固定资产这一特点，"固定资产"账户的借贷方是按照固定资产的原始价值来反映其增减变动情况的。那么对于固定资产因折旧而减少的价值，就必须单设一个账户来反映，即设置"累计折旧"账户。

（五）"库存商品"账户

（1）该账户用来反映和监督企业库存商品的增减变动和结存情况。

（2）账户性质：资产类账户。

（3）账户结构：该账户借方登记已完工并验收入库的库存商品的实际成本；贷方登记出库库存商品的实际成本；期末余额在借方，表示企业库存商品的实际成本。

（4）明细账户的设置：该账户应按产成品的品种和规格设置明细账，进行明细分类核算。

企业产品生产过程成本结转关系如图 3-2 所示。

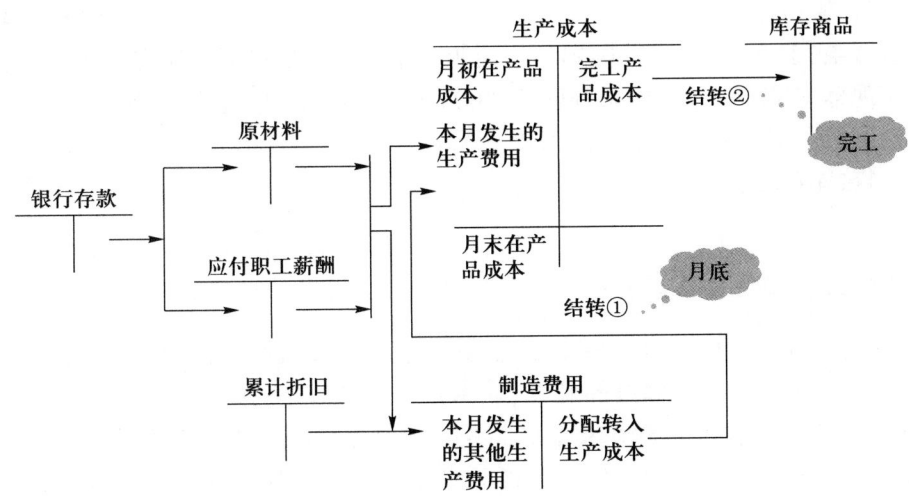

图 3-2 产品生产过程成本结转关系

三、应用举例

（一）直接材料费用归集和分配的业务实例

【例 3-21】 12 月 20 日,锦华公司一车间为生产甲产品领用 A 材料 200 000 元。应编制如下会计分录:

借:生产成本——甲产品 200 000
  贷:原材料——A 材料 200 000

【例 3-22】 12 月 31 日,锦华公司二车间为生产乙产品领用 B 材料 100 000 元。应编制如下会计分录:

借:生产成本——乙产品 100 000
  贷:原材料——B 材料 100 000

（二）直接人工费用归集和分配的业务实例

【例 3-23】 12 月 31 日,经结算本月应付生产工人工资 500 000 元,其中,生产甲产品工人工资 300 000 元,生产乙产品工人工资 200 000 元。应编制如下会计分录:

借:生产成本——甲产品 300 000
    ——乙产品 200 000
  贷:应付职工薪酬——工资 500 000

【例 3-24】 12 月 31 日,按上述工资总额的 14% 提取职工福利费 70 000 元。其中,生产甲产品工人的福利费为 42 000 元,生产乙产品工人的福利费为 28 000 元。应编制如下会计分录:

借:生产成本——甲产品 42 000
    ——乙产品 28 000
  贷:应付职工薪酬——职工福利费 70 000

【例 3-25】 12 月 10 日,锦华公司通过银行转账支付上个月企业职工的工资 500 000 元。应编制如下会计分录:

借:应付职工薪酬——工资 500 000
  贷:银行存款 500 000

【例 3-26】 12 月 15 日,因锦华公司职工张三家中遭遇泥石流灾害,经企业研究决定,用现金支付职工生活困难补助费 3 000 元。应编制如下会计分录:

借:应付职工薪酬——职工福利费 3 000
  贷:库存现金 3 000

[小知识] 职工福利费介绍

《企业会计准则第 9 号——职工薪酬》规定,职工福利费,是指企业为职工提供的除职工工资、奖金、津贴和补贴、职工教育经费、社会保险费及住房公积金等以外的福利待遇支出,包括发放给职工或为职工支付的以下各项现金补贴和非货币性福利:一是为职工卫生保健、生活等发放或支付的各项现金补贴和非货币性福利,包括职工因公外地就医费用、职工疗养费用、防暑降温费等;二是企业尚未分离的内设集体福利部门所发生的设备、设施和人员费用;三是发放给在职职工的生活困难补助以及按规定发生的其他福利支出,如丧葬补助费、抚恤费、职工异地安家费、独生子女费等。

(三) 制造费用归集和分配的业务实例

【例 3-27】 12 月 31 日,车间累计发生本月办公费 1 000 元、水电费 2 500 元、劳动保险费 1 500 元,共计 5 000 元,锦华公司通过银行存款支付。会计分录为:

借:制造费用	5 000	
贷:银行存款		5 000

【例 3-28】 12 月 31 日,车间管理一般耗用仓库 B 材料 8 000 元。会计分录为:

借:制造费用	8 000	
贷:原材料——B 材料		8 000

【例 3-29】 锦华公司为生产车间租入了机器设备一台,租期半年,每月租金 3 000 元。12 月 31 日,企业以银行存款支付租金 3 000 元。会计分录为:

借:制造费用	3 000	
贷:银行存款		3 000

【例 3-30】 12 月 31 日,核算本期车间管理人员工资共计 5 000 元。会计分录为:

借:制造费用	5 000	
贷:应付职工薪酬——工资		5 000

【例 3-31】 12 月 31 日,根据上述车间管理人员工资总额的 14% 计提职工福利费。会计分录为:

借:制造费用	700	
贷:应付职工薪酬——职工福利费		700

【例 3-32】 12 月 31 日,计提本期车间使用的房屋、机器设备等固定资产的折旧 8 300 元。会计分录为:

借:制造费用	8 300	
贷:累计折旧		8 300

【例 3-33】 12 月 31 日,汇总本月制造费用,按甲乙产品工人的工资比例 3:2(工资比例数字详见【例 3-23】)进行分摊计入甲乙产品的成本。企业应进行如下账务处理:

制造费用 =5 000+8 000+3 000+5 000+700+8 300=30 000(元)

甲产品分配的制造费用 =30 000 × 300 000 ÷ 500 000=18 000(元)

乙产品分配的制造费用 =30 000 × 200 000 ÷ 500 000=12 000(元)

借:生产成本——甲产品	18 000	
——乙产品	12 000	
贷:制造费用		30 000

【例 3-34】 12 月 31 日,本月投产的甲乙产品全部完工并验收入库,结转其实际成本。企业应进行如下账务处理:

甲产品成本 =200 000+300 000+42 000+18 000=560 000（元）

乙产品成本 =100 000+200 000+28 000+12 000=340 000（元）

借：库存商品——甲产品	560 000
——乙产品	340 000
贷：生产成本——甲产品	560 000
——乙产品	340 000

（四）生产过程的综合实例

【例 3-35】 甲公司 12 月发生如下经济业务：

（1）12 月 31 日，根据发出材料汇总表，本月共领用 A 材料 110 000 元，具体领用情况如下：生产甲产品耗用 50 000 元，生产乙产品耗用 30 000 元，车间一般耗用 20 000 元，行政管理部门领用 6 000 元，销售部门耗用 4 000 元。

（2）12 月 31 日，计提本月职工工资 300 000 元。其中，甲产品工人工资 80 000 元，乙产品工人工资 40 000 元，车间管理人员工资 50 000 元，行政管理人员工资 100 000 元，销售人员工资 30 000 元。

（3）按上述工资总额的 14 % 核算企业的职工福利费。

（4）计提本月固定资产折旧费 180 000 元。其中：车间厂房及设备折旧 60 000 元，行政管理部门办公大楼和设备折旧 80 000 元，销售部门设备折旧 40 000 元。

（5）车间发生办公费、水电费 13 000 元。

固定资产折旧方法介绍

（6）归总本月制造费用并按产品生产工时比例进行结转（甲产品 200 工时，乙产品 100 工时）。

（7）假设本月投产的甲产品 5 000 件、乙产品 10 000 件全部完工入库。请结转甲产品成本并计算甲、乙产品的单位成本。

企业会计分录如下。

（1）领用原材料：

借：生产成本——甲产品	50 000
——乙产品	30 000
制造费用	20 000
管理费用	6 000
销售费用	4 000
贷：原材料——A 材料	110 000

（2）核算员工工资：

借：生产成本——甲产品	80 000
——乙产品	40 000
制造费用	50 000
管理费用	100 000
销售费用	30 000
贷：应付职工薪酬 ——工资	300 000

（3）核算职工福利费（计提比例 14%）：

借：生产成本——甲产品	11 200

	——乙产品	5 600
制造费用		7 000
管理费用		14 000
销售费用		4 200
贷:应付职工薪酬——职工福利费		42 000

(4) 计提折旧:

借:制造费用	60 000
管理费用	80 000
销售费用	40 000
贷:累计折旧	180 000

(5) 核算车间发生的其他间接费用:

| 借:制造费用 | 13 000 |
| 贷:银行存款 | 13 000 |

(6) "制造费用"转入"生产成本"(按 2:1 结转):

制造费用 =20 000+50 000+7 000+60 000+13 000=150 000(元)

借:生产成本——甲产品	100 000
——乙产品	50 000
贷:制造费用	150 000

(7) 甲乙产品完工入库核算:

甲产品完工成本 =50 000+80 000+11 200+100 000 =241 200(元)

乙产品完工成本 =30 000+40 000+5 600+50 000=125 600(元)

借:库存商品——甲产品	241 200
——乙产品	125 600
贷:生产成本——甲产品	241 200
——乙产品	125 600

甲产品单位成本 =241 200/5 000 = 48.24(元 / 件)

乙产品单位成本 =125 600/10 000 = 12.56(元 / 件)

第四节 产品销售业务的会计处理

企业生产出可用于销售的产品,即进入销售环节。在这个环节,企业利用各种促销手段将库存商品销售出去,实现产品销售收入,进而实现资金回流。企业的销售业务,要在确认销售收入的同时按照销售产品的成本结转销售成本,还需要按照税法规定计算缴纳各种销售税金。

一、销售业务会计处理的主要内容

企业销售业务的会计处理,主要包括商品销售收入的确认,与购货方办理款项结算并收回货款;结转商品销售成本,支付商品销售费用,计算和缴纳商品销售税金,最后确定销售利润等。

（一）商品销售收入的确认与计量

企业应当在履行了合同中的履约义务(卖方角度),即在客户取得相关商品控制权时(买方)确认收入。其中:取得相关商品控制权,是指能够主导该商品的使用并从中获得几乎全部的经济利益,也包括有能力阻止其他方主导该商品的使用并从中获得经济利益。

（二）与下游购货方的款项结算

企业将产品销售给购货方,应及时办理款项结算,并收回货款。货款结算的方式多种多样,常见的有:现款交易(一手交钱,一手交货),票据结算(商业汇票、银行汇票、本票、支票等)和赊销方式(产生应收账款)。

（三）商品销售成本、费用的确认

企业销售的产品、提供的劳务、服务有其自身的销售成本,而在商品销售过程中,企业为了成功销售自己的产品和服务,往往还会发生其他如包装费、运输费、广告宣传费以及专设销售机构的正常经费等销售费用。企业只有正确地核算产品的销售成本、销售费用以及销售税金(如消费税),并将它们与销售收入相配比,才能合理地计算出当期销售利润,为企业的生产经营决策提供必要的信息。

二、会计账户的设置

（一）商品销售收入的账户设置

企业为了核算和监督销售商品和提供劳务所发生的收入,以及因销售商品而与购买单位之间发生的货款结算业务,应设置如下主要账户:

1. "主营业务收入"账户

(1) 该账户用来核算企业销售商品、提供劳务等主营业务活动所产生的收入。

(2) 账户性质:损益类账户。

(3) 账户结构:该账户的贷方登记企业实现的主营业务收入,即主营业务收入的增加额;借方登记因销售退回和折让需冲减的本期主营业务收入和期末转入"本年利润"账户的主营业务收入,结转后该账户期末无余额。

(4) 明细账户的设置:该账户应按主营业务的种类设置明细账,进行明细核算。

2. "其他业务收入"账户

(1) 该账户用来核算企业除主营业务活动以外的其他经营活动实现的收入,包括出租固定资产、出租无形资产、出租包装物和商品、销售材料等收入。

(2) 账户性质:损益类账户。

(3) 账户结构:该账户的贷方登记企业实现的其他业务收入,即其他业务收入的增加额;借方登记期末转入"本年利润"账户的其他业务收入,结转后该账户期末无余额。

(4) 明细账户的设置:该账户应按其他业务的种类设置明细账,进行明细核算。

3. "应收票据"账户

（1）该账户用来核算企业因销售商品、提供劳务等而收到的商业汇票，包括银行承兑汇票和商业承兑汇票。

（2）账户性质：资产类账户。

（3）账户结构：该账户的借方登记企业收到的商业汇票的面值，贷方登记企业因商业汇票到期时收回票款或背书转让等情况而减少的商业汇票的面值，期末余额在借方，表示企业持有的尚未到期的商业汇票的面值。

（4）明细账户的设置：该账户应按照开出、承兑商业汇票的单位进行明细核算。

[小提示]

　　企业应设置"应收票据备查簿"，加强应收票据的日常管理。逐笔登记应收票据的种类、号码、出票日期、票面金额、交易合同号和付款人、承兑人等详细资料，应收票据到期结清票款后，应在备查簿内逐笔注销。

4. "应收账款"账户

（1）该账户用来核算企业因销售商品、提供劳务等，应向购货单位或接受劳务单位收取的款项。

（2）账户性质：资产类账户。

（3）账户结构：该账户的借方登记企业发生的应收账款，其中包括企业代购货单位垫付的包装费、运杂费等；贷方登记因收回欠款等情况而减少的应收账款；期末余额在借方，表示企业尚未收回的应收账款。

（4）明细账户的设置：该账户应按不同的购货单位或接受劳务单位设置明细账，进行明细分类核算。

5. "预收账款"账户

（1）该账户用来核算企业按照合同规定预收的款项。预收账款业务不多的企业，也可以不设置本账户，将预收的款项直接记入"应收账款"账户。

（2）账户性质：负债类账户。

（3）账户结构：该账户的贷方登记企业向购货单位预收的款项等；借方登记销售实现时按实现的收入转销的预收账款等；期末余额在贷方，表示企业预收的款项。

（4）明细账户的设置：该账户应按不同的购货单位或接受劳务单位设置明细账，进行明细分类核算。

（二）商品销售成本、费用的账户设置

1. "主营业务成本"账户

（1）该账户用来核算企业因销售商品、提供劳务或让渡资产使用权等日常活动而发生的实际成本。

（2）账户性质：损益类账户。

（3）账户结构：该账户的借方登记企业发生的主营业务的实际成本；贷方登记因销售退回和折让需冲减的主营业务成本和期末转入"本年利润"账户的主营业务成本，结转后该账户期末无余额。

(4) 明细账户的设置:该账户应按主营业务的种类设置明细账,进行明细分类核算。

2. "其他业务成本"账户

(1) 该账户用来核算除主营业务活动以外的其他经营活动所发生的支出,包括销售材料的成本、出租固定资产的折旧额、出租无形资产的摊销额、出租包装物的成本或摊销额等。

(2) 账户性质:损益类账户。

(3) 账户结构:该账户的借方登记企业发生的其他业务的支出额;贷方登记期末转入"本年利润"账户的其他业务支出额,结转后该账户期末无余额。

(4) 明细账户的设置:该账户可按其他业务的种类设置明细账,进行明细分类核算。

3. "销售费用"账户

(1) 该账户用来核算企业在商品销售过程中发生的各项费用,包括运输费、装卸费、包装费、保险费、展览费和广告费,以及专设销售机构的经营费用(如销售机构人员的工资及福利费、固定资产的折旧费、业务招待费等)。

(2) 账户性质:损益类账户。

(3) 账户结构:该账户的借方登记企业发生的各种销售费用;贷方登记期末转入"本年利润"账户的销售费用额,结转后该账户期末无余额。

(4) 明细账户的设置:该账户可按费用项目设置明细账,进行明细分类核算。

4. "税金及附加"账户

(1) 该账户用来核算企业经营活动中应负担的相关税金及附加,包括消费税、城市维护建设税、资源税、教育费附加及房产税、土地使用税、车船税、印花税等相关税费。

(2) 账户性质:损益类账户。

(3) 账户结构:该账户的借方登记企业按照规定计算出来的与经营活动相关的税费;贷方登记期末转入"本年利润"账户的与经营活动相关的税费,结转后该账户期末无余额。

(4) 明细账户的设置:该账户应按分类核算。

税金及附加
科目核算的
内容

三、应用举例

(一) 商品销售收入业务实例

【例 3-36】 12 月 11 日,锦华公司向西方公司销售 1 000 件甲产品,每件售价为 400 元。开出的增值税专用发票上注明价款 400 000 元,增值税额 52 000 元。全部款项已通过银行转账收讫。会计分录为:

借:银行存款　　　　　　　　　　　　　　　　　　　　452 000
　　贷:主营业务收入——甲产品　　　　　　　　　　　　　400 000
　　　　应交税费——应交增值税(销项税额)　　　　　　　　52 000

【例 3-37】 12 月 15 日,锦华公司向东方公司销售乙产品 1 000 件,每件售价

300 元,开出的增值税专用发票上注明价款 300 000 元,增值税额 39 000 元,收到东方公司签发的一张期限为 6 个月的商业承兑汇票。会计分录为:

借:应收票据——东方公司 339 000
　贷:主营业务收入——乙产品 300 000
　　应交税费——应交增值税(销项税额) 39 000

【例 3-38】 12 月 31 日,锦华公司持有的新华公司开出的商业汇票到期,收回货款 234 000 元存入银行。会计分录为:

借:银行存款 234 000
　贷:应收票据——新华公司 234 000

(二)商品销售成本及费用业务实例

【例 3-39】 12 月 20 日,锦华公司开出转账支票一张,支付产品的广告费 100 000 元。会计分录为:

借:销售费用——广告费 100 000
　贷:银行存款 100 000

【例 3-40】 12 月 31 日,锦华公司按照规定计算出本期应负担的城市维护建设税 7 000 元,教育费附加费为 3 000 元。会计分录为:

借:税金及附加 10 000
　贷:应交税费——应交城市维护建设税 7 000
　　　　——应交教育费附加 3 000

[小提示] 城市维护建设税和教育费附加、地方教育附加

城市维护建设税是对缴纳增值税、消费税的单位和个人征收的一种税,具有专款专用的特点,用于保证城市的公共事业和公共设施的维护与建设。凡缴纳增值税、消费税的单位和个人,为城市维护建设税的纳税人。纳税人所在地区在市区的,税率为 7%;纳税人所在地在县城、镇的,税率为 5%;纳税人所在地不在市区、县城或者镇的,税率为 1%。

教育费附加、地方教育附加是以单位和个人缴纳增值税、消费税税额为计算依据征收的一种附加费,也具有专款专用的特点。凡缴纳增值税、消费税的单位和个人,为教育费附加和地方教育附加的缴费人,教育费附加的计征比率为 3%,地方教育费附加的计征比率为 2%。

【例 3-41】 12 月 31 日,经计算本期应付给销售机构人员工资 50 000 元,并计提职工福利费 7 000 元。会计分录为:

借:销售费用 57 000
　贷:应付职工薪酬——工资 50 000
　　　　——职工福利 7 000

【例 3-42】 12 月 31 日,计提本期销售机构的固定资产折旧 8 000 元。会计分录为:

借:销售费用——折旧费   8 000
    贷:累计折旧   8 000

【例3-43】 12月31日,经计算本期已销的甲产品1 000件,单位成本为120元;已销的乙产品1 000件,单位成本为100元。会计分录为:

借:主营业务成本 ——甲产品   120 000
             ——乙产品   100 000
    贷:库存商品——甲产品   120 000
            ——乙产品   100 000

【例3-44】 12月31日,锦华公司销售不需要的B材料一批,开出的增值税专用发票上注明价款100 000元,增值税额13 000元。全部款项已通过银行转账收讫。会计分录为:

借:银行存款   113 000
    贷:其他业务收入——B材料   100 000
         应交税费——应交增值税(销项税额)   13 000

【例3-45】 续【例3-41】,上述出售的B材料成本为60 000元。会计分录为:

借:其他业务成本——B材料   60 000
    贷:原材料——B材料   60 000

预收账款销售业务的核算

第五节 财务成果形成和分配业务的会计处理

一、财务成果的主要内容

(一)财务成果的含义

企业经营活动的主要目的是不断提高盈利水平,增强获利能力。利润作为反映企业获利能力的综合指标,是企业利益各方对本企业进行财务预测与投资决策的重要依据,是企业进行成果分配的依据。在会计期末,企业首先应该核算出当期利润,然后根据《公司法》等法律规定对净利润进行分配。

(二)利润的构成与计算

利润是企业在一定会计期间的经营成果。从构成内容来看,既有通过生产经营活动而获得的,也有通过投资活动获得的,还有与企业日常经营活动无关的应计入当期损益的利得和损失等。

企业在生产经营过程中,通过销售过程将商品卖给购买方来实现收入。收入扣除与其相配比的费用,再加减非经营性质的收支及投资收益(或损失),即为企业的利润总额或亏损总额。

1. 营业利润

营业利润这个指标能比较恰当地反映企业管理层的经营业绩,也可以认为是企业在日常活动中形成的利润,其计算公式如下:

营业利润＝营业收入－营业成本－税金及附加－销售费用－管理费用－财务费用－信用减值损失－资产减值损失＋公允价值变动收益（－公允价值变动损失）＋投资收益（－投资损失）＋其他收益＋资产处置收益（－资产处置损失）

辨析利润表中的四大"利润指标"

2. 利润总额

利润总额，又称税前利润，是营业利润加上营业外收入减去营业外支出后的余额，也可以认为是企业全部活动所形成的利润。其计算公式如下：

$$利润总额 ＝ 营业利润 ＋ 营业外收入 － 营业外支出$$

3. 净利润

净利润，又称税后利润，是利润总额扣除所得税费用后的净额，其计算公式如下：

$$净利润 ＝ 利润总额 － 所得税费用$$

[小提示]

按照《中华人民共和国企业所得税法》的规定，企业所得税的计税依据是企业的应纳税所得额。应纳税所得额的计算一般有两种方法：

1. 直接计算法

在直接计算法下，企业每一纳税年度的收入总额减除不征税收入、免税收入、各项扣除以及允许弥补的以前年度亏损后的余额为应纳税所得额。计算公式为：

$$应纳税所得额 ＝ 收入总额 － 不征税收入 － 免税收入 － 各项扣除金额$$
$$－ 允许弥补的以前年度亏损$$

2. 间接计算法

在间接计算法下，会计利润总额加上或减去按照税法规定调整的项目金额后，即为应纳税所得额。计算公式为：

$$应纳税所得额 ＝ 会计利润总额 ± 纳税调整项目金额$$

纳税调整项目金额包括两方面的内容：一是税法规定范围与会计规定不一致的应予以调整的金额；二是税法规定扣除标准与会计规定不一致的应予以调整的金额。我国采用间接计算法计算企业的应纳税所得额。

在不存在纳税调整事项的情况下，利润总额等于企业的应纳税所得额，在计算企业应缴纳的企业所得税时，可以直接用利润总额乘以所得税税率。

（三）利润分配的程序

企业实现的净利润，应当按照国家的有关规定进行分配。企业当期实现的净利润，加上年初未分配利润（或减去年初未弥补亏损）和其他转入后的余额，为可供分配的利润。可供分配的利润，按以下顺序分配：

1. 提取盈余公积

盈余公积是按照本年实现净利润的一定比例提取。依据《中华人民共和国公司法》等相关法规的规定来进行一定比例的提取。盈余公积主要用于弥补亏损、扩大生产经营或转增资本。

听大咖三言两语讲明白"盈余公积"

[小提示]

亏损，是指企业依照《中华人民共和国企业所得税法》及其实施条例的规定，将每一纳税年度的收入总额减除不征收收入、免税收入和各项扣除后小于零的数额。税法规定，企业某一纳税年度发生的亏损可以用下一年度的所得弥补，下一年度的所得不足以弥补的，可以逐年延续弥补，但最长不得超过 5 年。

2. 向投资者分配利润等

企业弥补亏损和提取盈余公积金之后，可向投资者分配利润。

3. 未分配利润

企业可供分配的利润经过上述分配后，为未分配利润（或未弥补亏损）。企业一般会为了稳妥考虑，不把利润分配完，而是保留一部分利润，留待以后年度进行分配。企业若发生亏损，可以按规定由以后年度实现的利润进行弥补，也可以用以前年度提取的盈余公积弥补。

未分配利润是所有者权益的一个重要组成部分。相对于所有者权益的其他部分而言，企业对未分配利润的使用自主权较大。

二、会计账户的设置

（一）利润形成的账户设置

为了核算和监督企业利润的构成部分以及形成过程，应设置如下账户：

1. "管理费用"账户

（1）该账户用来核算企业为组织和管理企业生产经营所发生的管理费用，包括企业在筹建期间内发生的开办费、董事会和行政管理部门在企业的经营管理中发生的或者应由企业统一负担的公司经费（包括行政管理部门职工工资及福利费、物料消耗、低值易耗品摊销、办公费和差旅费等）、工会经费、董事会费、聘请中介机构费、咨询费、诉讼费、业务招待费、技术转让费、排污费、行政管理部门等发生的固定资产维修费用以及应缴纳的残疾人就业保障金等。

（2）账户性质：损益类账户。

（3）账户结构：该账户借方登记企业发生的各项管理费用，贷方登记需冲减的管理费用和期末转入"本年利润"账户的管理费用，结转后该账户期末无余额。

（4）明细账户的设置：该账户应按费用项目设置明细账，进行明细分类核算。

2. "营业外收入"账户

（1）该账户用来核算企业发生的与日常活动无直接关系的各项收益，指营业利润以外的收益。包括非流动资产毁损报废利得（指因自然灾害等发生毁损、已丧失使用功能而报废非流动资产所产生的清理收益）、与企业日常活动无关的政府补助、盘盈利得、捐赠利得等。

（2）账户性质：损益类账户。

（3）账户结构：该账户的贷方登记企业发生的各项营业外收入，即营业外收入的增加额;借方登记期末转入"本年利润"账户的营业外收入,结转后该账户期末无余额。

(4)明细账户的设置:该账户应按收入项目设置明细账,进行明细分类核算。

3."营业外支出"账户

(1)该账户用来核算企业发生的与日常活动无直接关系的各项支出,指营业利润以外的支出。包括非流动资产毁损报废损失(指因自然灾害等发生毁损、已丧失使用功能而报废非流动资产所产生的清理损失)、公益性捐赠支出、非常损失(指企业对于因自然灾害等造成的损失,在扣除保险公司赔偿后计入营业外支出的净损失)、盘亏损失、企业未按规定缴纳残疾人就业保障金缴纳的滞纳金等。

(2)账户性质:损益类账户。

(3)账户结构:该账户的借方登记企业发生的各项营业外支出,即营业外支出的增加额;贷方登记期末转入"本年利润"账户的营业外支出,结转后该账户期末无余额。

(4)明细账户的设置:该账户应按支出项目设置明细账,进行明细分类核算。

4."所得税费用"账户

(1)该账户用来核算企业按规定计算出来的应由企业负担并计入损益的所得税费用。

(2)账户性质:损益类账户。

(3)账户结构:该账户的借方登记企业应计入本期损益的所得税额,贷方登记期末转入"本年利润"账户的所得税额,结转后该账户应无期末余额。

(4)明细账户的设置:该账户一般不设置明细账。

5."本年利润"账户

(1)该账户用来核算企业实现的净利润(或发生的净亏损)。企业期末结转利润时,应将各损益类账户的金额转入本账户,结平各损益类账户。

(2)账户性质:所有者权益类账户。

(3)账户结构:该账户贷方登记期末转入的各种收入和利得;借方登记期末转入的各种费用和损失。上述结转完成后,若收入大于费用,余额在贷方,即为当期实现的净利润;若收入小于费用,余额在借方,即为当期发生的净亏损。年度终了,应将本年收入和支出相抵后结出的本年实现的净利润(或发生的净亏损),转入"利润分配——未分配利润"账户贷方(或借方),结转后账户无余额。

(4)明细账户的设置:该账户一般不设置明细账。

(二)利润分配的账户设置

为了核算和监督企业利润的分配情况,应设置如下账户:

1."利润分配"账户

(1)该账户用来核算企业的利润分配(或亏损的弥补)和历年分配(或弥补)后的结存余额。

(2)账户性质:所有者权益类账户。

(3)账户结构:该账户的借方登记企业实际分配的利润额,包括提取的盈余公积和分配给投资者的利润,以及年末从"本年利润"账户转入的全年发生的净亏损;贷方登记可供分配的利润数额(即从"本年利润"账户转入的净利润数额)。

企业的利润分配是一年进行一次,平时只进行利润的预分,所以该账户的贷方平时一般不作登记,因而在年度的 1—11 月该账户出现月末借方余额,表示截至本期企业累计已分配的利润数额,将"本年利润"账户的期末贷方余额减去"利润分配"账户的期末借方余额,即为当期的未分配利润余额。年末,企业将全年实现的净利润(或净亏损),从"本年利润"账户转入"利润分配"账户。结转后,"利润分配"账户如为贷方余额,表示企业年末未分配利润数额;如为借方余额,表示企业年末未弥补的亏损数额。

(4)明细账户的设置:该账户应根据利润分配的内容设置"提取盈余公积""应付现金股利""转作股本的股利""未分配利润"等明细账户,进行明细分类核算。

2."盈余公积"账户

(1)该账户用来核算企业从税后利润中提取的盈余公积的增减变动情况和结余情况。

(2)账户性质:所有者权益类账户。

(3)账户结构:该账户的贷方登记从税后利润(即净利润)中提取的盈余公积;借方登记盈余公积金的支用,如转增资本、弥补亏损等;期末余额在贷方,表示企业盈余公积的结存数。

(4)明细账户的设置:该账户应按盈余公积的种类设置明细账,进行明细分类核算。

3."应付股利"账户

(1)该账户用来核算企业分配的现金股利或利润。

(2)账户性质:负债类账户。

(3)账户结构:该账户的贷方登记企业按照规定计算的应向投资者分配支付的利润,借方登记企业实际向投资者支付的利润,期末余额在贷方,表示企业尚未支付给投资者的应付股利或利润。

(4)明细账户的设置:该账户应按企业所有者(投资人)设置"法定盈余公积""任意盈余公积"明细账,进行明细核算。

财务成果的核算程序如图 3-3 所示。

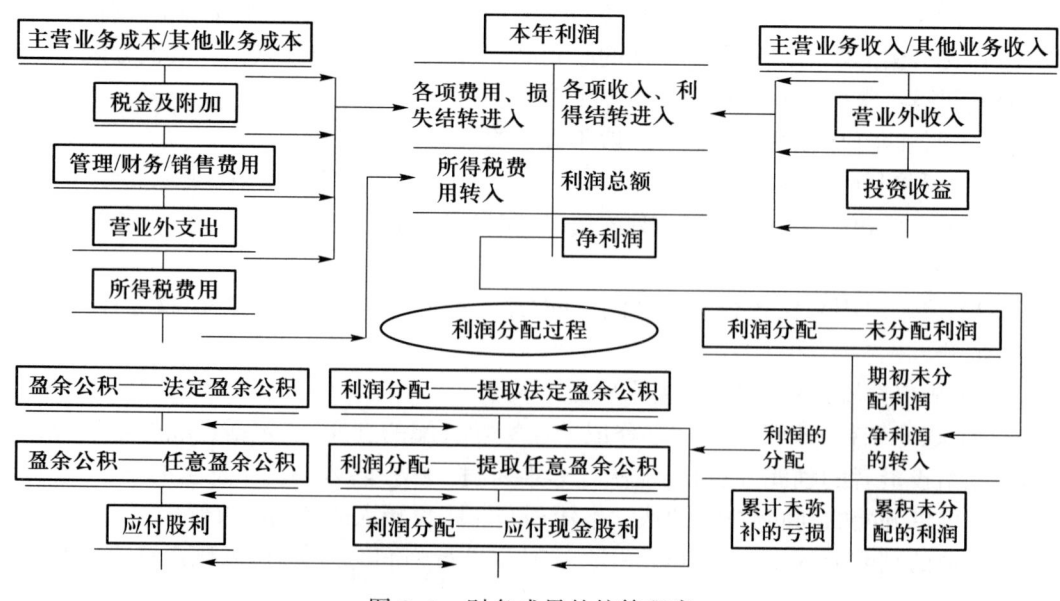

图 3-3 财务成果的核算程序

> **[小提示]　盈余公积的用途**
>
> 1. 用于转增资本
>
> 企业将盈余公积转增资本时,必须经股东大会决议批准。在实际将盈余公积转增资本时,要按股东原有持股比例结转。盈余公积转增资本时,转增后留存的盈余公积的数额不得少于注册资本的 25%。会计分录如下:
>
> 借:盈余公积
>
> 　　贷:实收资本
>
> 2. 用于弥补亏损
>
> 企业发生亏损时,应由企业自行弥补。弥补亏损的渠道主要有:① 用以后年度税前利润弥补。按照现行制度规定,企业发生亏损时,可以用以后五年内实现的税前利润弥补,即税前利润弥补亏损的期间为五年。② 用以后年度税后利润弥补。企业发生的亏损经过五年期间未弥补足额的,尚未弥补的亏损应用所得税后的利润弥补。③ 以盈余公积弥补亏损。企业以提取的盈余公积弥补亏损时,应当由公司董事会提议,并经股东大会批准。企业用盈余公积弥补亏损时,按照当期弥补亏损的数额编制如下会计分录:
>
> 借:盈余公积——法定盈余公积/任意盈余公积
>
> 　　贷:利润分配——盈余公积补亏

三、应用举例

(一) 利润形成的业务实例

【例 3-46】　12 月 6 日,锦华公司行政管理部门耗用仓库的 A 材料 2 000 元。会计分录为:

借:管理费用　　　　　　　　　　　　　　　　　　2 000

　　贷:原材料——A 材料　　　　　　　　　　　　　　　　2 000

【例 3-47】　12 月 13 日,锦华公司银行转账支付购买的办公用品 3 000 元。会计分录为:

借:管理费用——办公用品　　　　　　　　　　　　3 000

　　贷:银行存款　　　　　　　　　　　　　　　　　　3 000

【例 3-48】　12 月 10 日,财务经理张三预借差旅费 5 000 元,以库存现金支付。会计分录为:

借:其他应收款——张三　　　　　　　　　　　　　5 000

　　贷:库存现金　　　　　　　　　　　　　　　　　　5 000

【例 3-49】　续【例 3-48】,12 月 15 日,张三出差回来报销差旅费 4 500 元,余款退回现金。会计分录为:

借:管理费用　　　　　　　　　　　　　　　　　　4 500

　　库存现金　　　　　　　　　　　　　　　　　　　500

贷:其他应收款——张三	5 000

【例 3-50】 12 月 31 日,企业计提本期行政管理部门所使用的固定资产折旧 30 000 元。会计分录为:

借:管理费用	30 000
贷:累计折旧	30 000

【例 3-51】 12 月 31 日,核算本期应付行政管理人员工资 20 000 元,应提取的职工福利费 2 800 元。会计分录为:

借:管理费用	22 800
贷:应付职工薪酬——工资	20 000
——职工福利	2 800

【例 3-52】 12 月 28 日,因对方违约,锦华公司获得罚款收入 10 000 元存入银行。会计分录为:

借:银行存款	10 000
贷:营业外收入	10 000

【例 3-53】 12 月 29 日,锦华公司开出转账支票一张,向希望工程捐款 30 000 元。会计分录为:

借:营业外支出	30 000
贷:银行存款	30 000

【例 3-54】 12 月 31 日,将本期收入、利得转入"本年利润"账户。损益类数据取自【例 3-36】至【例 3-53】,相关数据计算说明如下:

① "主营业务收入"的数据取自【例 3-36】、【例 3-37】;

② "其他业务收入"的数据取自【例 3-44】;

③ "营业外收入"的数据取自【例 3-52】;

应编制如下会计分录:

借:主营业务收入——甲产品	400 000
——乙产品	300 000
其他业务收入——B 材料	100 000
营业外收入	10 000
贷:本年利润	810 000

【例 3-55】 12 月 31 日,将本期费用、损失转入"本年利润"账户。损益类数据中,"财务费用"的数据取自【例 3-8】至【例 3-10】,其他损益类账户的数据取自【例 3-36】至【例 3-53】,相关数据计算说明如下:

① "主营业务成本"的数据取自【例 3-43】;

② "其他业务成本"的数据取自【例 3-45】;

③ "税金及附加"的数据取自【例 3-40】;

④ "销售费用"的数据取自【例 3-39】至【例 3-42】:

销售费用 =100 000+57 000+8 000=165 000(元)

⑤ "管理费用"的数据取自【例 3-46】至【例 3-51】:

管理费用 =2 000+3 000+4 500+30 000+22 800=62 300(元)

⑥"财务费用"的数据取自【例3-8】至【例3-10】：

财务费用 =30 000+30 000=60 000（元）

⑦"营业外支出"的数据取自【例3-53】。

会计分录如下：

借：本年利润		607 300
贷：主营业务成本——甲产品		120 000
——乙产品		100 000
其他业务成本——B 材料		60 000
税金及附加		10 000
销售费用		165 000
管理费用		62 300
财务费用		60 000
营业外支出		30 000

【例3-56】　12月31日,企业按25%的税率计算本期应缴纳的所得税费用并编制会计分录。企业应进行如下账务处理：

利润总额 =810 000–607 300=202 700（元）

本期应交所得税 = 利润总额 × 企业所得税税率 =202 700 × 25%=50 675（元）

借：所得税费用	50 675
贷：应交税费——应交所得税	50 675

［小提示］　企业所得税的税率

　　并不是所有企业的所得税税率都为25%,所得税法规定企业所得税法定税率为25%,国家需要重点扶持的高新技术企业为15%,小型微利企业为20%减按10%,非居民企业为20%减按10%。具体内容见《企业所得税法》。

【例3-57】　12月31日,企业将本期应计入损益的所得税费用50 675元转入"本年利润"账户。应编制如下会计分录：

借：本年利润	50 675
贷：所得税费用	50 675

【例3-58】　12月31日,企业将净利润从"本年利润"账户转入"利润分配——未分配利润"账户。企业应进行如下账务处理：

净利润 = 利润总额 – 所得税费用 =202 700–50 675=152 025（元）

借：本年利润	152 025
贷：利润分配——未分配利润	152 025

（二）利润分配的业务实例

【例3-59】　12月31日,企业按照净利润的10%提取法定盈余公积。

企业应进行如下账务处理：

本期应计提的盈余公积 = 净利润 ×10%=152 025 ×10%= 15 202.5（元）

借:利润分配——提取法定盈余公积　　　　　　　　　　　　　　15 202.5
　　贷:盈余公积 ——法定盈余公积　　　　　　　　　　　　　　　　　15 202.5

【例3-60】 12月31日,企业决定以净利润的20%向投资者分配现金股利。

企业应进行如下账务处理:

本期应向投资者分配的现金股利 = 净利润 ×20%=152 025 ×20%= 30 405(元)

借:利润分配——应付现金股利　　　　　　　　　　　　　　　　　30 405
　　贷:应付股利　　　　　　　　　　　　　　　　　　　　　　　　　　30 405

【例3-61】 12月31日,结转本年已分配的利润至"利润分配——未分配利润"账户,计算累计未分配利润。

企业应进行如下账务处理:

借:利润分配——未分配利润　　　　　　　　　　　　　　　　　45 607.5
　　贷:利润分配——提取法定盈余公积　　　　　　　　　　　　　15 202.5
　　　　　　　　——应付现金股利　　　　　　　　　　　　　　　　30 405

"利润分配——未分配利润"的余额为 =1 025 000+152 025–45 607.5=10 356 417.5 (元)

注:"利润分配——未分配利润"的期初数 1 025 000 取自表 3–1。

[小提示]

　　年末,企业应将"利润分配"下的其他明细账户的余额转入"未分配利润"明细账户,结转后,除"未分配利润"明细账户可能有余额外,其他各个明细账户均无余额。"未分配利润"明细账户的贷方余额为历年累积的未分配利润(可供以后年度分配的利润),借方余额为历年累积的未弥补亏损(留待以后年度弥补的亏损)。

▌▌▌ 本章小结

　　一般来说,制造业企业的经济业务包括资金筹集业务、生产准备业务、产品生产业务、产品销售业务以及财务成果形成和分配业务。资金筹集业务包括投资人投入资金业务和借入资金业务。生产准备业务主要包括材料采购业务和固定资产采购业务。产品生产业务主要包括产品在直接生产过程中所发生的各种材料费用、人工费用和制造费用等生产费用的发生、归集和分配,以及产品成本的形成。产品销售业务主要包括确认销售收入、发出商品产品、结转产品销售成本、支付销售费用、办理货款结算等经济活动。财务成果形成和分配业务主要包括确定企业实现的利润和对利润进行分配。

关键名词

利息计提　　　　采购业务　　　　生产业务　　　　销售业务
利润分配

即测即评

请扫描二维码进行即测即评。

思考题

1. 所有利息费用的计提都计入财务费用吗？
2. 有哪些税的核算可以记入"税金及附加"账户？

业务处理题

某企业 202× 年 12 月发生以下经济业务：

1. 1 日，从银行借款 1 000 万元，期限 3 年，年利率 12%，利息按月计提，每年末付息一次。款已存入银行。

2. 5 日，从银行借款 500 万元，期限 10 个月，年利率 8%，每月末付息一次，本金到期一次归还。款已存入银行。

3. 10 日，收到 B 公司投入的设备一台，该设备公允价值为 300 万元。

4. 12 日，银行转来付款通知，支付上月银行短期借款利息 80 万元，其中 30 万元已经计提。

5. 13 日，从北方公司购入原材料，增值税专用发票上注明买价为 200 万元，增值税为 34 万元。另发生相关运杂费 1 万元。材料尚未入库，款项已支付。

6. 20 日，从北方公司采购的原材料运抵企业，入库。

7. 22 日，销售产品一批，增值税专用发票上注明卖价为 5 000 万元，增值税为 650 万元。该批甲产品成本为 2 000 万元，款项尚未收到。

8. 上述第 7 题已销售甲产品的成本为 2 000 万元，结转已售产品成本。

9. 25 日，销售不需用的原材料一批，增值税专用发票上注明价款为 1 000 万元，增值税 130 万元，款项已收到。

10. 上述第 9 题已销售原材料的成本为 800 万元，结转已售材料成本。

11. 31 日，根据材料发出汇总表，企业累计发出原材料 3 800 万元，其中：车间生产甲产品耗用 1 000 万元，生产乙产品耗用 1 500 万元，车间一般耗用 500 万元。管理部门耗用 300 万元，销售部门耗用 500 万元。

12. 31 日，计提本月职工工资 1 800 万元。其中：甲产品生产工人工资 600 万元，乙产品生产工人工资 800 万元，车间管理人员工资 200 万元，管理人员工资 150 万元，销售部门人员工资 50 万元。

13. 31 日,按工资总额的 10% 计提职工福利费。

14. 31 日,计提本月固定资产折旧费 280 万元。其中:车间设备折旧 180 万元,行政管理部门设备折旧 100 万元。

15. 31 日,计算并按产品生产工时结转本月发生的制造费用(假定甲产品的生产工时为 100 工时,乙产品生产工时为 200 工时)。

16. 31 日,本月投产的甲产品 10 万件,乙产品 5 万件全部完工入库。要求写出完工入库会计分录并计算甲、乙产品单位成本。

17. 31 日,经核算,企业本月应缴纳城市维护建设税 7 万元,应缴纳教育费附加费 3 万元。

18. 31 日,用银行存款缴纳本月应缴纳的城市维护建设税和教育费附加费。

19. 31 日,向希望小学捐赠货币资金 20 万元,款项已转账支付。

20. 31 日,结转本期各损益类账户进入"本年利润"。

21. 31 日,计算本期应该缴纳的企业所得税(假设该公司适用的企业所得税税率为 25%),编制核算企业所得税的会计分录并结转"所得税费用"进入"本年利润"。

22. 31 日,年末,结转净利润进入"利润分配——未分配利润"。

23. 31 日,企业按净利润的 10% 计提法定盈余公积,按净利润的 5% 计提任意盈余公积。

24. 31 日,企业宣告现金股利分配方案,按净利润的 20% 分配给投资者。

25. 31 日,结转"利润分配"明细账,计算期末未分配利润。

▮▮▮ 延伸阅读

请扫描二维码阅读相关文献。

延伸阅读

第四章 会计凭证

学习目标

通过学习,要求了解会计凭证的概念、作用、分类、传递与保管,熟悉会计凭证的基本内容与格式,理解原始凭证与记账凭证的填制要求,掌握填制和审核会计凭证的基本技能。

引例 凭证之惑

戴尔铸机厂是一家市属国有企业,会计专业学生路丹在该厂进行毕业实习。有一天,路丹在翻阅以往的会计凭证时,发现该厂一张记账凭证上的会计分录为:

借:原材料——生铁　　　　　　　　　　　　　　　　　　198 600
　　贷:应收账款——长城汽车有限公司　　　　　　　　　　　　198 600

但是,购进生铁既没有发票,也没有收料单,只是在记账凭证下面附了一张由该厂开具给长城汽车有限公司的收款收据,而长城汽车有限公司并不对外经销生铁。后来,路丹从一位老会计那儿了解到真实情况。原来是该厂以购生铁之名,行购车抵债之实,长城汽车有限公司以一台自产长城牌小轿车抵偿了该厂的货款。看到路丹一脸的疑惑,老会计并不以为然,认为这在企业都是正常的,没有什么大不了的,并劝路丹多学点实际的东西。路丹有些迷茫了,连真实合法的凭证都没有,如何保证会计信息的真实性呢?

填制和审核会计凭证,是会计核算工作的开始。本章主要介绍会计凭证的概念、作用、分类,原始凭证与记账凭证的内容、格式与填制方法,以及会计凭证的审核、传递与保管等内容。

第一节 会计凭证概述

一、会计凭证的概念与作用

会计凭证,是指记录经济业务发生或者完成情况的书面证明,是登记账簿的依据,包括纸质会计凭证和电子会计凭证两种形式。填制和审核会计凭证,是会计核算工作的开始,也是会计核算用以反映和监督经济活动的第一步,因此,填制和审核会计凭证是会计核算不可缺少的专门方法。

填制和审核会计凭证在经济管理中有以下几个方面的作用:

(1) 可以及时正确地反映经济业务发生或完成情况,为经济管理提供真实、可靠的资料。

(2) 可以发挥会计监督作用,检查经济业务的合规性和合法性,确保财产物资的安全和合理使用。

(3) 可以为登记账簿提供客观依据。

(4) 可以明确经济责任,加强经济管理上的责任制。

二、会计凭证的分类

会计凭证按其填制程序和用途的不同可以分为原始凭证和记账凭证两大类。

(一) 原始凭证

原始凭证是在经济业务发生或完成时由相关人员取得或填制的,用以记录或证明经济业务发生或完成情况并明确有关经济责任的一种原始凭据。任何经济业务发生都必须填制和取得原始凭证,原始凭证是会计核算的原始依据。

(二) 记账凭证

记账凭证是财会部门根据审核无误的原始凭证进行归类、整理,记载经济业务简要内容,用以确定会计分录的会计凭证。记账凭证是登记会计账簿的直接依据。

第二节 原始凭证的填制和审核

一、原始凭证的基本内容

原始凭证是用来记录经济业务的。由于经济业务的具体内容多种多样,各单位必须根据不同的经济业务来设计和运用原始凭证,因此,各种原始凭证的名称、格式和内容也是多种多样的。但作为反映经济业务发生或完成情况,明确经济责任的书面证明,各种原始凭证都必须具备以下基本内容:

(1) 凭证的名称;

(2) 填制凭证的日期;

(3) 填制凭证单位名称和填制人姓名;

(4) 经办人员的签名或者盖章;

(5) 接受凭证单位名称;

(6) 经济业务内容;

(7) 数量、单价和金额。

此外,有些原始凭证,不仅要满足会计工作的需要,还应满足其他管理工作的需要。因此,在有些原始凭证上,除具备上述内容外,还应具备其他一些项目,如与业务有关的经济合同、结算方式、费用预算等,以更加完整、清晰地反映经济业务。

二、原始凭证的格式

原始凭证的种类很多,一般可按不同标准将其归纳为以下几类。

(一) 按其来源不同分类

原始凭证按其来源不同分类,可以分为外来原始凭证和自制原始凭证两种。

外来原始凭证是在经济业务活动发生或完成时,从其他单位或个人直接取得的原始凭证。如增值税专用发票、增值税普通发票、铁路运输部门的火车票、由银行转来的结算凭证和对外支付款项时取得的收据等都是外来原始凭证。其中,发票格式如图 4-1 至图 4-4 所示。

自制原始凭证是指本单位内部具体经办业务的部门和人员,在执行或完成每项经济业务时所填制的原始凭证,如"收料单""领料单""销货发票""产品入库单""工资结算表"等。表 4-1 为产品入库单示例。

发票小知识

表 4-1　产品入库单

凭证编号:

交库单位:　　　年　月　日　　　　　　收料仓库:

产品编号	产品名称	规格	计量单位	交付数量	检验结果		实收	单价	金额
					合格	不合格			
备注							合计		

(二) 按其填制方法不同分类

原始凭证按其填制方法不同分类,可以分为一次凭证、累计凭证和汇总凭证三种。

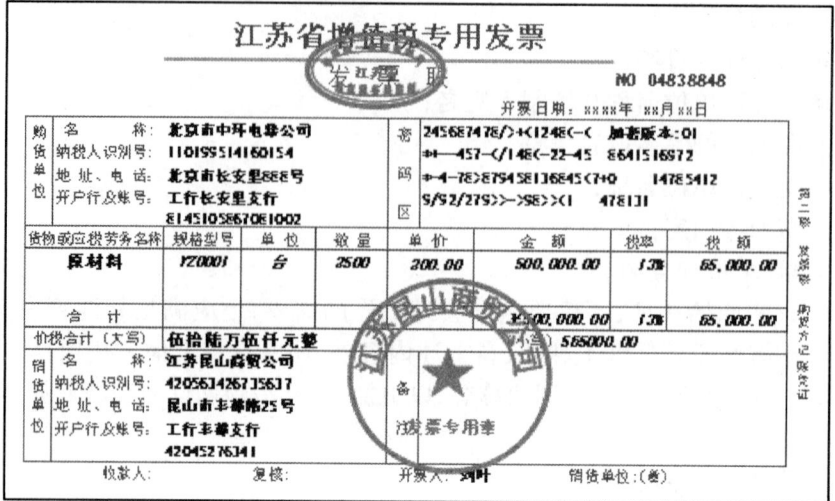

图 4-1 增值税发票示例 1

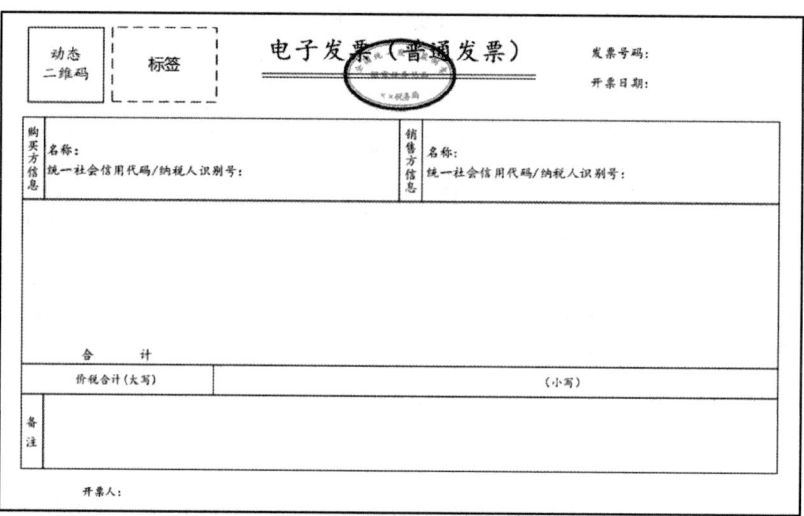

图 4-2 增值税发票示例 2

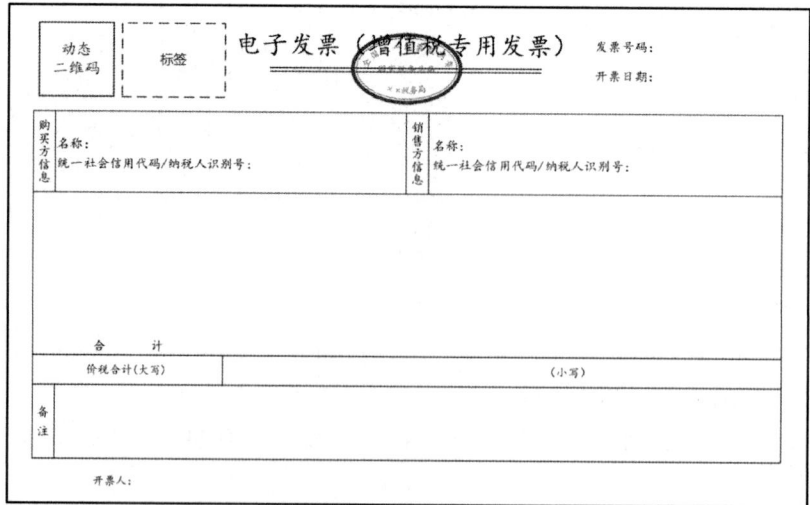

图 4-3 增值税发票示例 3

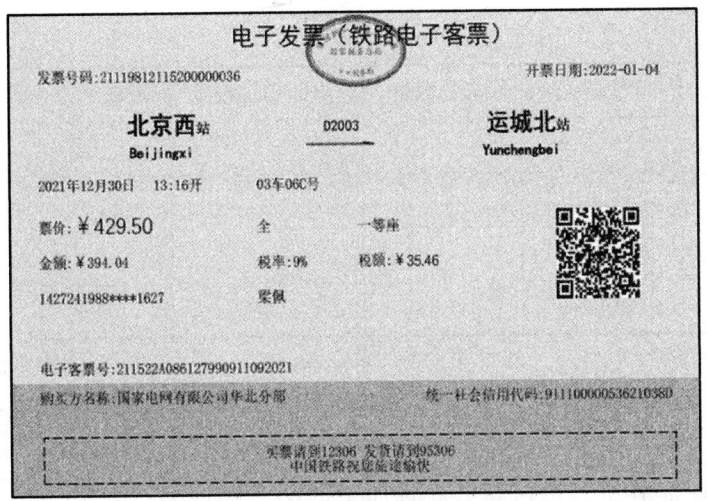

图 4-4　增值税发票示例 4

　　一次凭证,是指一次填制完成的原始凭证。它反映一笔经济业务或同时反映若干同类经济业务的内容。外来原始凭证一般均属一次凭证,自制原始凭证中大多数也是一次凭证。常见的一次凭证有"现金收据""发货票""收料单"等。一次凭证能够清晰地反映经济业务活动情况,使用方便灵活,但数量较多。表 4-2 为领料单示例。

表 4-2　领　料　单

领料部门:　　　　　　　　　　　　　　　　　　　　　　　　　凭证编号:
用途:　　　　　　　　　　　　　　年　月　日　　　　　　　发料仓库:

材料编号	材料规格及名称	计量单位	数量		价格	
			请领	实领	单价	金额(元)
备注					合计	

记账　　　　　　　发料　　　　　　　审批　　　　　　　领料

　　累计凭证,是指在一张凭证上连续登记一定时期内不断重复发生的若干同类经济业务,直到期末才能填制完毕的原始凭证。如"费用限额卡""限额领料单"等。表 4-3 为限额领料单示例。

表 4-3　×× 公司限额领料单

　　　　　　　　　　　　　　　　年　月　日　　　　　　　　　编号:
领料部门:　　　　　发料仓库:　　　　产品名称:　　　　　计划产量:
材料编号:　　　　　名称规格:　　　　计量单位:　　　　　领用限额:

日期	请领数量	实发数量	累计实发数量	限额结余	领料人签章

续表

日期	请领数量	实发数量	累计实发数量	限额结余	领料人签章
累计实发金额					

供应部门负责人：　　　　　　　生产部门负责人：　　　　　　　仓库管理员：

限额领料单
的填写

　　汇总凭证，也叫原始凭证汇总表，是根据多个同类经济业务的原始凭证或会计核算资料定期加以汇总而重新编制的原始凭证。如"发出材料汇总表"、"差旅费报销单"等。汇总凭证既可以提供经营管理所需要的总量指标，又可以极大地简化核算手续。表4-4为发出材料汇总表示例。

表 4-4　××公司发出材料汇总表

年　月　日

会计科目		领料部门	原材料	燃料	合计
生产成本	基本生产车间	一车间			
		二车间			
		小计			
	辅助生产车间	供电车间			
		供气车间			
		小计			
制造费用		一车间			
		二车间			
		小计			
管理费用		行政部门			
合计					

财会负责人：　　　　　　　复核：　　　　　　　制表：

（三）按其格式不同分类

　　原始凭证按其格式不同分类，可以分为通用凭证和专用凭证两种。

　　通用凭证是指全国或某一地区、某一部门统一格式的原始凭证，如由银行统一印制的结算凭证、税务部门统一印制的发票等。

　　专用凭证是指一些单位具有特定内容、格式和专门用途的原始凭证，如高速公路通行费收据、养路费缴款单等。

三、原始凭证的编制与生成

（一）原始凭证的填制要求

为了保证原始凭证能够准确、及时、清晰地反映各项经济业务的真实情况，原始凭证的填制必须符合以下要求。

1. 记录真实

原始凭证中所填列经济业务的内容和数字，必须真实可靠，符合实际情况。

2. 内容完整

原始凭证必须全面、完整地反映所记录经济业务的具体内容。因此，有关经办人员应按照不同原始凭证的格式和规定的内容逐项填列齐全，不得遗漏。项目填写不全的原始凭证不能作为经济业务发生或完成情况的合法证明，不能据以作为有效凭证记账。

3. 手续完备

单位自制的原始凭证必须有经办单位相关负责人的签名盖章；对外开出的原始凭证必须加盖本单位公章或者财务专用章；从外部取得的原始凭证，必须盖有填制单位的公章或者财务专用章；对外开出或从外部取得的电子形式的原始凭证必须附有符合《中华人民共和国电子签名法》的电子签名；从个人取得的原始凭证，必须有填制人员的签名或盖章。

企业印章的
种类及使用

4. 书写规范

原始凭证的填制要力求准确、清晰，不得涂改、挖补，具体应遵循如下书写规范：

（1）一式几联的原始凭证必须用双面复写纸（本身具备复写纸功能的除外）套写；重要的原始凭证如发票、收据等必须连续编号，作废时应加盖"作废"戳记，连同存根一起保存，不得撕毁。

（2）阿拉伯金额数字应当一个一个地写，不得连笔写；阿拉伯金额数字前面应当书写货币币种符号，币种符号与阿拉伯金额数字之间不得留有空白；凡阿拉伯数字前写有币种符号的，数字后面不再写货币单位。

（3）所有以元为单位（其他货币种类为货币基本单位）的阿拉伯数字，除表示单价等情况外，一律填写到角分；无角分的，角位和分位可写"00"或者符号"—"；有角无分的，分位应当写"0"，不得用符号"—"代替。

（4）汉字大写数字金额如零、壹、贰、叁、肆、伍、陆、柒、捌、玖、拾、佰、仟、万、亿等，一律用正楷或行书体书写，不得用〇、一、二、三、四、五、六、七、八、九、十等简化字代替；大写金额数字到元或角为止的，在"元"或"角"字之后应当写"整"字；大写金额数字有分的，分字后面不写"整"；大写金额数字前未印有货币名称的，应加填货币名称，货币名称与金额数字之间不得留有空白。

（5）阿拉伯金额数字中间有"0"时，汉字大写金额要写"零"字；阿拉伯金额数字中间连续有几个"0"时，汉字大写金额中可以只写一个"零"字；阿拉伯金额数字元位是"0"，或者数字中间连续有几个"0"、元位也是"0"但角位不是"0"时，汉字大写金额可以只写一个"零"字，也可以不写"零"字。

5. 填制及时

每一项经济业务发生或完成后,经办人员应及时填制原始凭证,并按规定的程序及时送交会计部门,以便及时记账。

(二)原始凭证的填制方法

1. 自制原始凭证填制的基本要求

一次凭证,应在经济业务发生或完成时,由相关业务人员一次填制完成。

累计凭证,应在每次经济业务完成后,由相关人员在同一张凭证上重复填制完成。该凭证能在一定时期内不断重复地反映同类经济业务的完成情况。

汇总凭证,应由相关人员在汇总一定时期内反映同类经济业务的原始凭证后填制完成,该凭证只能将类型相同的经济业务进行汇总,不能汇总两类或两类以上的经济业务。

2. 外来原始凭证的填制方法

外来原始凭证是在本单位同外单位发生经济业务时,由外单位的经办人填制的。外来原始凭证一般由税务局等部门统一印刷,或经税务部门批准由经济单位印制,在填制时加盖出具凭证单位公章才有效,对于一式多联的原始凭证必须用复写纸套写。

[小提示]

从外单位取得的原始凭证如有遗失,应当取得原开具单位盖有公章的证明,并注明原来凭证的号码、金额和内容等,由经办单位会计机构负责人、会计主管人员和单位领导人批准后,才能代作原始凭证。如果确实无法取得证明的,如火车票、轮船票、飞机票等凭证,由当事人写出详细情况,由经办单位会计机构负责人、会计主管人员和单位领导人批准后,代作原始凭证。

四、原始凭证的审核及处理

(一)原始凭证的审核

任何原始凭证都必须经过严格的审核后,才能作为记账的依据,这是保证会计核算真实、正确的基础。根据国家统一会计制度规定,审核原始凭证主要从以下四个方面着手。

1. 真实性审核

真实性审核包括凭证日期是否真实、业务内容是否真实、数据是否真实等。对外来原始凭证,必须有填制单位公章或财务专用章和填制人员签章,其中,电子形式的外来原始凭证,应当附有符合《电子签名法》的电子签名(章);对自制原始凭证,必须有经办部门和经办人员的签名或盖章。此外,对通用原始凭证,还应审核凭证本身的真实性,以防作假。

2. 合法性、合理性审核

合法性、合理性审核即审核原始凭证所记录经济业务是否符合国家法律法规,是否履行了规定的凭证传递和审核程序;审核原始凭证所记录经济业务是否符合企业经济活动的需要、是否符合有关的计划和预算等。

3. 完整性审核

完整性审核即根据原始凭证所反映基本内容的要求,审核原始凭证的内容是否完整,手续是否齐备,应填项目是否齐全,填写方法、填写形式是否正确,有关签章是否具备等。

4. 正确性审核

正确性审核即审核原始凭证的摘要和数字是否填写清楚、正确,数量、单价、金额的计算有无错误,大写与小写金额是否相符。

(二) 原始凭证审核后的处理

原始凭证的审核工作是一项严肃细致的重要工作,为了做好这项工作,审核人员必须熟悉国家有关的方针、政策、法律、法规和制度以及本单位的有关规定,并掌握本单位内部各部门的工作情况。另外,审核人员要做好宣传解释工作,因为原始凭证所证明的经济业务需要由有关的领导和职工去经办,只有对他们做好宣传解释工作,才能避免违法乱纪经济业务的发生。

原始凭证经会计机构、会计人员审核后,对于核对无误的,可以作为编制记账凭证的依据;对于审核中发现的问题,采取以下方法进行处理:

(1) 对于不真实、不合法的原始凭证有权不予接受,并应当报告单位负责人,要求查明原因,做出处理。

(2) 对于记载不准确、不完整的原始凭证予以退回,并要求有关经济业务事项的经办人员按国家统一会计制度的规定更正、补充,待内容补充完整、手续完备后,再予以办理。

第三节　记账凭证的填制和审核

一、记账凭证的基本内容

记账凭证虽然种类不一,编制依据不同,但各种记账凭证的主要作用都在于对原始凭证进行归类整理,运用复式记账方法,编制会计分录,为登记账簿提供直接依据。因此,不论哪一种记账凭证,都必须具备以下基本内容:

(1) 填制凭证的日期;

(2) 凭证编号;

(3) 经济业务摘要;

(4) 应借、应贷会计科目;

(5) 金额;

(6) 所附原始凭证的张数;

(7) 填制凭证人员、稽核人员、记账人员、会计机构负责人、会计主管人员签名或者盖章。收款和付款记账凭证还应当由出纳人员签名或者盖章。

二、记账凭证的种类

记账凭证按照适用的经济业务的不同可以分为专用记账凭证和通用记账凭证。

（一）专用记账凭证

按其反映的经济内容不同，专用记账凭证可分为收款凭证、付款凭证、转账凭证三种。

1. 收款凭证

收款凭证是指专门用于记录现金和银行存款收款业务的会计凭证。收款凭证是出纳人员收讫款项的依据，也是登记总账、现金日记账和银行存款日记账以及有关明细账的依据，一般按现金和银行存款分别进行编制。收款凭证格式如图 4-5 所示。

收 款 凭 证

借方科目

年　月　日　　　　　　收字第_____号

摘要	贷方科目		金额									记账	附单据
	总账科目	明细科目	千	百	十	万	千	百	十	元	角	分	
合计													

会计主管　　　　记账　　　　稽核　　　　制单　　　　出纳

图 4-5　收款凭证

2. 付款凭证

付款凭证是指专门用于记录现金和银行存款付款业务的会计凭证。付款凭证是出纳人员支付款项的依据，也是登记总账、现金日记账和银行存款日记账以及有关明细账的依据，一般按现金和银行存款分别进行编制。付款凭证格式如图 4-6 所示。

付 款 凭 证

贷方科目 [   ]

年　月　日　　　　　　　　付字第＿＿＿＿＿号

摘要	借方科目		金额										记账
	总账科目	明细科目	千	百	十	万	千	百	十	元	角	分	
合计													

附单据　　张

会计主管　　　　　记账　　　　　稽核　　　　　制单　　　　　出纳

图 4-6　付款凭证

3. 转账凭证

转账凭证是指专门用于记录不涉及现金和银行存款收付款业务的会计凭证。它是登记总账和有关明细账的依据。转账凭证格式如图 4-7 所示。

转 账 凭 证

年　月　日　　　　　　　　转字第＿＿＿＿＿号

摘要	总账科目	明细科目	借方金额	贷方金额	记账
合计					

附单据　　张

会计主管　　　　　记账　　　　　稽核　　　　　制单　　　　　出纳

图 4-7　转账凭证

收款凭证、付款凭证和转账凭证分别用以记录现金、银行存款收款业务、付款业务和转账业务(与现金、银行存款收支无关的业务),为了便于识别,各种凭证印制成不同的颜色。在会计实务中,对于现金和银行存款之间的收付款业务,为了避免记账重复,一般只编制付款凭证,不编制收款凭证。

(二) 通用记账凭证

通用记账凭证是适用于所有经济业务的记账凭证。采用通用记账凭证的单位,无论是款项的收付还是转账业务,都采用统一格式的记账凭证。通用记账凭证通常适用于规模不大,款项收、付款业务不多的企业。通用记账凭证的基本格式与专用记账凭证的转账凭证的格式相同,通用记账凭证的格式如图 4-8 所示。

记 账 凭 证

年　月　日　　　　　　　　　记字第＿＿＿＿＿号

摘要	总账科目	明细科目	借方金额	贷方金额	记账	附单据
合计						张

会计主管　　　　记账　　　　稽核　　　　制单　　　　出纳

图 4-8　记账凭证

三、记账凭证的填制要求与填制方法

（一）记账凭证的填制要求

各种记账凭证都必须按照规定的格式和内容填制,除必须做到记录真实、内容完整、填制及时、书写清楚外,还必须符合下列要求:

(1) 摘要是对经济业务内容的简要说明,要求文字说明简练、确切。

(2) 应当根据经济业务的内容,按照会计制度的规定,确定应借、应贷科目。科目使用必须正确,不得任意改变、简化会计科目的名称。有关的二级科目和明细科目要填写齐全。应借、应贷账户必须保持清晰的对应关系。

(3) 为了分清会计事项处理的先后顺序,以便记账凭证与会计账簿之间的核对,确保记账凭证完整无缺,填制记账凭证时,应当对记账凭证连续编号。记账凭证应该按月顺序编号,不得跳号、重号。一笔经济业务需要填制两张或两张以上记账凭证的,可以采用分数编号法进行编号,例如有一笔经济业务需要填制三张记账凭证,凭证顺序号为 6,就可以编成 $6\frac{1}{3}$、$6\frac{2}{3}$、$6\frac{3}{3}$,前面的数表示凭证顺序,后面分数的分母表示该号凭证共有三张,分子分别表示三张凭证中的第一张、第二张、第三张。

(4) 记账凭证可以根据一张原始凭证填制,或者根据若干张同类原始凭证汇总填制,也可以根据原始凭证汇总表填制。但是不得将不同内容和类别的原始凭证汇总填制在一张记账凭证上。

(5) 除结账和更正错误的记账凭证可以不附原始凭证外,其他记账凭证必须附有原始凭证。如果一张原始凭证涉及几张记账凭证,可以把原始凭证附在一张主要的记账凭证后面,并在其他记账凭证上注明附有该原始凭证的记账凭证编号或者附原始凭证的复印件。一张原始凭证所列支出需要几个单位共同负担的应当将其他单位负担的部分,开给对方原始凭证分割单,进行结算。原始凭证分割单必须具备原始凭证的内容和费用分摊情况。

(6) 如果在填制记账凭证时发生错误,应当重新填制。已经登记入账的记账凭证,在发现填写错误时,可用红字填写一张与原内容相同的记账凭证,同时再用蓝字重新填制一张正确的记账凭证。如果会计科目正确,只是金额错误,也可以将正确数额与错误数额间的差额,另编一张调整的记账凭证,调增数额用蓝字,调减数额用红字。

(7) 记账凭证填制后,如果有空行,应当自金额栏最后一笔金额数字下的空行处至合计数上的空行处画线注销。

(8) 实行会计电算化的单位,对于机制记账凭证应当符合记账凭证的一般要求,打印出来的机制记账凭证要加盖制单人员、审核人员、记账人员及会计机构负责人、会计主管人员的印章或者签名,以明确经济责任。

会计凭证摘要如何规范填写

(二) 记账凭证的填制方法

1. 专用记账凭证的填制

(1) 收款凭证的填制。

① 由出纳人员根据审核无误的原始凭证填制,必须是先收款,后填凭证;

② 在凭证左上方的"借方科目"处填写"库存现金"或"银行存款";

③ 填写日期(实际收款的日期)和凭证编号;

④ 在凭证内填写经济业务的摘要;

⑤ 在凭证"贷方科目"栏填写与"库存现金"或"银行存款"对应的贷方科目;

⑥ 在"金额"栏填写金额;

⑦ 在凭证的右侧填写所附原始凭证的张数;

⑧ 在凭证的下方由相关责任人签字、盖章。

【例 4-1】 12 月 1 日,锦华公司收到东河公司作为资本投入的资金 5 000 000 元,款项已全部存入银行。根据这项经济业务的原始凭证填制的收款凭证如图 4-9 所示。

收 款 凭 证

借方科目:银行存款　　　　　　　20×× 年 12 月 1 日　　　　　　　收字第 _1_ 号

摘要	贷方科目		金额										记账
	总账科目	明细科目	千	百	十	万	千	百	十	元	角	分	
收到东河公司作为资本投入的资金	实收资本	东河公司		5	0	0	0	0	0	0	0	0	
合计			¥	5	0	0	0	0	0	0	0	0	

附单据 1 张

会计主管(签章)　　　　记账(签章)　　　　稽核(签章)　　　　制单(签章)　　　　出纳(签章)

图 4-9　收款凭证填制示例

(2) 付款凭证的填制。

① 由出纳人员根据审核无误的原始凭证填制,程序是先付款,后填凭证;

② 在凭证左上方的"贷方科目"处填写"库存现金"或"银行存款";

③ 填写日期(实际付款的日期)和凭证编号;

④ 在凭证内填写经济业务的摘要;

⑤ 在凭证内"借方科目"栏填写与"库存现金"或"银行存款"对应的借方科目;

⑥ 在"金额"栏填写金额;

⑦ 在凭证的右侧填写所附原始凭证的张数;

⑧ 在凭证的下方由相关责任人签字、盖章。

【例4-2】 12月1日,锦华公司支付上月已计提的短期借款利息共30 000元。根据这项经济业务的原始凭证填制的付款凭证如图4-10所示。

付　款　凭　证

贷方科目:银行存款　　　　　202×年12月1日　　　　　付字第_1_号

摘要	借方科目		金额										记账	
	总账科目	明细科目	千	百	十	万	千	百	十	元	角	分	记账	
支付上月已计提短期借款利息	应付利息					3	0	0	0	0	0	0		附单据
														1
														张
合计					¥	3	0	0	0	0	0	0		

会计主管(签章)　记账(签章)　稽核(签章)　制单(签章)　出纳(签章)

图4-10　付款凭证填制示例

(3) 转账凭证的填制。转账凭证是根据与现金、银行存款无关的经济业务填制的。填制转账凭证的要求是:

① 由会计人员根据审核无误的原始凭证填制;

② 填写日期(一般情况下按收到原始凭证的日期填写,如果某类原始凭证有几份,涉及不同日期,可以按填制转账凭证的日期填写)和凭证编号;

③ 在凭证内填写经济业务的摘要;

④ 在凭证内填写经济业务涉及的全部会计科目,顺序是先借后贷;

⑤ 在"金额"栏填写金额;

⑥ 在凭证的右侧填写所附原始凭证的张数;

⑦ 在凭证的下方由相关责任人签字、盖章。

2. 通用记账凭证的填制

通用记账凭证的名称为"记账凭证"。它集收款、付款和转账凭证于一身,通用于收款、付款和转账等各种类型的经济业务。其填制方法与转账凭证相同。

[小提示]

记账凭证附件张数计算的原则是:没有经过汇总的原始凭证,按自然张数计算;经过汇总的原始凭证,每一张汇总单或汇总表算一张,因为原始凭证张数已在汇总单的"所附原始凭证张数"栏内已做了登记。

【**例4-3**】 12月31日,核算本期车间管理人员工资共计5 000元。根据该项经济业务的原始凭证填制的转账凭证如图4-11所示。

转 账 凭 证

20××年12月31日　　　　　　　　转字第_5_号

摘要	总账科目	明细科目	借方金额									贷方金额									记账
			千	百	十	万	千	百	十	元	角	分	千	百	十	万	千	百	十	元	角	分	
核算本期车间管理人员工资	制造费用					5	0	0	0	0	0												
	应付职工薪酬	工资														5	0	0	0	0	0		
合计					¥	5	0	0	0	0	0				¥	5	0	0	0	0	0		

会计主管(签章)　　记账(签章)　　稽核(签章)　　制单(签章)　　出纳(签章)

附单据1张

图 4-11 转账凭证填制示例

【**例4-4**】 12月1日,锦华公司收到东河公司作为资本投入的资金5 000 000元,款项已全部存入银行。根据这项经济业务的原始凭证填制的记账凭证如图4-12所示。

记 账 凭 证

20××年12月1日　　　　　　　　记字第_1_号

摘要	总账科目	明细科目	借方金额									贷方金额									记账
			千	百	十	万	千	百	十	元	角	分	千	百	十	万	千	百	十	元	角	分	
收到东河公司作为资本投入的资金	银行存款			5	0	0	0	0	0	0	0	0											
	实收资本	东河公司												5	0	0	0	0	0	0	0	0	
合计			¥	5	0	0	0	0	0	0	0	0	¥	5	0	0	0	0	0	0	0	0	

会计主管(签章)　　记账(签章)　　稽核(签章)　　制单(签章)　　出纳(签章)

附单据1张

图 4-12 通用记账凭证填制示例1

【**例4-5**】 12月1日，锦华公司支付上月已计提的短期借款利息共30 000元。根据这项经济业务的原始凭证填制的记账凭证如图4-13所示。

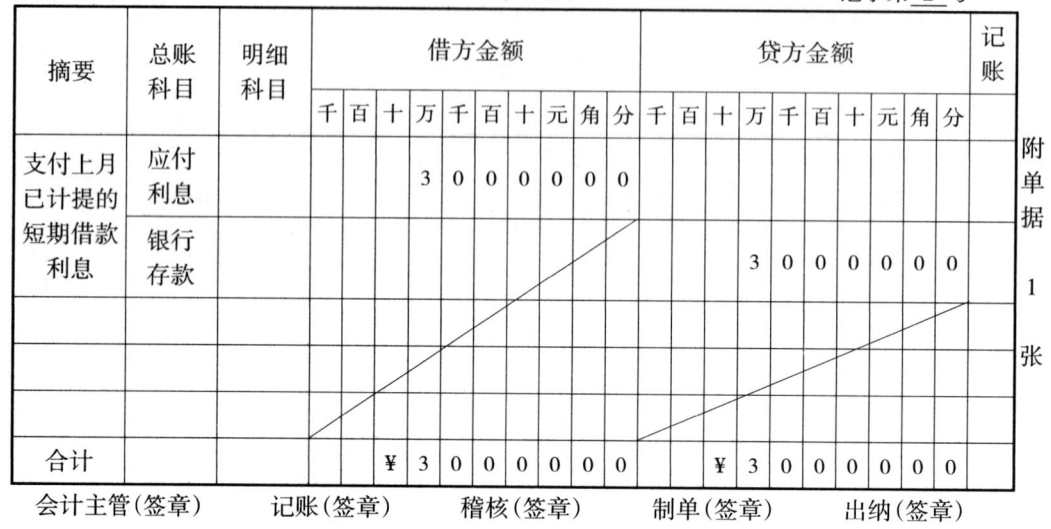

记 账 凭 证

20××年12月1日 　　　　　　记字第_2_号

摘要	总账科目	明细科目	借方金额										贷方金额										记账
			千	百	十	万	千	百	十	元	角	分	千	百	十	万	千	百	十	元	角	分	
支付上月已计提的短期借款利息	应付利息					3	0	0	0	0	0	0											
	银行存款															3	0	0	0	0	0	0	
合计					¥	3	0	0	0	0	0	0			¥	3	0	0	0	0	0	0	

会计主管(签章)　　记账(签章)　　稽核(签章)　　制单(签章)　　出纳(签章)

附单据1张

图4-13　通用记账凭证填制示例2

【**例4-6**】 12月31日，核算本期车间管理人员工资共计5 000元。根据该项经济业务的原始凭证填制的记账凭证如图4-14所示。

记 账 凭 证

20××年12月31日 　　　　　　记字第_40_号

摘要	总账科目	明细科目	借方金额										贷方金额										记账
			千	百	十	万	千	百	十	元	角	分	千	百	十	万	千	百	十	元	角	分	
核算本期车间管理人员工资	制造费用						5	0	0	0	0	0											
	应付职工薪酬	工资																5	0	0	0	0	0	
合计						¥	5	0	0	0	0	0				¥	5	0	0	0	0	0	

会计主管(签章)　　记账(签章)　　稽核(签章)　　制单(签章)　　出纳(签章)

附单据1张

图4-14　通用记账凭证填制示例3

填制审核凭证应具备的素质

四、记账凭证的审核

记账凭证是根据审核无误的原始凭证填制的,是登记账簿的依据。为了保证账簿记录的准确性,记账前必须对已编制的记账凭证由专人认真、严格审核。审核的内容主要是以下几个方面:

(1) 原始凭证审核的要求,对所附的原始凭证进行复核。

(2) 记账凭证所附的原始凭证是否齐全,是否同所附原始凭证的内容相符,金额是否一致等。对一些需要单独保管的原始凭证和文件,应在凭证上加注说明。

(3) 记账凭证中会计科目使用是否准确;应借、应贷的金额是否一致;账户的对应关系是否清晰;核算的内容是否符合会计制度的规定等。

(4) 记账凭证所需要填写的项目是否齐全,有关人员是否都已经签章等。

在审核中,当发现记账凭证有记录不全或错误时,应该重新填制或者按照有关规定办理更正手续。只有经过审核无误的记账凭证,才能据以登记账簿。

第四节　会计凭证的传递与保管

一、会计凭证的传递

会计凭证的传递是指会计凭证从填制或取得时起,经过审核、记账、装订到归档为止,在有关部门和人员之间按规定的时间、路线办理业务手续和进行处理的过程。

正确、合理地组织会计凭证的传递,有利于有关部门和人员及时了解经济业务活动的情况,加速对经济业务的处理;同时,有利于加强各有关部门的经济责任,也有利于实现会计监督,充分发挥会计的监督作用。

由于企业生产经营的组织不同,经济业务的内容不同,企业管理的要求也不尽相同。在会计凭证的传递中,也应根据具体情况,确定每一种凭证的传递程序和方法,作为业务部门和会计部门处理会计凭证的工作规范。

会计凭证的传递,应包括规定合理的传递程序、传递时间和传递过程中的衔接手续。

（一）规定合理的传递程序

各单位根据经济业务的特点、机构设置和人员分工情况,明确会计凭证填制的联数和传递程序,既要保证会计凭证经过必要的环节进行处理和审核,又要避免会计凭证在不必要的环节停留,使有关部门和人员及时了解情况,掌握资料并按规定手续进行工作。

（二）限定严格的传递时间

关于凭证的传递时间,应考虑各部门和有关人员的工作内容和工作量在正常情况下完成的时间。明确规定各种凭证在各个环节上停留的最长时间,不能拖延和积压会计凭证,以免影响会计工作的正常秩序。一切会计凭证的传递和处理,都应在报告期内完成,不允许跨期。否则,将影响会计核算的准确性和及时性。

(三)设定完备严密又简便易行的传递手续

会计凭证传递过程中的衔接手续既要完备严密,又要简便易行。凭证的收发、交接部应按一定的手续制度办理,以保证会计凭证的安全和完整。会计凭证的传递程序、传递时间和衔接手续明确后,可制成凭证流转图,制定凭证传递程序,规定凭证传递的路线、环节,在各环节上的时间、处理内容及交接手续,使凭证传递工作有条不紊、迅速有效地进行。

二、会计凭证的保管

各种会计凭证在办理好各项业务手续,并据以记账后,最后应由会计部门加以整理、归档、编号,并妥善保管。会计凭证是各项经济活动的历史记录,是重要的经济档案。为了防止散乱丢失,保证会计凭证的安全和完整,相关人员必须认真负责地加以整理,妥善保管。

各种记账凭证,连同所附原始凭证和原始凭证汇总表,要分类按顺序编号,定期(每天、每五天、每旬或每月)装订成册,并加具封面、封底,注明单位名称、凭证种类、所属年月和起讫日期、起讫号码、凭证张数等。为防止任意拆装,应在装订处贴上封签,并由经办人员在封签处加盖骑缝章。

如果在一个月内,凭证数量过多,可分装若干册,在封面上加注共几册字样。如果某些记账凭证所附原始凭证数量过多,也可以单独装订保管,但应在其封面及有关记账凭证上加注说明。对重要原始凭证,如合同、契约、押金收据以及需要随时查阅的收据等在需要单独保管时,应编制目录,并在原始凭证上注明另行保管,以便核查。

装订成册的会计凭证,应集中保管,并指定专人负责。查阅时,要有一定的手续制度。会计凭证的保管期限和销毁手续,必须严格执行会计制度的规定。任何人无权自行随意销毁。

根据财会〔2020〕6号《关于规范电子会计凭证报销入账归档的通知》文件,来源合法、真实的电子会计凭证与纸质会计凭证具有同等法律效力。除法律和行政法规另有规定外,同时满足下列条件的,单位可以仅使用电子会计凭证进行报销入账归档:

第一,接收的电子会计凭证经查验合法、真实;

第二,电子会计凭证的传输、存储安全、可靠,对电子会计凭证的任何篡改能够及时被发现;

第三,使用的会计核算系统能够准确、完整、有效接收和读取电子会计凭证及其元数据,能够按照国家统一的会计制度完成会计核算业务,能够按照国家档案行政管理部门规定格式输出电子会计凭证及其元数据,设定了经办、审核、审批等必要的审签程序,且能有效防止电子会计凭证重复入账;

第四,电子会计凭证的归档及管理符合《会计档案管理办法》(财政部国家档案局令第79号)等要求。

另外,单位以电子会计凭证的纸质打印件作为报销入账归档依据的,必须同时保存打印该纸质件的电子会计凭证。符合档案管理要求的电子会计档案与纸质档案具有同等法律效力。除法律、行政法规另有规定外,电子会计档案可不再另以纸质形式保存。

　　单位可以利用计算机、网络通信等信息技术手段管理会计档案,电子会计档案移交时将电子会计档案及其元数据一并移交,且文件格式应当符合国家档案管理的有关规定;特殊格式的电子会计档案应当与其读取平台一并移交。单位内部移交电子档案时,档案管理机构应当对电子会计档案的准确性、完整性、可用性、安全性进行检测,符合要求的才能接收。单位之间移交电子档案时,档案接受单位应当对保存电子会计档案的载体及其技术环境进行检验,确保所接收电子会计档案的准确、完整、可用和安全。电子会计档案的销毁由单位档案管理机构、会计管理机构和信息系统管理机构共同派员监销。

[小提示]

企业和其他组织会计档案保管期限表(见表 4-5)

表 4-5　企业和其他组织会计档案保管期限表

序号	档案名称	保管期限	备注
一	会计凭证		
1	原始凭证	30 年	
2	记账凭证	30 年	
二	会计账簿		
3	总账	30 年	
4	明细账	30 年	
5	日记账	30 年	
6	固定资产卡片		固定资产报废清理后保管 5 年
7	其他辅助性账簿	30 年	
三	财务会计报告		
8	月度、季度、半年度财务会计报告	10 年	
9	年度财务会计报告	永久	
四	其他会计资料		
10	银行存款余额调节表	10 年	
11	银行对账单	10 年	
12	纳税申报表	10 年	
13	会计档案移交清册	30 年	
14	会计档案保管清册	永久	
15	会计档案销毁清册	永久	
16	会计档案鉴定意见书	永久	

▮▮▮ 本章小结

本章主要介绍了会计凭证的概念、作用、分类以及会计凭证的填制与审核、传递与保管。

会计凭证是记录经济业务、明确经济责任的书面证明和登记账簿的依据。填制和审核会计凭证是会计的一项基础工作,也是会计核算的专门方法之一。会计凭证按填制程序和用途可以分为原始凭证和记账凭证两大类。在填制方法上,原始凭证直接根据发生的经济业务按规定的项目填写;而记账凭证要分析经济业务内容,确认并填制账户的名称和借贷方向。会计凭证审核的基本内容是真实性、正确性和完整性。在会计核算中,必须正确合理地组织会计凭证传递。会计凭证传递包括传递程序、传递时间和凭证传递过程中的衔接手续。会计凭证作为企业单位的重要经济档案,应按规定妥善保管,不得随意拆装、出借和销毁。

▮▮▮ 关键名词

会计凭证　　　　　原始凭证　　　　　记账凭证

▮▮▮ 即测即评

请扫描二维码进行即测即评。

▮▮▮ 思考题

1. 原始凭证包括哪些内容? 它的基本填写要求是什么?
2. 单式记账凭证和复式记账凭证各有何利弊?
3. 会计凭证的传递和保管应注意哪些方面?
4. 请讨论原始凭证和记账凭证的区别和联系。

▮▮▮ 延伸阅读

请扫描二维码阅读相关文献。

延伸阅读

第五章 会计账簿

学习目标

通过本章学习,要求学生理解会计账簿的概念、作用、基本内容及种类,熟悉会计账簿的设置与登记规则,掌握日记账、分类账的登记,对账、错账更正与结账。

引例 "两套账"偷税,财务总监、会计被判刑

请阅读下面这个法院判例,树立法律意识,避免自己在工作中遭遇类似的情况,防患于未然!

2×15 年 5 月 7 日,河南省某市新华区人民检察院以平新检公诉刑诉(2×15)27 号起诉书指控被告人许某某犯逃税罪,向某市新华区人民法院提起公诉。经审理查明:2×05 年至 2×06 年 4 月,被告人许某某在某市三香陶瓷有限责任公司担任会计期间,受该公司总经理黄某某(已判刑)和财务总监张某某(已判刑)指使,设立真假两套公司财务账,隐藏主营业务收入,偷逃税款。2×05 年 1 月 1 日至 2×05 年 12 月 31 日,隐瞒主营业务收入 7 973 730.68 元(含税),少缴增值税 451 343.25 元,2×06 年 1 月 1 日至 2×06 年 4 月 30 日,隐瞒主营业务收入 2 081 269.66(含税),少缴增值税 117 807.71 元,以上共计少缴增值税 569 150.96元。案发后已补缴应纳税款。法院最终判决被告人许某某犯逃税罪,判处有期徒刑 3 年,缓刑 3 年,并处罚金人民币 100 000 元。

企业发生的各项经济业务事务均应当依法设置会计账簿统一登记核算,不得违反《中华人民共和国会计法》与税法的规定私设会计账簿进行登记核算,情节严重的将承担刑事责任。前车之鉴,后事之师,你还敢明知故犯设置多套账吗?

设置和登记会计账簿,是重要的会计核算基础工作,是编制会计报表的基础,是连接会计凭证和会计(财务)报表的中间环节。本章介绍了会计账簿的含义、种类,具体介绍了日记账、分类账的种类以及登记方法,总账与明细账的平行登记及相互核对,账簿的设置与登记规则,错账更正与结账等内容。

第一节　会计账簿概述

一、会计账簿的概念

会计账簿是指由一定格式的账页组成的,以经过审核的会计凭证为依据,全面、系统、连续地记录各项经济业务的簿籍。

设置和登记会计账簿,是非常重要的会计核算工作,是编制会计报表的基础,同时也是连接会计凭证和会计(财务)报表的中间环节。

二、会计账簿的作用

会计中被忽视的"人生智慧"

利用会计账簿记录,既可以提供总括的核算资料,又可以提供明细的核算资料,从而可以全面、系统地反映各项资产、负债、所有者权益的增减变动,收入、费用的发生,利润的实现和分配情况。根据会计账簿记录还可以考核成本、费用和利润计划的执行情况。会计账簿记录又是编制会计报表的主要依据,其记录和设置真实、及时与否,直接影响会计报表的质量。

三、会计账簿的基本内容

会计账簿的种类和格式是多种多样的,但基本内容大致相同。各种会计账簿都应该包括以下基本内容:

1. 封面

会计账簿的封面主要标明账簿的名称,如总账、各种明细账、库存现金日记账、银行存款日记账。

2. 扉页

扉页主要列明三项内容:一是账簿启用表;二是账簿经管人员一览表;三是科目索引或科目目录(活页账、卡片账在装订成册后,填列账簿启用与经管人员一览表)。账簿启用与经管人员一览表的格式参见表5–1。设置科目索引或者目录主要是便于登账和查阅账簿,见表5–2。

表 5–1　账簿启用与经管人员一览表

单位名称		单位公章
账簿名称		
账簿编号		
账簿页数		
启用日期		

续表

经管人员		接管			移交			会计负责人		印花税票粘贴处
姓名	盖章	年	月	日	年	月	日	姓名	盖章	

表 5-2 账 户 目 录

科目编号	科目名称	页次	科目编号	科目名称	页次

3. 账页

账页的格式,因反映经济业务的内容不同而存在差异,但无论哪一种会计账簿,都包括以下基本内容:

(1) 账户的名称,包括总账科目、明细科目;

(2) 登账日期栏;

(3) 凭证种类、凭证编号栏;

(4) 摘要栏(记录经济业务内容的简要说明,一般与记账凭证的摘要一致);

(5) 金额栏(记录经济业务的金额增减变动情况);

(6) 总页次和分户页次。

账页的一般格式及其内容如表 5-3 所示。

表 5-3 账页的一般格式及其内容

账户名称

总第____页 分第____页

____级科目编号及名称:

____级科目编号及名称:

年		凭证		摘要	借方	贷方	借或贷	余额
月	日	字	号					

续表

年		凭证		摘要	借方	贷方	借或贷	余额
月	日	字	号					

四、会计账簿与会计账户的关系

会计账簿与会计账户的关系密切。会计账簿是由封面、扉页和账页组成的。每个账户占用一页或多页账页,账户的名称和格式都在每页账页上表现出来。一种会计账簿可能由一个账户组成,也可能由多个账户组成。比如库存现金日记账簿只记录库存现金账户,而原材料明细账簿往往是多种材料明细账户登记在一本账簿上。一个账户在订本账簿上记录不完时,可以另换账簿接着登记。因此,会计账簿是外在形式,账户是会计账簿的组成内容。会计账簿是由若干账页组成的一个整体,而开设于账页上的账户是这个整体的组成部分。

五、会计账簿的分类

会计账簿按不同的分类标准可做如下分类。

(一) 按照用途分类

会计账簿按照用途可以分为序时账簿、分类账簿、联合账簿与备查账簿。

1. 序时账簿

序时账簿,也称为日记账,是按照经济业务发生的时间先后顺序,逐日逐笔登记经济业务的簿籍。序时账簿有两种:一种是普通日记账,用以登记全部经济业务;一种是特种日记账,用以登记某一类特定的经济业务。实际工作中,由于经济业务的复杂性,应用一本账簿登记企业的全部经济业务比较困难,也不便于分工记账,因而普通日记账在实际工作中已很少应用。目前使用比较广泛的是特种日记账,如库存现金日记账和银行存款日记账等。

2. 分类账簿

分类账簿,也称为分类账,是对各项经济业务按照账户分类登记的账簿。按其反映内容的详细程度不同,又可以分为总分类账(简称总账)和明细分类账(简称明细账)。

总分类账簿是根据一级会计科目开设的账户,用来分类登记全部经济业务,提供各种资产、负债、所有者权益、收入、费用、利润等总括核算资料的分类账簿。明细分类账簿通常是根据一级科目所属的二级科目或明细科目开设账户,用来分类登记某一类经济业务,提供明细核算资料的分类账簿。

把日记账与分类账结合在一起,就成为联合账簿。如企业设置的日记总账就是联合账簿。

3. 备查账簿

备查账簿也称备查簿、辅助登记账簿,是对某些在日记账和分类账等主要账簿中未能记载的事项进行补充登记的账簿,如受托加工材料登记簿、代销商品登记簿等。设置和登记备查簿,可以对某些经济业务的内容提供必要的参考资料。

(二) 按其外表形式分类

会计账簿按其外表形式分类,可以分为订本式账簿、活页式账簿和卡片式账簿。

1. 订本式账簿

订本式账簿简称订本账,是在使用前就把编有序号的若干账页固定装订成册的账簿。采用这种账簿,可以避免账页散失,防止账页被人为地抽换。但采用订本账也有其缺陷,同一本账簿在同一时间内只能由一人登记,不能分工记账。同时,订本账账页固定,不能根据需要增减,因而必须预先估计每一个账户需要的页数,以保留空白账页。如保留的空白账页不够,就要影响账户登记的连续性;如保留空白账页太多,又会造成不必要的浪费。在实际工作中,总账、库存现金和银行存款日记账一般都采用订本式账簿。

2. 活页式账簿

活页式账簿简称活页账,是在启用前由许多分散账页所组成的账簿。使用前可活动地装订在一起,可以随时增页和减页。其优点是便于分工记账,可以根据记账的需要随时增减账页,因而比较方便灵活。其缺点是账页容易散失和被抽换。活页账簿一般适用于明细分类账。

3. 卡片式账簿

卡片式账簿又称卡片账,是由许多分散的、具有账户格式的卡片存放在卡片箱中所组成的账簿。使用时按类别排列、按顺序编号,并加盖有关人员的印章。卡片账簿应由专人保管,以保证其安全。卡片式账簿的优缺点与活页式账簿大体相同。

(三) 按账页格式分类

会计账簿按账页格式主要分为三栏式、多栏式和数量金额式账簿。

1. 三栏式账簿

三栏式账簿是设有借方、贷方和余额三栏的账簿。日记账、总分类账以及资本、债权、债务明细账都可采用三栏式账簿。三栏式账簿可以分为设对方科目和不设对方科目两种。区别是在摘要栏和借方科目栏之间是否设有一栏“对方科目”。设有“对方科目”栏的,称为设对方科目的三栏式账簿;不设有“对方科目”栏的,称为不设对方科目的三栏式账簿。

2. 多栏式账簿

多栏式账簿是在账簿的两个基本栏目借方和贷方按需要分设若干个下级明细科

目栏的账簿,如管理费用明细账、制造费用明细账等。下级明细科目栏设置在借方还是贷方,或是两方同时设置下级明细栏目,下级明细栏目的设置数量,均由单位根据自身需要确定。

3. 数量金额式账簿

数量金额式账簿的借方、贷方和余额栏各栏目内,都分设数量和金额两小栏,或都设数量、单价、金额三小栏,用以反映财产物资的实物数量及其价值。原材料、库存商品、产成品等明细账一般都采用数量金额式账簿。会计账簿是各单位重要的经济资料,必须建立管理制度,妥善保管。

六、会计账簿的保管

(1) 各种账簿要分工明确,指定专人管理。账簿经管人员既要负责记账、对账、结账等工作,又要负责保证账簿安全。

(2) 会计账簿未经领导和会计负责人或者有关人员批准,非经管人员不能随意翻阅查看会计账簿。会计账簿除需要与外单位核对外,一般不能携带外出;对携带外出的账簿,应由经管人员或会计主管人员指定专人负责。

(3) 会计账簿不能随意交与其他人员管理,以保证账簿安全和防止任意涂改账簿等问题发生。

(4) 年度终了更换并启用新账簿后,对更换下来的旧账簿要整理装订,造册归档。归档前旧账簿的整理工作包括:检查和补齐应办的手续,如改错盖章、注销空行及空页、结转余额等。活页账应撤出未使用的空白账页,再编定页码,装订成册。

旧账簿装订时应注意:活页账一般按账户分类装订成册,一个账户装订成一册或数册;某些账户账页较少,也可以合并装订成一册。装订时应检查账簿扉页的内容是否填写齐全。装订后应由经办人员及装订人员、会计主管人员在封口处签名或盖章。旧账簿装订完毕,应当编制目录和编写移交清单,并按期移交档案部门保管。

(5) 实行会计电算化的单位,符合《会计档案管理办法》第 8 条有关规定的,可仅以电子形式保存会计账簿,无须定期打印会计账簿;确需打印的,打印的会计账簿必须连续编号,经审核无误后装订成册,并由记账人员和会计机构负责人、会计主管人员签字或者盖章。

(6) 各种账簿同会计凭证和会计报表一样,都是重要的经济档案,必须依照《会计档案管理办法》的保存年限妥善保管,不得丢失和任意销毁。保管期满后,应当按照规定进行鉴定,经鉴定可以销毁的,方可按照审批程序报经批准后销毁。

第二节　会计账簿的启用与记账规则

一、会计账簿的启用

会计账簿是重要的会计档案。为了确保会计账簿记录的合法性和完整性,明确记账责任,启用会计账簿时,应当在会计账簿封面上写明单位名称和账簿名称。在会计账簿扉页上附启用表,内容包括:启用日期、账簿页数、记账人员和会计机构负责人、会计主管人员姓名,并加盖名章和单位公章。记账人员或者会计机构负责人、会计主管人员调动工作时,应当注明交接日期、接办人员或者监交人员姓名,并由交接双方人员签名或者盖章。

启用订本式账簿,应当从第一页到最后一页顺序编定页数,不得跳页、缺号。使用活页式账页,应当按账户顺序编号,并须定期装订成册。装订后再按实际使用的账页顺序编定页码,另加目录以记明每个账户的名称和页次。

二、会计账簿的记账规则

(1) 会计人员应当根据审核无误的会计凭证登记会计账簿。登记会计账簿时,应当将会计凭证日期、编号、业务内容摘要、金额和其他有关资料逐项记入账内,做到数字准确、摘要清楚、登记及时、字迹工整。

(2) 登记完毕后,要在记账凭证上签名或者盖章,并注明已经登账的符号(如"√"),表示已经记账。

(3) 会计账簿中书写的文字和数字上面要留有适当空格,不要写满格;一般应占格距的 1/2。

(4) 登记会计账簿要用蓝黑墨水或者碳素墨水书写,不得使用圆珠笔(银行的复写账簿除外)或者铅笔书写。但下列情况,可以用红色墨水记账:

① 按照红字冲账的记账凭证,冲销错误记录;

② 在不设借贷等栏的多栏式账页中,登记减少数;

③ 在三栏式账户的余额栏前,如未印明余额方向的,在余额栏内登记负数余额;

④ 根据国家统一会计制度的规定可以用红字登记的其他会计记录。

(5) 各种账簿按页次顺序连续登记,不得跳行、隔页。如果发生跳行、隔页,应当将空行、空页画线注销,或者注明"此行空白""此页空白"字样,并由记账人员签名或者盖章。

(6) 凡需要结出余额的账户,结出余额后,应当在"借"或"贷"等栏内写明"借"或者"贷"等字样。没有余额的账户,应当在"借"或"贷"等栏内写"平"字,并在余额栏内用"0"表示。库存现金日记账和银行存款日记账必须逐日结出余额。

明朝大贪案引发的会计记录改革

(7) 每一账页登记完毕结转下页时,应当结出本页合计数及余额,写在本页最后一行和下页第一行有关栏内,并在摘要栏内注明"过次页"和"承前页"字样;也可以将本页合计数及金额只写在下页第一行有关栏内,并在摘要栏内注明"承前页"字样。

对需要结计本月发生额的账户,结计"过次页"的本页合计数应当为自本月初起至本页末止的发生额合计数;对需要结计本年累计发生额的账户,结计"过次页"的本页合计数应当为自年初起至本页末止的累计数;对既不需要结计本月发生额也不需要结计本年累计发生额的账户,可以只将每页末的余额结转次页。

第三节 会计账簿的登记方法

一、日记账的登记方法

日记账,是按照经济业务发生或完成的时间先后顺序逐日逐笔进行登记的账簿。设置日记账是为了使经济业务的时间顺序清晰地反映在会计账簿记录中。在我国,大多数企业一般只设库存现金日记账和银行存款日记账。

库存现金日记账是用来核算和监督现金的收入、支出和结存情况的账簿,其格式主要为三栏式。三栏式库存现金日记账的账页格式一般采用"收入""支(付)出"和"结余(余额)"三栏,或者使用"借方""贷方"和"余额"三栏。为了清晰地反映与现金业务相关的账户对应关系,应在"摘要"栏后设"对方科目"栏。三栏式库存现金日记账的格式如表5-4所示。

表5-4 库存现金日记账(三栏式)

年		凭	证	摘要	对方科目	收入	支出	余额
月	日	字	号					

三栏式库存现金日记账的具体登记方法如下:

(1)日期栏:指记账凭证的日期,应与现金实际收、付日期一致。

(2)凭证栏:指登记入账的收、付款凭证的凭证种类和凭证编号,如"现金收(付)款凭证",可简写为"现收(付)";"银行存款收(付)款凭证",可简写为"银收(付)"。凭证栏还应登记凭证的编号数,以便查账和核对。

(3)摘要栏:摘要说明登记入账的经济业务事项的内容,应以简练的文字清楚地说明问题,一般和记账凭证的摘要一致。

(4)对方科目栏:指现金收入的来源科目或支出的用途科目。如从银行提取现金,其来源科目(即对方科目)为"银行存款"。其作用在于了解经济业务事项的来龙去脉。

(5)收入、支出、余额栏:指现金实际收、付及结余的金额。每日终了,应分别计算现金收入和现金支出的合计数,结出余额,同时将余额和当日库存余额现金核对,即通常所说的"日清"。如账实不符应查明原因,并记录备案。月终同样要计算现金收、付和结存的合计数,通常称为"月结"。

银行存款日记账是用来核算和监督银行存款每日的收入、支出和结余情况的账簿。银行存款日记账应按会计主体在银行开立的账户和币种分别设置。

银行存款日记账的格式和登记方法与库存现金日记账相同。银行存款日记账通常也是由出纳人员根据审核后的银行存款收、付款凭证,逐日逐笔按照先后顺序进行登记。每日终了,应分别计算出当日银行存款收入、支出的合计数以及账面余额。本日余额的计算方法与库存现金相同。每日结出银行存款的账面余额,可以检查、监督各项收支情况,并便于定期同银行送来的对账单逐笔核对。

> [小提示]
>
> 对于将现金存入银行的业务,由于规定只填制现金付款凭证,不填制银行存款收款凭证,因而这种业务的存款收入数,应根据有关现金付款凭证登记。

二、明细分类账的登记方法

明细分类账是根据二级账户或明细账户开设账页,分类、连续地登记经济业务以提供明细核算资料的账簿。它所提供的有关经济活动的详细核算资料,是对总分类账所提供的总括核算资料的必要补充,同时也是编制会计报表的依据之一。因此,各个单位应根据实际需要,按照总账科目设置必要的明细分类账。明细分类账一般采用活页式账簿,有的也采用卡片式账簿(如固定资产明细账)。

不同类型经济业务的明细分类账可根据管理需要,依据记账凭证、原始凭证或汇总原始凭证逐日逐笔或定期汇总登记。固定资产、债权、债务等明细账应逐日逐笔登记;原材料、库存商品收发明细账以及收入、费用明细账可逐笔登记,也可定期汇总登记。

对于只设有借方的多栏式明细分类账,平时在借方登记"制造费用""管理费用""主营业务成本"等账户的发生额,贷方登记月末将借方发生额一次转出的数额,所以平时如果发生贷方发生额,应该用红字在多栏式账页的借方栏中登记表示冲减;对于只设有贷方的多栏式明细分类账,平时在贷方登记"主营业务收入""营业外收入"等账户的发生额,借方登记月末将贷方发生额一次转出的数额,所以平时如果发生借方发生额,应该用红字在多栏式账页的贷方栏中登记表示冲减。

明细分类账一般应于会计期末结算出当期发生额及期末余额。

明细分类账
的格式

三、总账的登记方法

总分类账是按照总分类账户分类登记以提供总括会计信息的账簿。为了总括、全面地反映经济活动情况以及为编制会计报表提供资料,一切单位都要设置总分类账。总分类账必须采用订本式账簿。总分类账一般按照会计科目的编码顺序设置,并为各个账户预留账页。总分类账的常见的账页格式是三栏式。三栏式总账的一般格式如表5-5所示。

表5-5 ××××总账

会计科目编号及名称：_____

年		凭 证		摘　　要	借　　方	贷　　方	借或贷	余　　额
月	日	字	号					

账务处理程序

　　总分类账可以根据记账凭证逐笔登记,也可以根据科目汇总表或汇总记账凭证等登记,这取决于企业采用的账务处理程序。经济业务少的小型单位的总分类账,可以根据记账凭证逐笔登记;经济业务多的大中型单位的总分类账,可以根据记账凭证汇总表(又称科目汇总表)或汇总记账凭证等定期登记。

四、总账和明细账的平行登记

　　平行登记是对所发生的每一笔经济业务,都要以会计凭证为依据,一方面登记有关总账,另一方面要登记该总账所属的明细账的方法。平行登记的要点是同期、同向、等额,即所属会计期间相同、借贷方向相同、计入总分类账的金额与计入明细账的合计金额相等。

　　【例5-1】 某企业6月1日原材料期初余额如下:

　　"原材料"总账余额为100 000元;

　　明细账余额如下:

　　"原材料——A材料"明细账为3 000件,20元/件,60 000元;

　　"原材料——B材料"明细账为1 000件,40元/件,40 000元;

　　"应付账款"总账余额为80 000元;

　　明细账余额如下:

　　"应付账款——甲公司"明细账余额为50 000元;

　　"应付账款——乙公司"明细账余额为30 000元;

　　该企业6月发生经济业务如下(不考虑增值税):

　　(1)6月3日,向甲公司赊购A材料500件,20元/件,价值10 000元。

　　(2)6月5日,向乙公司赊购B材料1 000件,40元/件,价值40 000元。

　　(3)6月9日,生产产品领用A材料1 000件,20元/件,20 000元,领用B材料800件,40元/件,32 000元。

　　(4)6月20日,用银行存款偿还甲公司货款38 000元。

　　(5)6月28日,用银行存款偿还乙公司货款60 000元。

编制会计分录如下：

(1) 借:原材料——A 材料	10 000	
贷:应付账款——甲公司		10 000
(2) 借:原材料——B 材料	40 000	
贷:应付账款——乙公司		40 000
(3) 借:生产成本	52 000	
贷:原材料——A 材料		20 000
——B 材料		32 000
(4) 借:应付账款——甲公司	38 000	
贷:银行存款		38 000
(5) 借:应付账款——乙公司	60 000	
贷:银行存款		60 000

根据平行记账的记账规则,原材料、应付账款总账和明细账登记如图 5-1 所示。

原材料

期初 100 000 (1) 10 000 (2) 40 000	(3) 20 000 (3) 32 000
98 000	

原材料——A 材料

3000 件,20,60 000 500 件,20,10 000	1000 件,20,20 000
50 000	

原材料——B 材料

1000 件,40,40 000 1000 件,40,40 000	800 件,40,32 000
48 000	

应付账款

(4) 38 000 (5) 60 000	期初 80 000 (1) 10 000 (2) 40 000
	32 000

应付账款——甲公司

(4) 38 000	期初 50 000 (1) 10 000
	22 000

应付账款——乙公司

(5) 60 000	期初 30 000 (2) 40 000
	10 000

图 5-1　相关账户登记

第四节　对账和错账更正方法

一、对账

对账是指对各种账簿记录进行核对的工作。对账一般是在月末、季末、年末所有经济业务登记入账后,结账之前进行的。

(一)账证核对

账证核对是指核对会计账簿记录与原始凭证、记账凭证的时间、凭证字号、内容、金额是否一致,记账方向是否相符。

(二)账账核对

(1)总分类账簿之间的核对;

(2)总分类账簿与所辖明细分类账簿之间的核对;

(3)总分类账簿与序时账簿之间的核对;

(4)明细分类账簿之间的核对。

会计部门有关实物资产的明细账与财产物资保管部门或使用部门的明细账定期核对,以检查其余额是否相符。

(三)账实核对

账实核对是指各项财产物资、债权债务等账面余额与实有数额之间的核对。账实核对的内容主要有:

(1)库存现金日记账账面余额与库存现金数额是否相符;

(2)银行存款日记账账面余额与银行对账单的余额是否相符;

(3)各项财产物资明细账账面余额与财产物资的实有数额是否相符;

(4)有关债权债务明细账账面余额与对方单位的账面记录是否相符等。

做完账,差 5 角死活对不上,是什么感觉?

二、错账的更正方法

《会计法》第 15 条明确规定:"会计账簿应当按照连续编号的页码顺序登记。会计账簿记录发生错误或者隔页、缺号、跳行的,应当按照国家统一的会计制度规定的方法更正,并由会计人员和会计机构负责人(会计主管人员)在更正处盖章。"同时,《会计基础工作规范》规定,账簿记录发生错误,不准涂改、挖补、刮擦或者用药水消除字迹,不准重新抄写,必须按照下列方法进行更正。

(一)划线更正法

在结账前发现账簿记录有文字或数字错误,而记账凭证没有错误,应当采用划线更正法。更正时,先在错误的数字或文字上画一条红线加以注销,但必须保证划去的字迹仍可清晰辨认。然后在红线上面空白处写上正确的文字或数字,并由记账人员、会计机构负责人在更正处盖章。需要注意的是,对于错误的数字要整笔划掉,不能只划去其中一个或几个记错的数字。例如,把记账凭证登记账簿时,将数字 8175 误记为 8715,不能只划去其中"71"改为"17",而是要把"8715"全部用红线划去,并在其上方写上"8175"。

划线更正法多适用于手工账环境下,在会计信息化环境下账簿已不需手工逐笔登记,所以不再适用。

(二)红字更正法

(1)在记账以后,发现记账凭证中应借应贷符号、科目或金额有错误时,可采用红字更正法进行更正。更正时应用红字填写一份与原来科目、记账方向和金额完全相同的记账凭证,注销原来错误的记账凭证;然后再用蓝字重新填制一份正确的记账凭证,一并登记入账。

【例 5-2】　某企业购入原材料 8 000 元,货款尚未支付。(不考虑增值税)

编制记账凭证时,错误地编制如下会计分录并已经登记入账:

借:原材料　　　　　　　　　　　　　　　　　　　　　　8 000
　　贷:应收账款　　　　　　　　　　　　　　　　　　　　　　8 000

当发现记账凭证错误时,先按照原来错误的会计分录用红字填制一张记账凭证注销原来的会计分录:

借:原材料　　　　　　　　　　　　　　　　　　　　8 000(红字)
　　贷:应收账款　　　　　　　　　　　　　　　　　　　8 000(红字)

然后再用蓝字填制一张正确的记账凭证,其会计分录如下:

借:原材料　　　　　　　　　　　　　　　　　　　　　　8 000
　　贷:应付账款　　　　　　　　　　　　　　　　　　　　　　8 000

(2) 在记账以后,发现记账凭证中应借应贷会计科目正确,但所记金额大于应记金额。可将多记的金额(正确数与错误数之间的差额)用红字填写一张记账凭证,据以登记入账,用以注销多记的金额。

【例 5-3】　某企业用银行存款归还前面业务所欠货款 8 000 元,但错误地编制下列会计分录并已经登记入账:

借:应付账款　　　　　　　　　　　　　　　　　　　　　80 000
　　贷:银行存款　　　　　　　　　　　　　　　　　　　　　80 000

发现错误以后,应将多记的金额用红字进行注销,其会计分录如下:

借:应付账款　　　　　　　　　　　　　　　　　　　72 000(红字)
　　贷:银行存款　　　　　　　　　　　　　　　　　　72 000(红字)

(三) 补充登记法

记账以后,发现记账凭证上应借应贷的会计科目正确,但所记金额小于应记金额,可采用补充登记法更正。更正时,用蓝字填制一张与原记账凭证应借应贷科目相同的记账凭证,补充少记金额,并据以登记入账。

【例 5-4】　某企业对外销售产品一批,收到货款 20 000 元存入银行,原编记账凭证误记为 2 000 元,并已登记入账。(税金因素略)

原记错的会计分录为:

借:银行存款　　　　　　　　　　　　　　　　　　　　　　2 000
　　贷:主营业务收入　　　　　　　　　　　　　　　　　　　　2 000

当发现上述记账错误时,可将少记的金额 18 000 元,再编制一张记账凭证如下:

借:银行存款　　　　　　　　　　　　　　　　　　　　　18 000
　　贷:主营业务收入　　　　　　　　　　　　　　　　　　　18 000

第五节 结 账

一、结账的程序

结账是将会计账簿记录定期结算清楚的会计工作。在一定时期结束时（如月末、季末或年末），为编制财务报表，需要进行结账，具体包括月结、季结和年结。《会计基础工作规范》规定，各单位应当按照规定定期结账。结账一般包括以下程序：

（1）将本期发生的经济业务事项全部登记入账，并保证其正确性；

（2）根据权责发生制的要求，调整有关账项，合理确定本期应计的收入和应计的费用：应计收入和应计费用的调整，收入分摊和成本分摊的调整；

（3）将损益类科目转入"本年利润"科目，结平所有损益类科目；

（4）结算出资产、负债和所有者权益科目的本期发生额和余额，并结转下期。

二、结账的方法

对不需要按月结计本期发生额的账户，如各项应收应付款明细账，每次记账以后，都要随时结出余额，每月最后一笔余额即为月末余额。月末结账时，只需要在最后一笔经济业务记录之下通栏画单红线，不需要再结计一次余额。

库存现金、银行存款日记账和需要按月计算发生额的收入、费用等明细账，每月结账时，要在最后一笔经济业务记录下面通栏画红线，结出本月发生额和余额，在摘要栏内注明"本月合计"字样，在下面通栏画单红线。

需要结计本年累计发生额的某些明细账户，每月结账时，应在"本月合计"行下结出自年初起至本月末止的累计发生额，登记在月份发生额下面，在摘要栏内注明"本年累计"字样，并在下面再通栏画单红线。12月末的"本年累计"就是全年累计发生额，全年累计发生额下通栏画双红线。

总账账户平时只需要结出月末余额。年终结账时，要将所有总账账户结出全年发生额和年末余额，在摘要栏内注明"本年合计"字样，并在合计数下通栏画双红线。

年度终了结账时，有余额的账户，要将其余额结转下年。即将有余额的账户余额直接记入新账余额栏内，不需要编制记账凭证，也无须将余额再记入本年账户的借方或贷方。

▍▍▍ 本章小结

会计账簿是指由一定格式的账页组成的，以经过审核的会计凭证为依据，全面、系统、连续地记录各项经济业务的簿籍。设置和登记会计账簿，是重要的会计核算基础工作，是编制会计报表的基础，是连接会计凭证和会计（财务）报表的中间环节。

账簿按照用途可以分为序时账簿、分类账簿和备查账簿，按其外表形式可以分为订本式账簿、活页式账簿和卡片式账簿,按账页格式主要分为三栏式、多栏式和数量金额式账簿。

启用会计账簿时,应当在账簿封面上写明单位名称和账簿名称。会计人员应当根据审核无误的会计凭证登记会计账簿。账簿记录发生错误,不准涂改、挖补、刮擦或者用药水消除字迹,不准重新抄写,必须按照规定的方法进行更正。单位应当定期对会计账簿记录的有关数字与库存实物、货币资金、有价证券、往来单位或者个人等进行相互核对。各单位应当按照规定定期结账。结账就是在会计期末(月末、季末、年末)将本期内所有发生的经济业务事项全部登记入账后,计算出本期发生额和期末余额。

关键名词

日记账　　　　明细账　　　　总账　　　　对账　　　结账

即测即评

请扫描二维码进行即测即评。

思考题

1. 什么是平行登记法? 为什么要平行登记?
2. 对账工作的基本内容有哪些? 企业为什么要在结账之前进行对账工作?
3. 错账的更正方法有哪些? 各自适用于什么条件?
4. 说明总账和日记账、明细账的关系。

延伸阅读

请扫描二维码阅读相关文献。

延伸阅读

第六章 财产清查

学习目标

理解财产清查的概念;了解财产清查的种类和作用;掌握存货盘存制度、财产清查的内容和方法以及财产清查结果的账务处理。

引例 财产清查知多少?

我学的美术,我问朋友能否画一张他的画像作为作业。他同意了,我画好后交上,只得了 C。我问为什么给这么低的分数,教授说我的画比例不对:"头太大,肩太宽,胳膊太细。"第二天,我带朋友去见教授。教授瞧了朋友一眼,说:"好吧,A。"故事中的朋友真人就好比是企业的财产物资,朋友画像就好比是各财产物资对应的会计账簿记录,企业的会计账簿记录应该真实反映各项财产物资的实际情况。

财产清查是一种重要的会计方法,采用这种方法对相关交易和事项进行账务处理,有利于保护财产物资的安全完整,保证会计核算资料的真实可靠,提高会计信息的质量,保障会计信息系统的有效运行。本章主要介绍财产清查的相关概念,货币资金、存货、固定资产和往来款项的清查内容、方法以及清查结果的账务处理。

第一节 财产清查概述

一、财产清查的概念

财产清查是企业由于会计核算和经营管理的需要,对库存现金等现金资产、存货等实物资产和往来款项进行盘点或核对,并与各项资产对应的会计账簿记录核对,确定其实际盘存数与账面结存数是否一致的专门的会计核算方法。

企业的财产包括货币资金、存货、往来款项、固定资产等,各项财产的确认、计量和报告都遵循统一、完整的会计核算方法,从复式记账、填制和审核会计凭证到试算平衡,都是为了保证账证相符、账账相符。一般情况下,企业账簿对各项财产发生额、余额的记录,应该与财产的实际收入、发出和结存保持一致。但实务中,各种原因会导致财产物资的账存数与实存数出现差异,主要有:

（1）财产物资在运输、保管和收发过程中发生的自然损溢,计量和检验不准确导致的品种、数量或质量上的差异。

（2）员工失职和管理不善造成的财产物资腐烂、报废和毁损,以及货币资金、往来款项的账实差错。

（3）不法分子徇私舞弊、中饱私囊、贪污盗窃等行为导致的财产流失和短缺。

（4）债务人发生财务困难、破产清算等导致应收账款无法收回。

（5）地震、火灾、水灾等自然灾害导致的财产损失。

企业财产物资账实不符的原因还有很多,如忽视财产的价值管理等,企业必须通过财产清查发现差异,找出原因,解决问题。

二、财产清查的作用

（一）保证会计核算资料真实可靠

财产清查通过实地盘点、账项核对等可以查明实存数与账存数是否相符,产生错账的原因,及时调整账面记录,对会计账簿具有验证作用。企业财务报告是对账簿记录进行加工整理编制的,真实、完整、可靠的账簿记录能够使财务报告切实提供反映企业财务状况、经营成果和现金流量的信息。

财产清查对
财务报表的
作用

（二）提高财产物资的安全性和利用效率

财产清查是加强资产有效管理、预防资产流失、及时处理财产损溢的重要方法。通过财产清查,可以明确财产的收发和结存情况,发现有无财产闲置和储备不足、积压的问题,便于及时采取相应措施,保证财产的安全性和利用效率。

（三）加强财产物资的内部控制

为了保证企业生产经营活动的顺利进行,避免财产物资的管理失控,需要进行财产清查,发现财产管理内部控制中存在的问题,如入库和领用手续不健全,责任认定制度不完善、管理制度不严密等,以便采取对策,使企业内部会计工作得到规范的监督和管理。

三、财产清查的种类

（一）根据清查的范围分类

1. 全面清查

全面清查是对属于本会计主体所有或存放在本会计主体的所有财产物资进行全面的清点和核查,包括:现金资产、实物资产和债权债务等的清查。全面清查具有范围广、内容多、耗时长、工作量大等特点,一般存在以下情况会进行全面清查:

（1）年终决算前;

（2）在合并、撤销或改变隶属关系前；

（3）中外合资、国内合资前；

（4）股份制改造前；

（5）开展全面的资产评估、清产核资前；

（6）单位主要领导调离工作前等。

2. 局部清查

局部清查是根据日常经营管理的需要，对企业部分的现金资产、实物资产和债权债务进行清点和核查。局部清查具有范围窄、内容少、耗时短、工作量小等特点，主要包括：

（1）对于库存现金，出纳人员每日终了进行账款核对；

（2）对于银行存款，企业至少每月与银行进行一次账项核对；

（3）对于流动性较大的财产物资，如原材料、产成品等，应根据需要随时轮流盘点或重点抽查；

（4）对于贵重的财产物资，每月都要进行清查盘点；

（5）对于债权、债务，企业应每年至少与债权、债务企业核对往来账目一至两次。

（二）根据清查的时间分类

1. 定期清查

定期清查是根据事先安排的确定时间（一般在月末、季末、半年末、年末结账前），对企业的现金资产、实物资产和债权债务进行的全面或局部清点和核查，如月末结账前与银行进行一次账项核对。

2. 不定期清查

不定期清查是事先没有安排确定的清查时间，而根据企业临时需要进行的全面或局部清点和核查。一般存在以下情况会进行不定期清查：

（1）财产物资由于自然灾害等非常原因发生毁损、受潮时；

（2）企业更换财产物资的保管人员和负责人时；

（3）企业合并、分立或改变隶属关系时；

（4）上级主管单位、财政、审计和税务部门进行检查和审计时。

（三）根据清查的执行单位分类

1. 内部清查

内部清查是全部由企业内部职工组成清查工作小组来担任财产清查工作。大多数的财产清查都是内部清查。

2. 外部清查

外部清查是由上级主管部门、审计机关、司法机关、注册会计师等企业外部有关部门或人员根据国家的有关规定或情况的需要，对企业进行的财产清查。

四、财产清查前的准备工作

（一）组织准备

财产清查是一项范围广、工作量大、质量要求高的工作，为了保证财产清查工作的有序、顺利进行,必须成立清查组织,配备清查人员。在单位负责人和会计主管的领导下,根据需要,成立由会计、仓库、生产、技术等有关人员组成的清查小组。该小组的主要工作任务是:

(1) 制订财产清查方案,确定清查对象,安排清查工作程序,配备清查人员,明确清查责任;

(2) 组织实施财产清查具体工作,检查工作进度,监督清查过程,发现并解决清查中出现的问题;

(3) 总结清查工作的经验教训,提出清查结果的处理意见,必要时修订财产管理制度,建立长效机制。

(二) 业务准备

财产清查的任务是确定各项财产物资的实际盘存数与账面结存数是否一致,这就需要财会部门、资产保管部门等做好相应账务和实物的准备工作:

(1) 财会部门要做好账目核对,将截至清查日的全部交易和事项登记入账,结出有关账户的发生额和余额,保证账证相符、账账相符;

(2) 财产物资保管部门要做好资产整理,整齐排列各项资产,挂上标签、注明品种、规格和数量;办妥各项财产物资的凭证手续,并与财会部门相关账簿记录核对一致;

(3) 清查小组要配备和检查计量工具,准备必要的记录表单。

五、财产清查的结果

财产清查的结果是指企业在经过清查以后所确认的各类财产物资的实际结存数与其账面结存数之间比较的结果。财产清查的结果有三类,分别是:账实相符、盘盈、盘亏。

账实相符是指财产物资的实际结存数等于财产物资的账面结存数。盘盈是指财产物资的实际结存数大于财产物资的账面结存数。对于库存现金来说,盘盈又称为"长款"。盘亏是指财产物资的实际结存数小于财产物资的账面结存数,对于库存现金来说,盘亏又称为"短款"。

六、财产清查结果处理的主要步骤

为了保证会计核算资料的准确性,对财产清查中发现的盘盈、盘亏及毁损的财产,应及时在账簿中予以反映,做到账实相符。财产清查结果的处理一般分为以下主要步骤:

(一) 调整账面记录,提出处理建议

财产清查结束后,清查人员应对"库存现金盘点报告表""实存账存对比表"等原始凭证上记录的数据进行核实,根据核实后的盘盈、盘亏数据编制记账凭证,并据以调整账面记录,保证账实相符。同时,找出溢余和短缺的原因,明确经济责任,提出处理建议,向单位领导或有关部门办理报批手续。

（二）按照批复意见核销盈亏

单位领导和有关部门的批复意见下达后，要严格按照批复意见编制记账凭证，将待处理的盈亏数核销。

第二节 货币资金的清查和处理

一、库存现金的清查和处理

（一）库存现金的清查方法

库存现金的基本清查方法是实地盘点法。该方法通过对库存现金进行实地盘点，确定实有数量，并与现金日记账的结存数进行核对，查明账实是否相符。库存现金清查包括两部分内容：

（1）出纳人员于每日终了，清点库存现金的实存数，并与库存现金日记账的余额进行账款核对。

（2）清查小组不定期对库存现金进行盘点和核对。

（二）库存现金的清查要求

（1）为了明确经济责任，出纳人员必须在场。

（2）清查人员要根据《现金管理暂行条例》，清点库存现金是否超过其限额，检查有无"白条"抵库和套取现金的现象。

（3）盘点结束后，根据盘点结果及时填制"库存现金盘点报告表"，列明现金实存数、账存数、差异额及原因，并由盘点人员和出纳人员共同签章。"库存现金盘点报告表"是分析差异原因、据以调整账项的原始凭证，如表6-1所示。

表6-1 库存现金盘点报告表

单位名称：　　　　　　　　　　　　　　　　　　　　　年　　月　　日

实存金额	账存金额	实存账存对比		备注
		盘盈	盘亏	

盘点员：　　　　　　　　　　　　　　　　　　　　　　　出纳员：

（三）库存现金清查结果的处理

1."待处理财产损溢"账户设置

财产清查结果的处理分为两步，即报批前先调整账簿记录，批复意见下达后才能核销盈亏金额，所以需要一个过渡性账户来衔接批准处理前后的核算。"待处理财产损溢"账户属于资产类账户，用于核算财产清查中各项资产盘盈、盘亏和毁损数及批准处理转销数，有"待处理流动资产损溢"和"待处理固定资产损溢"两个明细分类账户。根据《企业会计准则》，企业在期末结账前要将清查中发现的溢余和短缺数处理完毕,处理后该账户期末没有余额。"待处理财产损溢"账户的结构如图6-1所示。

待处理财产损溢

借方	贷方
发生额：1. 清查发现的待处理盘亏和毁损数 　　　　2. 批准转销的待处理盘盈数	发生额：1. 清查发现的待处理盘盈数 　　　　2. 批准转销的待处理盘亏和毁损数
期末没有余额	期末没有余额

图6-1　"待处理财产损溢"账户结构图

2. 库存现金长款和短款的处理原则及示例

库存现金盘点中发现的长款,属于应付未付款项的,作为"其他应付款"处理;无法查明原因的,计入"营业外收入"。库存现金盘点中发现的短款,应由过失人赔偿的,作为"其他应收款"处理;无法查明原因的,计入"管理费用"。

【例6-1】　锦华公司20×3年1月组织清查小组对库存现金进行盘点,发现长款200元。经过反复核查,发现少支付给员工李明120元,其余80元原因不明。其会计处理如下:

(1) 发现长款,批准处理前,应调整库存现金账面记录。

　借:库存现金　　　　　　　　　　　　　　　　　　　　　　　　　200
　　　贷:待处理财产损溢——待处理流动资产损溢　　　　　　　　　　　　200

(2) 报经批准,转销长款金额。

　借:待处理财产损溢——待处理流动资产损溢　　　　　　　　　　　200
　　　贷:其他应付款——李明　　　　　　　　　　　　　　　　　　　　120
　　　　营业外收入　　　　　　　　　　　　　　　　　　　　　　　　　80

【例6-2】　锦华公司20×3年2月组织清查小组对库存现金进行盘点,发现短款100元。经过反复核查,发现由于出纳员王芳保管不善丢失80元,其余20元原因不明。其会计处理如下:

(1) 发现短款,批准处理前,应调整库存现金账面记录。

　借:待处理财产损溢——待处理流动资产损溢　　　　　　　　　　　100
　　　贷:库存现金　　　　　　　　　　　　　　　　　　　　　　　　　100

(2) 报经批准,转销短款金额。

　借:其他应收款——王芳　　　　　　　　　　　　　　　　　　　　80
　　　管理费用　　　　　　　　　　　　　　　　　　　　　　　　　　20
　　　贷:待处理财产损溢——待处理流动资产损溢　　　　　　　　　　　100

二、银行存款的清查

(一) 银行存款的清查方法

银行存款的清查与库存现金的清查方法不同,主要采用账项核对法,即将本企业银行存款日记账与开户行送来的银行对账单进行核对,保证银行存款账实相符。

[小提示]

"银行对账单"是开户银行在记录开户单位的存款时登记的明细账。银行对账单分为上下两联,上联由企业留存,下联为对账回执,在加盖预留银行印鉴后退还银行。如经核对发现不符,单位应在对账回执上注明未达账项及借贷方金额。

银行单位活期存款账务核对

(二)银行存款的清查要求

核对账目前,会计人员应将截至对账日涉及银行存款的交易和事项登记入账,保证银行存款日记账的真实完整,然后再与银行对账单进行逐笔核对。如果发现双方记录存在差异,则主要由两类原因造成:

(1)企业和银行的账务存在计算错误、记账错漏等问题。

(2)未达账项。

(三)未达账项

未达账项是指企业与开户银行之间,由于结算凭证传递时间上的差异,导致双方记账时间不一致,出现一方已经根据结算凭证登记入账,而另一方没有接到结算凭证尚未入账的款项。未达账项有以下四种情况:

(1)企业已收,银行未收。即企业已收款入账,而银行尚未收款入账的款项;

(2)企业已付,银行未付。即企业已付款入账,而银行尚未付款入账的款项;

(3)银行已收,企业未收。即银行已收款入账,而企业尚未收款入账的款项;

(4)银行已付,企业未付。即银行已付款入账,而企业尚未付款入账的款项。

以上任意一种未达账项的存在,都会导致银行存款日记账余额与银行对账单的余额不符,企业需要编制"银行存款余额调节表",消除未达账项的影响。实务工作中,一般采用"补记式"余额调节法,即在双方现有余额的基础上,加上对方已经收款入账,本方没有收款入账,减去对方已经付款入账,本方没有付款入账的账项。现举例说明"银行存款余额调节表"的编制方法。

【例6-3】 锦华公司20×2年12月31日银行存款日记账余额为215 312元,银行送来的对账单余额为281 262元。经逐笔核对,发现以下未达账项:

(1)企业送存转账支票23 400元,企业已登记银行存款增加,但银行尚未入账;

(2)企业开出转账支票5 850元,但持票单位尚未到银行办理转账,银行尚未入账;

(3)企业委托银行代收某公司购货款89 500元,银行已收妥并登记入账,但企业尚未收到收款通知,尚未入账;

(4)银行从企业存款账户中扣取借款利息6 000元,银行已登记企业银行存款减少,但企业尚未收到银行付款通知,尚未入账。

根据上述事项编制"银行存款余额调节表",如表6-2所示:

表 6-2　银行存款余额调节表

20×2 年 12 月 31 日　　　　　　　　　　　　　　　　单位:元

项目	金额	项目	金额
企业银行存款日记账余额	215 312	银行对账单余额	281 262
加:银行已收企业未收	89 500	加:企业已收银行未收	23 400
减:银行已付企业未付	6 000	减:企业已付银行未付	5 850
调节后的余额	298 812	调节后的余额	298 812

经过以上调整后的银行存款余额是企业银行存款的真实余额,是企业可以实际动用的金额。需要注意的是,未达账项导致的银行存款实存数与账存数的差别,无须进行账面调整,等结算凭证到达各方后,再根据结算凭证按记账程序登记入账。"银行存款余额调节表"不同于"库存现金盘点报告表",不能作为调节银行存款账面余额的原始凭证。

第三节　存货的清查和处理

一、存货清查的内容

存货清查的对象有很多,主要包括企业的原材料、周转材料、在产品、产成品和商品等。存货清查包括全面清查和局部清查、定期清查和不定期清查,企业对于收发频繁、流动性强、易损耗和短缺的存货,不仅需要进行年度清查,还应在每月进行轮流盘点或重点抽查,从而保证存货的安全完整。

二、存货的盘存制度

存货的盘存制度,是指企业在财产清查中,用以确定原材料和库存商品等在会计期末结存数量的方法,有永续盘存制和实地盘存制两种。

（一）永续盘存制

1. 永续盘存制的概念及其应用

永续盘存制又称"账面盘存制",是对日常发生的存货收入和发出,都必须根据会计凭证在存货明细账中进行连续登记,并随时在账面上结算各项存货结存数的一种制度。永续盘存制下,存货期末结存数量和成本的计算方法如下:

期末结存数量 = 期初结存数量 + 本期外购或收入数量 − 本期销售或领用数量

期末结存成本 = 期初结存成本 + 本期外购或收入成本 − 本期销售或领用成本

永续盘存制和实地盘存制,原来是这么回事!

[小提示]

公式中的"本期销售或领用成本"应采用专门的发出存货的计价方法计算得到。发出存货的计价方法有：先进先出法、移动加权平均法、月末一次加权平均法和个别计价法。

永续盘存制下，存货明细账按品种规格设置。外购或收入某项存货时，需要根据有关会计凭证将外购或收入的数量和金额填在有关明细账的收入栏；销售或领用某项存货时，将发出的数量和金额填在有关的明细账发出栏，并及时计算出该项存货在明细账上的结存数量和金额。

【例 6-4】 锦华公司为商品流通企业，本年 8 月有关 A 商品的外购、销售和结存资料如表 6-3 所示。

表 6-3　锦华公司 A 商品外购、销售和结存资料

实物计量单位：件　　　　　　　　　　　　　　　　　　　　　金额单位：元

日期	内容	数量	单价
8 月 1 日	上月结转	300	6
8 月 8 日	外购商品入库	800	6
8 月 15 日	销售发出	700	6
8 月 18 日	外购商品入库	600	6
8 月 26 日	销售发出	900	6

根据上述资料，锦华公司登记 A 商品明细分类账，如表 6-4 所示。

表 6-4　锦华公司库存商品明细分类账

明细科目：A 商品　　　　　　　实物计量单位：件　　　　　　　　金额单位：元

××年 月	日	凭证号	摘要	收入 数量	单价	金额	发出 数量	单价	金额	结存 数量	单价	金额
8	1	略	月初结存							300	6	1 800
	8		外购	800	6	4 800				1 100	6	6 600
	15		销售				700	6	4 200	400	6	2 400
	18		外购	600	6	3 600				1 000	6	6 000
	26		销售				900	6	5 400	100	6	600
	31		本月合计	1 400	6	8 400	1 600	6	9 600	100	6	600

为简化计算，例 6-4 和例 6-5 中 A 商品各批次的单价都相同。

2. 永续盘存制的优缺点

永续盘存制的优点有：① 企业可以随时获取存货收入、发出、结存的数量和金额，便于对存货进行有效管理和监控；② 企业进行定期或不定期财产清查时，可以将明细账户中存货的账面结存数与实地盘点得到的实际结存数进行核对，如发现差异可以及时查明原因并处理；③ 将存货明细账户中反映的存货结存数量与有关存货的储备限额进行比较，可以掌握存货库存积压或不足的信息，及时采用相关措施，加速资金周转。

存货具有品种繁多、规格各异、收发频繁的特点，所以采用永续盘存制的缺点是对存货进行日常发出、结存的登记工作量大。但这种方法便于企业对存货进行数量和金额的双重实时控制，在实际工作中，为绝大多数企业所采用。

（二）实地盘存制

1. 实地盘存制的概念及其应用

实地盘存制又称"定期盘存制"，是在会计期末，对存货进行实地盘点确定期末结存数量的方法。在该方法下，企业也要设置有关存货的明细分类账户，但在明细分类账户中，只登记其月初结存数量，平时也只登记存货的收入数，不登记发出数和结存数，期末通过实地盘点得到存货的实际结存数，再倒挤出本期发出数，所以，该方法又称为"以存计销制"（商品流通企业）、"以存计耗制"（制造业企业）。实地盘存制下，存货期末结存数量、本期销售或领用数量、期末结存成本的计算方法如下：

期末结存数量 = 实地盘点数

本期销售或领用数量 = 期初结存数量 + 本期外购或收入数量 − 期末结存数量

期末结存成本 = 期初结存成本 + 本期外购或收入成本 − 本期销售或领用成本

从上述公式可以看出，实地盘存制的一般程序是：① 期末盘点存货，取得实际结存数量；② 采用倒挤的方式计算出存货本期销售或领用数量（发出数）；③ 采用发出存货的计价方法计算出本期销售或领用成本；④ 计算期末结存存货成本。

【例 6-5】　锦华公司为商品流通企业，本年 8 月有关 A 商品的外购和结存资料如表 6-5 所示。

表 6-5　锦华公司 A 商品外购和结存资料

实物计量单位:件　　　　　　　　　　　　　　　　　　　　　　金额单位:元

日期	内容	数量	单价
8 月 1 日	上月结转	300	6
8 月 8 日	外购商品入库	800	6
8 月 18 日	外购商品入库	600	6
8 月 25 日	外购商品入库	500	6
8 月 31 日	实地盘点	700	6

根据上述资料，锦华公司登记 A 商品明细分类账，如表 6-6 所示。

表6-6 锦华公司库存商品明细分类账

明细科目:A商品   实物计量单位:件   金额单位:元

××年		凭证号	摘要	收入			发出			结存		
月	日			数量	单价	金额	数量	单价	金额	数量	单价	金额
8	1	略	月初结存							300	6	1 800
	8		外购	800	6	4 800						
	18		外购	600	6	3 600						
	25		外购	500	6	3 000						
	31		本月合计	1 900	6	11 400	1 500	6	9 000	700	6	4 200

上述A商品明细分类账中"本月合计"行的"发出"和"结存"数据计算过程如下:

(1)"结存数量"=期末实地盘点数;

(2)"发出数量"=300+1 900−700=1 500(件);

(3)"发出金额"=1 500×6=9 000(元);

(4)"结存金额"=1 800+11 400−9 000=4 200(元)。

2. 实地盘存制的优缺点

实地盘存制的优点是企业平时只登记存货的收入,不登记发出和结存,可以简化明细账登记工作。

审计盘点各类财产的奇闻趣事

实地盘存制的缺点有:① 企业不能随时获取存货发出、结存的数量和金额,不利于对存货进行有效管理和监控;② 采用倒挤的方式计算出发出存货的数量,把因管理不善、贪污盗窃和自然损耗等原因导致的存货减少数隐没在正常的发出数中,会降低存货成本的准确性和真实性,不利于加强对存货资产的管理和控制。因此,实地盘存制往往只用于对一些品种杂、价值低、收发非常频繁的存货进行核算。

三、存货清查的方法

存货清查是通过对存货进行盘点,确定存货的实有数量,并与账面结存数核对,查明存货实存数与账存数是否相符。由此可见,准确完整地盘点存货是存货清查的重要环节。

由于存货种类繁多,实物形态、存放地点各不相同,所以对其采取的盘点方法也不同,主要包括以下四种:

(一) 实地盘点法

实地盘点法是通过点数、丈量、过磅等方式,逐一确定存货实有数量的方法。该方法的使用范围广,操作性强,数据准确可靠,常用于原材料、包装物、在产品和库存商品的盘点。

（二）技术推算法

技术推算法是利用特定的技术方法推算存货实存数的方法。该方法主要用于价值不高，堆存量很大，难以逐一点数过磅的存货盘点，如煤、沙石等存货。

（三）抽样盘点法

抽样盘点法是通过抽取一定数量的样品，确定存货整体数量的方法。该方法主要用于价值低、数量多、重量和密度均衡的存货盘点。

（四）询证核查法

询证核查法是通过向对方单位发出函证的方式，确定存货实有数量的方法。该方法主要用于委托加工物资的盘点。

四、存货清查的要求

对存货进行清查时：

（1）存货保管人员必须在场，以明确经济责任、协助盘点。

（2）盘点过程中，根据盘点情况如实填写"盘存单"（表6-7），反映存货的实存数量、金额，并由盘点人员和存货保管人员签章。

（3）盘点结束后，将盘存单上记录的存货实存数与有关账簿记录的存货账存数核对，如果存在账实不符，应及时填制"实存账存对比表"（表6-8）。

"实存账存对比表"是记录财产清查结果的原始凭证，反映存货实际结存数、账面结存数及其差异，明确短缺或溢余，是进行账务处理的重要依据。

表6-7 盘 存 单

单位名称：　　　　　　　　　盘点时间：
财产类别：　　　　　　　　　存放地点：　　　　　　　编号：

编号	名称	计量单位	数量	单价	金额	备注

盘点人签章：　　　　　　　　保管人签章：

表6-8 实存账存对比表

单位名称：　　　　　　　年　月　日　　　　　　　编号：

序号	类别及名称	计量单位	单价	实存		账存		对比结果				备注
								盘盈		盘亏		
				数量	金额	数量	金额	数量	金额	数量	金额	

续表

序号	类别及名称	计量单位	单价	实存		账存		对比结果				备注
								盘盈		盘亏		
				数量	金额	数量	金额	数量	金额	数量	金额	

主管签章: 　　　　　　　　　盘点人签章: 　　　　　　　　　保管人签章:

常见于存货中与财产清查有关的虚假形式

五、存货清查结果的处理

（一）存货盘亏和盘盈的处理原则

存货盘存中发现的溢余,冲减当期"管理费用"。存货盘存中发现的短缺,应由责任人赔偿或保险赔偿的,作为"其他应收款"处理;残料评估作价,记入"原材料"账户;属于管理不善、收发计量器具不准、定额内自然损耗导致的短缺,扣除责任人赔偿、保险赔偿和残料价值后计入当期"管理费用";地震、水灾、火灾等自然灾害和意外事故导致的非常损失,扣除保险赔偿和残料价值后计入"营业外支出"。

（二）存货清查结果的账务处理举例

【例6-6】 锦华公司在20×3年3月的存货清查中,盘盈甲材料100千克,实际成本1 000元,经过反复核查,发现是由于收发计量不准造成的。其会计处理如下:

（1）发现材料盘盈,批准处理前,应调整甲材料账面记录。

借:原材料　　　　　　　　　　　　　　　　　　　　1 000
　　贷:待处理财产损溢——待处理流动资产损溢　　　　　　　1 000

（2）报经批准,转销盘盈金额。

借:待处理财产损溢——待处理流动资产损溢　　　　　　1 000
　　贷:管理费用　　　　　　　　　　　　　　　　　　　　1 000

【例6-7】 锦华公司在20×3年4月的存货清查中,盘亏乙材料500千克,单位成本20元,经过反复核查,发现领用材料时,发出计量工具不准造成多领用100千克;仓库保管员刘星保管不慎,丢失50千克;水灾造成毁损350千克,其中保险赔偿80%。其会计处理如下:

（1）发现材料盘亏,批准处理前,应调整乙材料账面记录。

借:待处理财产损溢——待处理流动资产损溢　　　　　10 000
　　贷:原材料　　　　　　　　　　　　　　　　　　　　10 000

（2）报经批准,转销盘亏金额。

借:管理费用　　　　　　　　　　　　　　　　　　　2 000
　　其他应收款——刘星　　　　　　　　　　　　　　1 000
　　　　　　　　——保险公司　　　　　　　　　　　5 600
　　营业外支出　　　　　　　　　　　　　　　　　　1 400
　　贷:待处理财产损溢——待处理流动资产损溢　　　　　　10 000

第四节　固定资产和往来款项的清查和处理

一、固定资产的清查和处理

（一）固定资产清查的内容

固定资产清查是对企业持有的,用于生产商品、提供劳务、出租和经营管理的房屋建筑物、机器设备、运输设备等资产进行全面的实地盘点,并与账面结存数核对。清查过程中,不仅要核对固定资产的实存数量和价值,还要检查固定资产的原值、提前报废固定资产的数额;关注固定资产分类是否合理;查明固定资产维护、保管和使用是否正常。

（二）固定资产清查的方法

固定资产清查采用实地盘点法,将盘点的结果与有关账簿中记录的结存数进行核对,确定盘盈、盘亏固定资产,查明原因,明确责任,及时调整账面数额,保证账实相符。

（三）固定资产清查的要求

固定资产清查过程中,企业要填写固定资产"盘存单",记录固定资产的实有数量,为各种固定资产的账实核对提供依据。盘点结束后,发现账实不符,应及时填制"实存账存对比表",反映固定资产实际结存数、账面结存数及其差异,明确盘盈或盘亏,便于分析差异原因,进行责任认定。"盘存单"和"实存账存对比表"的格式参照表 6-7 和表 6-8。

固定资产盘点的注意事项

（四）固定资产清查结果的处理

1. 固定资产盘盈和盘亏的处理原则

固定资产的盘盈按照《企业会计准则》规定,列作"以前年度损益调整",不通过"待处理财产损溢"账户核算,这部分本书不展开探讨。固定资产的盘亏,应由责任人赔偿或保险赔偿的,作为"其他应收款"处理;残料评估作价,记入"原材料"账户;扣除责任人赔偿、保险赔偿和残料价值后计入"营业外支出"。

2. 固定资产清查结果的账务处理举例

【例 6-8】　锦华公司 20×3 年 5 月对固定资产进行清查,盘亏机器设备一台,原值 20 000 元,已计提折旧 5 000 元,由保险公司赔偿 12 000 元。其会计处理如下:

（1）发现设备盘亏,批准处理前,应调整设备账面记录。

固定资产盘盈的处理

借:待处理财产损溢——待处理固定资产损溢	15 000	
累计折旧	5 000	
贷:固定资产		20 000

（2）报经批准,转销盘亏金额。

借:其他应收款——保险公司	12 000	
营业外支出	3 000	
贷:待处理财产损溢——待处理固定资产损溢		15 000

二、往来款项的清查和处理

（一）往来款项清查的内容

往来款项清查是通过向对方单位发函的方式,对企业的各种应收、预付、应付和预收款项进行核对,保证各种往来款项的实际状况与账面记录相符。

（二）往来款项清查的方法

往来款项的清查一般采用询证核查法,具体做法是:

（1）检查本单位截至清查日的往来账目,保证账面记录完整、真实、准确;

（2）按每一个经济往来单位编制"往来款项对账单",一式两联,其中一联送交对方单位核对账目,另一联作为回单联,由对方单位提出确认或不确认的意见;

（3）收到上述回单后,应据此编制"往来款项清查报告表",注明核对相符与不相符的款项,对于不相符的款项,采用相应处理措施。

往来款项对账单和往来款项清查报告表的格式、内容如表 6-9 和表 6-10 所示。

表 6-9　往来款项对账单

_____单位:　　　　　你单位于 20×2 年 7 月 18 日购入我单位甲产品 1 000 件,已付货款 10 000 元,还有 8 000 元货款尚未支付,请核对后将回单联寄回。 　　　　　　　　　　　　　　　　　　　　　　　　　　　　　清查单位:(盖章) 　　　　　　　　　　　　　　　　　　　　　　　　　　　　　20×2 年 12 月 25 日 沿此虚线剪开,将以下回单联寄回! - 往来款项对账单(回联) _____清查单位: 你单位寄来的"往来款项对账单"已经收到,经核对相符无误。 　　　　　　　　　　　　　　　　　　　　　　　　　　　　　×× 单位(盖章) 　　　　　　　　　　　　　　　　　　　　　　　　　　　　　20×2 年 12 月 27 日

表 6-10　往来款项清查报告表

编制单位:　　　　　　　　　　　　20×2 年 ×× 月 ×× 日

总分类账户		明细分类账户		清查结果		核对不符原因分析			备注
名称	金额	名称	金额	核对相符	核对不符	未达账项	有争议款项	无法收回	

清查人员:　　　　　　　　　　会计:　　　　　　　　　　制表人:

（三）往来款项清查结果的处理

1. 坏账和无法支付款项的处理原则

往来款项清查结果的处理不通过"待处理财产损溢"账户核算。经过核对后,确实无法收回的应收款项,冲减已经计提的坏账准备;确实无法支付给债权人的应付款项,应转作当期营业外收入。

2. 往来款项清查结果的账务处理举例

【例 6-9】 锦华公司 20×2 年 6 月向 YY 公司送交一份往来款项对账单,与对方核对一笔价值 2 000 元的货款。结果发现对方公司出现财务困难,无法支付该笔款项,锦华公司前期已经计提坏账准备。会计处理如下:

借:坏账准备　　　　　　　　　　　　　　　　　　　　　　2 000

　　贷:应收账款　　　　　　　　　　　　　　　　　　　　　　　2 000

【例 6-10】 锦华公司 20×2 年 6 月,确定一笔应付账款 3 000 元为无法支付款项,应予转销。会计处理如下:

借:应付账款　　　　　　　　　　　　　　　　　　　　　　3 000

　　贷:营业外收入　　　　　　　　　　　　　　　　　　　　　　3 000

本章会计分录汇总

本章小结

　　财产清查按照清查范围的大小,可分为全面清查和局部清查;按照清查时间是否事先有计划,可分为定期清查和不定期清查。存货的盘存制度包含永续盘存制和实地盘存制。本章的要点是:库存现金、银行存款、实物资产以及往来款项的清查方法以及财产清查结果的账务处理。

关键名词

财产清查　　　　　账实相符　　　　　存货盘存制

即测即评

请扫描二维码进行即测即评。

思考题

1. 实地盘存制为什么不能随时反映财产物资的收入、发出和结存的动态情况?
2. 简述"待处理财产损溢"账户的性质和结构。

业务处理题

1. X 公司 20×2 年 9 月 30 日银行存款日记账余额为 54 000 元,银行对账单的存款余额为 62 770 元。经核对,公司与银行均无记账错误,但是发现有下列未达账款,资料如下:

(1) 9 月 28 日,X 公司开出一张金额为 3 500 元的转账支票用以支付供货方货款,但供货方尚未持该支票到银行兑现。

(2) 9 月 29 日,X 公司送存银行的某客户转账支票 2 100 元,因对方存款不足而被退票,而公司未接到通知。

（3）9月30日，X公司当月的水电费用750元银行已代为支付，但公司未接到付款通知而尚未入账。

（4）9月30日，银行计算应付给X公司的存款利息120元，银行已入账，而公司尚未收到收款通知。

（5）9月30日，X公司委托银行代收的款项14 000元，银行已转入公司的存款户，但公司尚未收到通知入账。

（6）9月30日，X公司收到购货方转账支票一张，金额为6 000元，已经送存银行，但银行尚未入账。

要求：完成下列X公司的银行存款余额调节表，见表6-11。

表6-11　银行存款余额调节表

编制单位：X公司　　　　　　　　　　　20×2年9月30日　　　　　　　　　　　单位：元

项目	金额	项目	金额
企业银行存款日记账余额	54 000	银行对账单余额	62 770
加：银行已收企业未收的款项合计	（　）(1)	加：企业已收银行未收的款项合计	（　）(3)
减：银行已付企业未付的款项合计	750	减：企业已付银行未付的款项合计	（　）(4)
调节后余额	（　）(2)	调节后余额	（　）(5)

2. 对下列财产清查事项，做批准前和批准后的账务处理

（1）企业现金清查结束后，发现短缺502元。经分析，其中200元应由出纳员王某承担责任，另302元无法查明原因。

（2）企业现金清查结束后，发现库存现金较账面余额溢余320元。经分析，其中120元属于应付给员工李明而未付的款项，另200元原因不明。

（3）企业经财产清查，发现盘盈A材料3 200吨。经查明是由于计量上的错误所造成的，按成本每吨2元入账。

（4）企业经财产清查，发现盘亏B材料100吨，每吨单价200元。经查明，属于定额内合理的损耗有5吨，计1 000元；属于过失人造成的由责任人赔偿40吨，计8 000元；属于自然灾害造成的损失为55吨，计11 000元，其中由保险公司赔偿6 000元。

（5）企业在财产清查中，发现盘亏机器设备一台，账面原值为280 000元，已提折旧额为100 000元。

第七章　财务报告

学习目标

　　理解财务报告的作用和编制要求;熟悉资产负债表和利润表的编制方法;了解现金流量表和所有者权益变动表的结构、附注的概念和披露的主要内容;掌握财务报告的概念和作用、资产负债表和利润表的概念及结构。

引例　会计数据是完全精确的吗?

　　大学期间,有一次我参加校委会的会议,到了那里才发现到得太早了。过了一会儿,走进来一位物理系的老人。他问我是哪个系的,我回答"我是经管院会计系的",老先生一听,马上走过来握住我的手说,"太好了,我有个孙子,想报读你们系的会计研究生"。老先生向我发出感叹,"哎呀,会计真是一门厉害的学科啊,你们会计的资产负债表,数据经常有十多位数,再加上两位小数,均能精确到分,而且报表两边能做到一分不差正好相等,所以我要我的孙子报读会计系"。我一听,连忙解释,"老先生,您有所不知,我们会计的数据,有一些是估计出来的,并不是完全精确的"。老先生一听,马上变脸:"什么? 那你们还对资产负债表两边的数据画等号,应该画约等号! "

　　财务会计报告是企业经营活动中的交易和事项经过确认、计量、记录形成的最终信息成果,是企业对外提供财务会计信息的主要形式,能够反映企业某一特定日期财务状况和一定期间经营成果、现金流量。本章主要介绍财务报告的概念和作用,资产负债表和利润表的编制方法,现金流量表、所有者权益变动表的结构和财务报表附注的内容。

第一节　财务报告概述

一、财务报告的定义及作用

（一）财务报告的定义和构成

1. 财务报告的定义

财务报告，又称财务会计报告，是企业对外提供的反映企业某一特定日期财务状况和某一会计期间的经营成果、现金流量等会计信息的文件。该文件是对企业经营活动中的交易和事项经过"确认、计量、记录"形成的最终信息成果。

对财务报告的定义可以从以下三个层次理解：

（1）财务报告是对外报告，其服务对象主要是投资者、债权人等外部使用者。专门为满足企业内部管理的需要而形成的报告不属于财务报告的范畴。

（2）财务报告应当综合反映企业的生产经营状况，能够从整体上勾画企业财务状况和经营成果的全貌。资产负债表反映的是企业在某一特定日期的资产、负债和所有者权益，从总体上反映企业的财务状况；利润表反映企业某一会计期间的收入、费用和利润（或亏损），从总体上反映企业的经营成果；现金流量表反映企业某一会计期间的现金流入和现金流出，从现金流量方面反映企业的经营情况；所有者权益变动表从所有者权益的构成和增减变动方面反映企业的经营情况。

（3）财务报告必须形成一套系统的文件。财务报告是在一定会计期末由会计人员根据本期账簿记录所提供的数据资料，按照规范的列报要求进行汇总和加工编制并形成一套系统的文件。

2. 财务报告的构成

财务报告包括财务报表、财务报表附注和其他应当在财务报告中披露的相关信息和资料。

（1）财务报表。财务报表又称会计报表，是财务报告信息的主要载体，包括资产负债表、利润表、现金流量表、所有者权益变动表等。

（2）财务报表附注。财务报表附注是每一份财务报表所附的、对财务报表中列示项目所作的进一步说明，以及对未能在这些报表中列示项目的说明等。

（3）其他相关信息。其他相关信息是其他应当在财务报告中披露的相关信息和资料，如编报财务报表企业的基本情况、财务报表的编制基础等。

（二）财务报告的作用

1. 能够为财务报告使用者提供决策有用的信息

财务报告使用者包括投资者、债权人、管理层、政府和供应商等，不同的使用主体对财务信息的需求不同。

（1）投资者将资金投入企业，希望在可承受的风险范围内，实现资本的保值增值，需要从财务报告中获取企业财务状况和经营成果的信息，衡量投资风险和投资报酬。

（2）债权人将资金贷给企业，希望到期能顺利收回本息，需要从财务报告中获取企业偿债能力和财务保障的信息,保证债权的安全性。

(3) 管理层受托经营管理企业,要考核和分析企业成本计划完成情况,评价部门工作绩效,需要从财务报告中获取内部经营管理信息。

(4) 政府部门要履行监管职能,需要从财务报告中获取企业资金使用情况、利润形成和分配情况等信息,加强宏观调控和经济管理。

(5) 供应商向企业提供材料物资和机器设备,需要从财务报告中获取企业支付能力和资信水平的信息,以便做出是否供货、采取何种货款结算方式的决策。

2. 能够反映企业管理层受托责任的履行情况

在公司制企业中,企业所有者委托管理层经营管理企业,企业所有权与经营权分离。所有者在不直接参与具体经营的情况下,需要掌握企业财产的经营和保值增值信息,以便做出是否继续聘任现任管理层的决策;管理层接受企业所有者的委托,自主经营和处置企业财产,需要定期向所有者提供其受托责任履行情况的信息。财务报告就是所有者和经营者之间的桥梁,反映企业过去财务状况和经营成果的信息。

二、财务报表的种类与列报要求

1. 财务报表的种类

(1) 按财务报表编报时间不同,分为中期财务报表和年度财务报表。中期财务报表是以短于一个完整会计年度的报告期间为基础编制的财务报表,包括月报、季报和半年报等。中期财务报表是反映企业月末(季末/半年末)的财务状况和一个月(季度/半年)的经营成果的报表,至少应当包括资产负债表、利润表、现金流量表和附注。年度财务报表是总括反映企业年终财务状况和全年经营成果的报表,包括资产负债表、利润表、现金流量表、所有者权益变动表和附注。

(2) 按财务报表编报主体的不同,分为个别财务报表和合并财务报表。个别财务报表是由企业在自身会计核算基础上对账簿记录进行加工而编制的财务报表,它主要用以反映企业自身的财务状况、经营成果和现金流量情况。合并财务报表是以母公司和子公司组成的企业集团为会计主体,根据母公司和所属子公司的财务报表,由母公司编制的综合反映企业集团财务状况、经营成果及现金流量的财务报表。

2. 财务报表列报的基本要求

财务报表提供了企业财务状况、经营成果和现金流量等信息,其质量直接关系到财务报表使用者的投资、信贷、管理等决策。财务报表列报应遵循以下要求:

(1) 遵循各项会计准则进行确认和计量。企业应当根据实际发生的交易和事项,按照《企业会计准则——基本准则》和其他各项会计准则的规定进行确认和计量,在此基础上编制财务报表。

(2) 以企业的持续经营为列报基础。我国《企业会计准则》规范了在持续经营会计前提下的确认、计量和报告要求,资产的历史成本计量、债务的按期偿还、折旧费用的分期计提等都是建立在持续经营的基础上。如果企业已正式决定或被迫在当期或将在下一个会计期间进行清算或停止营业,表明以持续经营为基础编制财务报表不再合理,则企业应当采用其他基础编制财务报表。

（3）遵循重要性要求进行财务报表项目的列报。重要性是指在合理预期下，财务报表某项目的省略或错报会影响使用者据此作出经济决策，该项目具有重要性。重要性可以从项目的性质和金额两个方面予以判断：

① 项目的性质。项目的性质是指该项目是否属于企业日常活动、是否显著影响企业的财务状况、经营成果和现金流量等。

② 项目金额的大小。项目金额的大小是指该项目金额占资产总额、负债总额、所有者权益总额、营业收入总额等直接相关项目金额的比重。如果某项目单独看具有重要性，则应当单独列报；如果不具有重要性，可与其他项目合并列报。

（4）遵循列报的一致性要求并列报比较信息。财务报表项目的列报应当在各个会计期间保持一致，不得随意变更。但下列情况除外：

① 会计准则要求改变财务报表项目的列报；② 企业经营业务的性质发生重大变化或对企业经营影响较大的交易或事项发生后，变更财务报表项目的列报能够提供更可靠、更相关的会计信息。

当期财务报表的列报，至少应当提供所有列报项目上一个可比会计期间的比较数据，以及与理解当期财务报表相关的说明。

（5）遵循财务报表项目金额间不得相互抵销列报要求。财务报表中的资产项目和负债项目的金额、收入项目和费用项目的金额、直接计入当期利润的利得项目和损失项目的金额不得相互抵销。这是因为，如果以上项目相互抵销列报，所提供的信息就不完整，不利于财务报告使用者作出正确的决策。例如，应收账款项目和预收款项项目不能相互抵销列报，需要根据有关明细账户的余额方向进行分析填列。但企业会计准则另有规定的以下两种情况不属于抵销列报：① 资产项目按扣除减值准备以后的净值列示；② 非日常活动形成的利得和损失按其余额列示。

（6）遵循财务报表表首的列报要求。财务报表一般分为表首、正表两部分。在表首部分，企业应当披露下列各项：

① 编报企业的名称。② 资产负债表日或财务报表涵盖的会计期间。③ 人民币金额单位。④ 财务报表是合并财务报表的，应当予以标明。

（7）遵循报告期间规定的要求。企业至少应当按年编制财务报表。年度财务报表涵盖的期间短于一年的，应当披露年度财务报表的涵盖期间、短于一年的原因以及报表数据不具可比性的事实。

第二节　资产负债表

解读资产负债表

一、资产负债表的概念和结构

（一）资产负债表的概念

资产负债表是反映企业某一特定日期财务状况的财务报表。"某一特定日期"一般是指一定会计期间的最后一日。例如，编制某一月度的资产负债表时，"特定日期"就是该月的最后一日;编制某一年度的资产负债表时,"特定日期"就是该年度的最后一日。

资产负债表根据"资产 = 负债 + 所有者权益"这一会计恒等式设计,反映企业特定日期的资产、负债和所有者权益状况,具体包括:

(1) 资产在报告日的总额及其结构,表明企业拥有或控制的资源及其分布情况。

(2) 负债在报告日的总额及其结构,表明企业未来需要用多少资产或劳务清偿债务及清偿时间。

(3) 所有者在报告日拥有的权益,据以判断资本保值、增值的情况以及对负债的保障程度。

(二) 资产负债表的结构

资产负债表的表首需要包括:报表名称、编制单位、编制日期、报表编号和货币计量单位。

资产负债表的正表有报告式和账户式两种格式。

1. 报告式资产负债表

报告式资产负债表按"资产 = 负债 + 所有者权益"或"资产 - 负债 = 所有者权益"原理,将资产、负债和所有者权益自上而下分三部分排列。简表如表 7-1 所示。

表 7-1 资产负债表

会企 01 表

编制单位: ___年___月___日 单位:元

资产	期末余额
流动资产:	
×××	
流动资产合计	
非流动资产:	
×××	
非流动资产合计	
资产总计	
负债	
流动负债:	
×××	
流动负债合计	
非流动负债:	
×××	
非流动负债合计	
负债合计	
所有者权益:	
×××	
所有者权益合计	
负债及所有者权益总计	

2. 账户式资产负债表

账户式资产负债表类似于"T 型"账户,左边列示资产,右边列示负债和所有者权益,负债在前,所有者权益在后。在我国,资产负债表采用账户式,简表如表 7–2 所示。

表 7–2 资产负债表

会企 01 表

编制单位:　　　　　　　　　　　　___年___月___日　　　　　　　　　　　单位:元

一般企业财务报表格式(适用于已执行新金融准则、新收入准则和新租赁准则的企业)

资产	期末余额	年初余额	负债和所有者权益	期末余额	年初余额
流动资产:			流动负债:		
×××			×××		
×××			流动负债合计		
×××			非流动负债:		
流动资产合计			×××		
非流动资产:			非流动负债合计		
×××			负债合计		
×××			所有者权益:		
×××			×××		
非流动资产合计			所有者权益合计		
资产总计			负债及所有者权益总计		

账户式资产负债表的各个报表项目在具体列示时按照一定的顺序排列:

(1)资产项目按流动性或变现能力,先列示流动性大或变现能力强的流动资产,后列示流动性小或变现能力弱的非流动资产;

(2)负债项目按到期日或偿还期限排列,先列示到期日近或偿还期限短的流动负债,后列示到期日远或偿还期限长的非流动负债;

(3)所有者权益按稳定程度由强到弱排列,依次为实收资本(或股本)、资本公积、盈余公积和未分配利润等。

3. 列示比较信息

根据财务报表列报准则的规定,企业编报的年度、半年度财务报表至少应当反映两个年度或者相关两个会计期间的比较数据。因此,资产负债表各项目还要分"期末余额"和"年初余额"两栏分别填列,如表 7–2 所示。

二、资产负债表的编制方法

(一)资产负债表"年初余额"栏的填列方法

在编制年度资产负债表时,资产负债表"年初余额"栏应根据上年年末资产负债表相应项目的"期末余额"填列。如果企业上年度资产负债表规定的项目名称和内容与本年度不一致,应当对上年年末资产负债表相应项目的名称和数字按照本年度的规定进行调整,填入"年初余额"栏。在编制月度资产负债表时,"年初余额"可改为"期初余额",并根据上一月份资产负债表的"期末余额"列示。

(二)资产负债表"期末余额"栏的填列方法

资产负债表的"期末余额"栏填列的数据有些可以直接来源于相应资产、负债和所有者权益的总账期末余额,但有些项目没有直接对应的同名账户,有些即使有对应的同名账户,也不能直接根据其期末余额填列。资产负债表"期末余额"栏的填列方法可以概括为以下几种:

1. 直接根据总账账户期末余额填列

"短期借款"项目直接根据"短期借款"总账账户期末余额填列。"应付票据""资本公积""盈余公积"等项目的填列方法相同。

2. 根据总账账户期末余额合计填列

资产负债表上有些项目的余额在总账账户中是不能直接查到的,这类项目的余额往往被分散在若干个总账账户中。只有根据若干个相关总账账户的余额进行加计汇总,才能确定资产负债表上这类项目的余额。下列项目的填列就采用这种方法:

(1)"货币资金"项目,应根据"库存现金""银行存款"和"其他货币资金"三个总账账户的期末余额合计填列。

(2)"其他应付款"项目,应根据"应付利息""应付股利"和"其他应付款"三个总账账户的期末余额合计填列。

(3)"其他应收款"项目,应根据"应收利息""应收股利"和"其他应收款"三个总账账户的期末余额合计填列。

(4)"存货"项目,应根据"原材料""库存商品""委托加工物资""周转材料""在途物资""发出商品""生产成本"等账户的期末余额合计填列。

[小提示]

"其他应收款"项目和"存货"项目在填列时,除了根据相关总账账户期末余额合计填列外,还要考虑其他因素。

3. 根据有关明细账账户余额计算填列

采用这种方法的原因是:填列资产负债表上的有些项目所依据的有关明细账户既有正常方向的余额,体现其所隶属的总账账户余额的性质;也有相反方向的余额,与其所隶属的总账账户余额的性质背道而驰,并且与其他总账账户余额的性质趋同。因此,需要根据不同明细账户不同方向余额的经济性质确定其在资产负债表上所应列示的项目。下列项目的填列就采用这种方法:

(1)"应收账款"项目,应根据"应收账款"账户所属明细账户的借方余额与"预收账款"账户所属明细账户的借方余额之和填列;

(2)"预收款项"项目,应根据"预收账款"账户所属明细账户的贷方余额与"应收账款"账户所属明细账户的贷方余额之和填列;

（3）"应付账款"项目,应根据"应付账款"账户所属明细账户的贷方余额与"预付账款"账户所属明细账户的贷方余额之和填列;

（4）"预付款项"项目,应根据"预付账款"账户所属明细账户的借方余额与"应付账款"账户所属明细账户的借方余额之和填列;

（5）"未分配利润"项目,如果是在年度终了的 12 月,直接根据"利润分配——未分配利润"账户的期末余额填列。

[小提示]

"应收账款"项目和"预付款项"项目在填列时,除了根据有关明细账账户余额计算填列外,还要考虑其备抵账户。

[小提示]

"未分配利润"项目的填列要分为两种情况:

（1）在年度中间的 1—11 月,"未分配利润"项目应根据"本年利润"账户和"利润分配"账户相加或相减后的金额填列。如果"本年利润"账户和"利润分配"账户的余额方向一致,则将其合计数填入报表;如果"本年利润"账户和"利润分配"账户的余额方向不一致,则将其差额填入报表。未弥补的亏损,在本项目内以"—"号填列。

（2）在年度终了的 12 月,因本年实现的利润和已分配的利润已经结转,可直接根据"利润分配——未分配利润"账户的期末余额填列。

4. 根据有关总账账户余额减去其备抵账户余额后的净额填列

（1）"其他应收款""应收账款""预付款项"项目在填列时,还要考虑这些债权可能发生的坏账损失。因此,这些项目在运用了第 1 种或第 3 种填列方法的基础上,还要减去"坏账准备"账户中有关坏账准备的期末余额。

（2）"应收票据"项目,应根据"应收票据"账户的期末余额,减去"坏账准备"账户中相关的坏账准备期末余额后的金额填列。

（3）"固定资产"项目,应根据"固定资产"账户的期末余额,减去"累计折旧"和"固定资产减值准备"账户的期末余额后的金额填列。

（4）"无形资产"项目,应根据"无形资产"账户的期末余额,减去"累计摊销"和"无形资产减值准备"账户的期末余额后的金额填列。

[小提示]

"固定资产"项目在填列时,除了根据有关总账账户余额减去其备抵账户余额后的净额填列外,还要考虑尚未清理完毕的固定资产清理净损益。

5. 根据总账账户及其所属明细账账户余额分析计算填列

"长期借款"项目,应根据"长期借款"账户的期末余额,减去所属明细账中将在一年内(含一年)到期且企业不能自主地将清偿义务展期的长期借款后的金额计算填列。"应付债券""长期应付款"等也要考虑与"长期借款"同样的情况并采用同样的填列方法。

6. 综合运用上述填列方法分析填列

(1)"存货"项目,在运用了第 1 种填列方法的基础上,还要减去"存货跌价准备"账户期末余额。

(2)"固定资产"项目,反映资产负债表日企业固定资产的期末账面价值和企业尚未清理完毕的固定资产清理净损益。该项目在运用了第 3 种填列方法的基础上,还要加上(减去)"固定资产清理"账户的期末借方(贷方)余额。

(3)"在建工程"项目,反映资产负债表日企业尚未达到预定可使用状态的在建工程的期末账面价值和企业为在建工程准备的各种物资的期末账面价值。该项目应根据"在建工程"账户的期末余额,减去"在建工程减值准备"账户的期末余额后的金额,以及"工程物资"账户的期末余额,减去"工程物资减值准备"账户的期末余额后的金额填列。

7. "合计"数和"总计"数的列示

资产负债表中的"合计"数是对该表中所反映的某一部分项目的数据的加计汇总。例如,资产负债表左方的"流动资产合计"是对该表中流动资产各个项目余额的加计汇总。资产负债表最后一行的"总计"数是对表中某一方所反映的全部项目数字的加计汇总。例如,资产负债表左方的"资产总计"是根据该表中全部资产项目的余额加计汇总填列,也可以根据"流动资产合计"数与"非流动资产合计"数加计汇总填列。

本书是介绍会计学基础知识,所以上述在讲解报表项目填列时,主要列举前面章节经常用到的项目。

(三)资产负债表的编制示例

【例 7-1】 四川锦华机械有限责任公司(以下简称"锦华公司")20×8 年 12 月 31 日的资产负债表(年初余额略)如表 7-3 所示,20×9 年 12 月 31 日的科目余额表如表 7-4 所示。根据已知资料编制锦华公司 20×9 年 12 月 31 日的资产负债表。

表 7-3 资产负债表

会企 01 表

编制单位:锦华公司　　　　　　20×8 年 12 月 31 日　　　　　　单位:元

资产	期末余额	年初余额	负债和所有者权益	期末余额	年初余额
流动资产:			流动负债:		
货币资金	4 000 000		短期借款	900 000	
交易性金融资产	350 000		应付票据	180 000	
应收票据	110 000		应付账款	300 000	

续表

资产	期末余额	年初余额	负债和所有者权益	期末余额	年初余额
应收账款	270 000		预收款项	450 000	
预付款项	100 000		应付职工薪酬	570 000	
其他应收款	10 000		应交税费	280 000	
存货	4 500 000		其他应付款	40 000	
一年内到期的非流动资产	0		一年内到期的非流动负债	0	
流动资产合计	9 340 000		流动负债合计	2 720 000	
非流动资产:			非流动负债:		
长期应收款	0		长期借款	3 000 000	
长期股权投资	0		非流动负债合计	3 000 000	
投资性房地产	200 000		负债合计	5 720 000	
固定资产	18 000 000		所有者权益:		
在建工程	2 400 000		实收资本	23 170 000	
使用权资产	0		资本公积	500 000	
无形资产	800 000		盈余公积	350 000	
开发支出	0		未分配利润	1 000 000	
非流动资产合计	21 400 000		所有者权益合计	25 020 000	
资产总计	30 740 000		负债和所有者权益总计	30 740 000	

表7-4 锦华公司科目余额表

20×9 年 12 月 31 日   单位:元

科目名称	期末借方	期末贷方	科目名称	期末借方	期末贷方
库存现金	10 000		短期借款		1 000 000
银行存款	5 000 000		应付票据		200 000
交易性金融资产	500 000		应付账款		210 000
应收票据	70 000		E 公司		250 000
应收账款	300 000		F 公司	40 000	
A 公司	320 000		预收账款		450 000
B 公司		20 000	G 公司		500 000
预付账款	90 000		H 公司	50 000	
C 公司	100 000		应付职工薪酬		700 000
D 公司		10 000	应交税费		300 000
应收利息	2 000		应付利息		30 000

续表

科目名称	期末借方	期末贷方	科目名称	期末借方	期末贷方
应收股利	2 000		应付股利		10 000
其他应收款	6 000		其他应付款		10 000
坏账准备		20 000	长期借款		1 000 000
在途物资	200 000		应付债券		
原材料	400 000		实收资本		28 750 000
库存商品	3 500 000		资本公积		800 000
固定资产	25 000 000		盈余公积		500 000
累计折旧		5 000 000	利润分配		
在建工程	3 000 000		未分配利润		1 200 000
无形资产	1 500 000				
累计摊销		200 000			
生产成本	800 000				

相关资料明细如下：

(1)"交易性金融资产"科目余额中不存在自资产负债表日起超过一年到期且预期持有超过一年的以公允价值计量且其变动计入当期损益的非流动金融资产。

(2)"坏账准备"科目的金额是对"应收账款"计提的坏账准备。

(3) 20×8年年末，长期借款余额3 000 000元，包括3笔长期借款。第1笔是20×4年借入的本利和为1 000 000元的长期借款，第2笔是20×5年借入的本利和为1 500 000元的长期借款，这两笔借款均已于20×9年偿还。第3笔是20×6年5月借入的本利和为500 000元的长期借款，期限4年。20×9年8月，企业新借入本利和为500 000元的长期借款，期限3年。

现将上述资料经下列分析计算后填入该公司20×9年资产负债表中。

(1)"货币资金"项目根据"库存现金""银行存款"科目余额合计填列：10 000 + 5 000 000=5 010 000（元）。

(2)"应收账款"项目根据"应收账款"科目所属明细科目的借方余额与"预收账款"科目所属明细科目的借方余额之和，减去"坏账准备"科目余额后的净额填列：320 000+50 000−20 000=350 000（元）。

(3)"预付款项"项目根据"预付账款"科目所属明细科目的借方余额与"应付账款"科目所属明细科目的借方余额之和填列：100 000+40 000=140 000（元）。

(4)"其他应收款"项目根据"应收利息""应收股利"和"其他应收款"科目余额合计填列：2 000+2 000+6 000=10 000（元）。

(5)"存货"项目根据"在途物资""原材料""库存商品""生产成本"科目余额合计填列：200 000 +400 000 +3 500 000 +800 000=4 900 000（元）。

(6)"固定资产"项目根据"固定资产"科目余额减去"累计折旧"科目余额后

的净额填列：25 000 000-5 000 000=20 000 000（元）。

（7）"无形资产"项目根据"无形资产"科目余额减去"累计摊销"科目余额后的净额填列：1 500 000-200 000=1 300 000（元）。

（8）"应付账款"项目根据"应付账款"科目所属明细科目的贷方余额与"预付账款"科目所属明细科目的贷方余额之和填列：250 000+10 000=260 000（元）。

（9）"预收款项"项目根据"预收账款"科目所属明细科目的贷方余额与"应收账款"科目所属明细科目的贷方余额之和填列：500 000+20 000=520 000（元）。

（10）"其他应付款"项目根据"应付利息""应付股利"和"其他应付款"科目余额合计填列：30 000+10 000+10 000=50 000（元）。

（11）"一年内到期的非流动负债"项目根据"长期借款"中20×6年5月借入的期限4年的500 000元填列。

（12）"长期借款"项目根据"长期借款"科目的期末余额，减去20×6年5月借入的期限4年的500 000元后的金额填列：1 000 000-500 000=500 000（元）。

（13）其余各项目的期末余额按相关科目余额数字填列。

（14）流动资产合计、非流动资产合计、资产总计、流动负债合计、非流动负债合计、负债合计、所有者权益合计、负债和所有者权益总计根据有关项目加总填列。

（15）"年初余额"栏直接根据20×8年资产负债表中相关项目的期末余额填列。

现编制锦华公司20×9年12月31日的资产负债表，如表7-5所示。

表7-5 资产负债表

会企01表

编制单位：锦华公司　　　　　　　20×9年12月31日　　　　　　　　单位：元

资产	期末余额	年初余额	负债和所有者权益	期末余额	年初余额
流动资产：			流动负债：		
货币资金	5 010 000	4 000 000	短期借款	1 000 000	900 000
交易性金融资产	500 000	350 000	应付票据	200 000	180 000
应收票据	70 000	110 000	应付账款	260 000	300 000
应收账款	350 000	270 000	预收款项	520 000	450 000
预付款项	140 000	100 000	应付职工薪酬	700 000	570 000
其他应收款	10 000	10 000	应交税费	300 000	280 000
存货	4 900 000	4 500 000	其他应付款	50 000	40 000
一年内到期的非流动资产	0	0	一年内到期的非流动负债	500 000	0
流动资产合计	10 980 000	9 340 000	流动负债合计	3 530 000	2 720 000
非流动资产：			非流动负债：		
长期应收款	0	0	长期借款	500 000	3 000 000
长期股权投资	0	0	非流动负债合计	500 000	3 000 000
投资性房地产	0	200 000	负债合计	4 030 000	5 720 000

续表

资产	期末余额	年初余额	负债和所有者权益	期末余额	年初余额
固定资产	20 000 000	18 000 000	所有者权益：		
在建工程	3 000 000	2 400 000	实收资本	28 750 000	23 170 000
使用权资产	0	0	资本公积	800 000	500 000
无形资产	1 300 000	800 000	盈余公积	500 000	350 000
开发支出	0	0	未分配利润	1 200 000	1 000 000
非流动资产合计	24 300 000	21 400 000	所有者权益合计	31 250 000	25 020 000
资产总计	35 280 000	30 740 000	负债和所有者权益总计	35 280 000	30 740 000

用资产负债表概括生活

第三节　利　润　表

一、利润表的概念和结构

（一）利润表的概念

利润表是反映企业一定会计期间经营成果的财务报表。"一定会计期间"一般是一个时间过程，如月度、季度、半年度和年度，而非一个特定的时间点。

解读利润表

该表根据"收入 – 费用 = 利润"这一会计等式设计，反映企业在一定会计期间的收入（包括利得）实现金额及其结构、费用（包括损失）耗费金额及其结构、利润实现金额及其质量。具体包括：① 企业日常活动或与日常活动有关的交易和事项形成的营业收入、营业成本、税金及附加、期间费用等；② 企业非日常活动产生的营业外收入和营业外支出等。

（二）利润表的结构

利润表的表首包括：报表名称、编制单位、编制期间、报表编号和货币计量单位。利润表的正表有单步式和多步式两种格式。

1. 单步式利润表

单步式利润表是将当期所有的收入列示在一起，然后将所有的费用列示在一起，最后将总收入减去总费用，通过一次计算求出当期损益。简表如表7–6所示。

表7–6　利　润　表

会企02表

编制单位：　　　　　　　　___年___月　　　　　　　　单位：元

项目	本期金额	上期金额
一、收入		
营业收入		

续表

项目	本期金额	上期金额
投资收益		
×××		
收入合计		
二、费用		
营业成本		
税金及附加		
销售费用		
管理费用		
×××		
费用合计		
三、净利润		

2. 多步式利润表

多步式利润表是将当期收入和费用按照性质进行分类,按利润形成的主要环节设置中间性利润指标,分步计算得到当期净利润。在我国,企业一般采用多步式利润表,简表如表 7-7 所示。

表 7-7　利　润　表

会企 02 表

编制单位:　　　　　　　　　　　　　___年___月　　　　　　　　　　　　　单位:元

项目	本期金额	上期金额
一、营业收入		
减:营业成本		
税金及附加		
销售费用		
管理费用		
研发费用		
财务费用		
其中:利息费用		
利息收入		
加:其他收益		
投资收益(损失以"–"号填列)		
公允价值变动收益(损失以"–"号填列)		
信用减值损失(损失以"–"号填列)		

续表

项目	本期金额	上期金额
资产减值损失(损失以"–"号填列)		
资产处置收益(损失以"–"号填列)		
二、营业利润(亏损以"–"号填列)		
加:营业外收入		
减:营业外支出		
三、利润总额(亏损总额以"–"号填列)		
减:所得税费用		
四、净利润(净亏损以"–"号填列)		

净利润在多步式利润表中的具体形成过程如下:

(1) 营业利润 = 营业收入 – 营业成本 – 税金及附加 – 销售费用 – 管理费用 – 研发费用 – 财务费用 + 其他收益 + 投资收益(– 投资损失)+ 公允价值变动收益(– 公允价值变动损失)– 信用减值损失 – 资产减值损失 + 资产处置收益(– 资产处置损失);

(2) 利润总额 = 营业利润 + 营业外收入 – 营业外支出;

(3) 净利润 = 利润总额 – 所得税费用。

3. 利润表各项目还要分"本期金额"和"上期金额"两栏分别填列,如表7–7所示。

二、利润表的编制方法

(一) 利润表"上期金额"栏的填列方法

利润表"上期金额"栏应根据上年该期利润表"本期金额"栏内所列数字填列。如果上年该期利润表规定的各个项目的名称和内容同本期不相一致,应对上年该期利润表各项目的名称和数字按本期的规定进行调整,填入利润表"上期金额"栏。

(二) 利润表"本期金额"栏的填列方法

1. 根据有关总账账户发生额分析填列

利润表"本期金额"栏反映的是利润表项目在本期的发生额。利润表中的大多数项目名称与日常核算中采用的账户名称或核算内容是一样的,如"税金及附加""销售费用""财务费用""其他收益""投资收益""公允价值变动收益""信用减值损失""资产减值损失""资产处置收益""营业外收入""营业外支出""所得税费用"项目。这些项目都是根据相应账户的本期发生额分析填列。具体方法是:

(1) 如果这些账户在本期只有增加发生额,没有减少发生额,就可直接将其增加发生额抄列于利润表中相应项目的"本期金额"栏。

(2) 如果某些账户在本期既有借方发生额又有贷方发生额时,应对其发生额进行具体分析。例如,"财务费用"账户既有借方发生额(利息费用等),又有贷方发生额(获取的银行存款利息收入等)时,"财务费用"项目应按照"财务费用"账户的借、贷方发生额之差填列。

（3）如果某些账户有相反方向的余额,例如,企业当期没有实现投资收益而是发生了投资损失,则应在"投资收益"项目以"–"号列示。

2. 根据有关总账账户发生额加计汇总填列

利润表中的一些项目名称与日常核算中采用的账户名称和核算内容不一致,无法从账户中直接找到有关数据,应将反映该项目内容的有关账户的发生额相加,求得该项目的填列金额后再填列。下列项目的填列就采用这种方法:一个是"营业收入"项目,应按"主营业务收入"和"其他业务收入"两个账户的发生额之和填列;另一个是"营业成本"项目,应按"主营业务成本"和"其他业务成本"两个账户的发生额之和填列。

3. 根据有关总账账户发生额减去所属明细账账户发生额后的金额填列

"管理费用"项目,应根据"管理费用"总账账户的发生额扣除"管理费用"账户下的"研究费用"和"无形资产摊销"两个明细账户的发生额后的金额填列。

4. 根据有关明细账户的发生额分析计算填列

（1）"研发费用"项目,反映企业进行研究与开发过程中发生的费用化支出,以及计入管理费用的自行开发无形资产的摊销。该项目应根据"管理费用"账户下的"研究费用"明细账户的发生额,以及"管理费用"账户下的"无形资产摊销"明细账户的发生额分析填列。

（2）"财务费用"项目下的"利息费用"项目,反映企业为筹集生产经营所需资金等而发生的应予费用化的利息支出。该项目应根据"财务费用"账户的相关明细账户的发生额分析填列。该项目作为"财务费用"项目的其中项,以正数填列。

（3）"财务费用"项目下的"利息收入"项目,反映企业按照相关会计准则确认的应冲减财务费用的利息收入。该项目应根据"财务费用"账户的相关明细账户的发生额分析填列。该项目作为"财务费用"项目的其中项,以正数填列。

5. 根据本表有关数据计算填列

利润表上的"营业利润""利润总额"和"净利润"项目是按照一定的计算程序,将表中的有关数字相加相减得到的。计算结果为盈利时直接填列,不必加任何标志;计算结果为亏损时,应以"–"号填列。

（三）利润表的编制示例

【例7-2】 锦华公司20×9年12月有关损益类科目的发生额见表7-8。

表7-8　20×9年12月锦华公司损益类科目发生额

单位:元

科目名称	借方发生额	贷方发生额
主营业务收入		720 000
主营业务成本	324 000	
其他业务收入		100 000
其他业务成本	60 000	
税金及附加	10 000	
销售费用	165 000	

续表

科目名称	借方发生额	贷方发生额
管理费用	62 300	
财务费用	37 500	
其他收益		0
投资收益		2 000
公允价值变动损益		0
信用减值损失	1 000	
资产减值损失	25 000	
资产处置损益		4 200
营业外收入		10 000
营业外支出	30 000	
所得税费用	30 350	

相关资料明细如下：

（1）"管理费用"科目下"研究费用"明细科目的发生额为 20 000 元。

（2）"财务费用"科目下"利息支出"明细科目的发生额为 18 000 元，"利息收入"明细科目的发生额为 2 000 元，其余 21 500 元为发生的现金折扣、借款手续费等。

现将上述资料经下列分析计算后填入该公司 20×9 年 12 月利润表中。

（1）"营业收入"项目 = "主营业务收入"科目发生额 + "其他业务收入"科目发生额 =720 000+100 000=820 000（元）；"营业成本"项目 = "主营业务成本"科目发生额 + "其他业务成本"科目发生额 =324 000+60 000=384 000（元）。

（2）"税金及附加""销售费用""财务费用""其他收益""投资收益""公允价值变动收益""信用减值损失""资产减值损失""资产处置收益""营业外收入""营业外支出""所得税费用"项目按照相应科目的本期发生额填列。

（3）"研发费用"项目根据"管理费用"科目下"研究费用"明细科目的发生额 20 000 元填列；"利息费用"项目根据"财务费用"科目下"利息支出"明细科目的发生额 18 000 元填列；"利息收入"项目根据"财务费用"科目下"利息收入"明细科目的发生额 2 000 元填列。

（4）"管理费用"项目 =62 300−20 000=42 300（元）。

现编制锦华公司 20×9 年 12 月的利润表，如表 7-9 所示。

表 7-9　利　润　表

会企 02 表

编制单位：锦华公司　　　　　　　20×9 年 12 月　　　　　　　　　　单位：元

项目	本期金额	上期金额（略）
一、营业收入	820 000	
减：营业成本	384 000	

续表

项目	本期金额	上期金额（略）
税金及附加	10 000	
销售费用	165 000	
管理费用	42 300	
研发费用	20 000	
财务费用	37 500	
其中:利息费用	18 000	
利息收入	2 000	
加:其他收益	0	
投资收益（损失以"–"号填列）	2 000	
公允价值变动收益（损失以"–"号填列）	0	
信用减值损失（损失以"–"号填列）	–1 000	
资产减值损失（损失以"–"号填列）	–25 000	
资产处置收益（损失以"–"号填列）	4 200	
二、营业利润（亏损以"–"号填列）	141 400	
加:营业外收入	10 000	
减:营业外支出	30 000	
三、利润总额（亏损总额以"–"号填列）	121 400	
减:所得税费用	30 350	
四、净利润（净亏损以"–"号填列）	91 050	

财务造假经典案例

第四节　现金流量表

一、现金流量表的概念和内容

（一）现金流量表的概念

现金流量表是反映企业一定会计期间现金及现金等价物流入和流出的报表。该表是以收付实现制为基础编制的,具体反映了企业经营活动、投资活动、筹资活动的现金流入和流出状况,有助于报表使用者预测企业未来现金流量、评价企业的支付能力和盈利质量等,为报表使用者的决策提供有力依据。

（二）现金流量表的内容

现金流量表将企业的现金流量分为"经营活动产生的现金流量""投资活动产

解读现金流量表

生的现金流量"和"筹资活动产生的现金流量"三类,具体内容如下:

1. 经营活动产生的现金流量

不同行业的企业对经营活动的认定不同,就工商企业而言,经营活动主要包括销售商品、提供劳务、购买商品、接受劳务、支付职工薪酬、支付税费等。

通常情况下,经营活动产生的现金流入项目有:① 销售商品、提供劳务收到的现金;② 收到的税费返还;③ 收到其他与经营活动有关的现金。

经营活动产生的现金流出项目有:① 购买商品、接受劳务支付的现金;② 支付给职工以及为职工支付的现金;③ 支付的各项税费;④ 支付其他与经营活动有关的现金。

2. 投资活动产生的现金流量

投资活动是指企业长期资产(固定资产、无形资产、在建工程等)的购建和不包括在现金等价物范围内的投资及其处置活动。这里所讲的投资活动,既包括实物资产投资,也包括金融资产投资。

通常情况下,投资活动产生的现金流入项目有:① 收回投资所收到的现金;② 取得投资收益收到的现金;③ 处置固定资产、无形资产和其他长期资产收回的现金净额;④ 处置子公司及其他营业单位收到的现金净额;⑤ 收到其他与投资活动有关的现金。

投资活动产生的现金流出项目有:① 购建固定资产、无形资产和其他长期资产支付的现金;② 投资支付的现金;③ 取得子公司及其他营业单位支付的现金净额;④ 支付其他与投资活动有关的现金。

3. 筹资活动产生的现金流量

筹资活动是指导致企业资本及债务规模和构成发生变化的活动。

通常情况下,筹资活动产生的现金流入项目有:① 吸收投资收到的现金;② 取得借款收到的现金;③ 收到其他与筹资活动有关的现金。

筹资活动产生的现金流出项目有:① 偿还债务支付的现金;② 分配股利、利润或偿付利息支付的现金;③ 支付其他与筹资活动有关的现金。

二、现金流量表的结构

(1) 现金流量表的表首包括以下内容:报表名称、编制单位、编制期间、报表编号和货币计量单位。

(2) 现金流量表的正表主要按"经营活动产生的现金流量""投资活动产生的现金流量"和"筹资活动产生的现金流量"三大类列示,每类现金流量又按流入和流出的性质分项列示。

(3) 现金流量表各项目还要分"本期金额"和"上期金额"两栏分别填列。现金流量表的内容和格式如表 7-10 所示。

表 7-10 现金流量表

趣味解读资产负债表、利润表和现金流量表的关系

编制单位：　　　　　　　　202×年度

会企 03 表
单位：元

项目	本期金额	上期金额
一、经营活动产生的现金流量：		
销售商品、提供劳务收到的现金		
收到的税费返还		
收到其他与经营活动有关的现金		
经营活动现金流入小计		
购买商品、接受劳务支付的现金		
支付给职工以及为职工支付的现金		
支付的各项税费		
支付其他与经营活动有关的现金		
经营活动现金流出小计		
经营活动产生的现金流量净额		
二、投资活动产生的现金流量：		
收回投资所收到的现金		
取得投资收益收到的现金		
处置固定资产、无形资产和其他长期资产收回的现金净额		
处置子公司及其他营业单位收到的现金净额		
收到其他与投资活动有关的现金		
投资活动现金流入小计		
购建固定资产、无形资产和其他长期资产支付的现金		
投资支付的现金		
取得子公司及其他营业单位支付的现金净额		
支付其他与投资活动有关的现金		
投资活动现金流出小计		
投资活动产生的现金流量净额		
三、筹资活动产生的现金流量：		
吸收投资收到的现金		
取得借款收到的现金		
收到其他与筹资活动有关的现金		
筹资活动现金流入小计		
偿还债务支付的现金		
分配股利、利润或偿付利息支付的现金		

续表

项目	本期金额	上期金额
支付其他与筹资活动有关的现金		
筹资活动现金流出小计		
筹资活动产生的现金流量净额		
四、汇率变动对现金及现金等价物的影响		
五、现金及现金等价物净增加额		
加:期初现金及现金等价物净增加额		
六、期末现金及现金等价物余额		

第五节　所有者权益变动表

一、所有者权益变动表的概念

所有者权益变动表是指反映构成所有者权益各组成部分当期增减变动情况的报表。报表使用者可以从所有者权益变动表中获取下列信息:① 所有者权益总额的增加变动情况;② 所有者权益的结构及各构成部分增减变动情况;③ 导致所有者权益总额及其结构发生变动的根源。

解读所有者
权益变动表

二、所有者权益变动表的结构

(1) 所有者权益变动表的表首包括以下内容:报表名称、编制单位、编制期间、报表编号和货币计量单位。

(2) 所有者权益变动表的正表以矩阵的形式列示所有者权益相关信息:一方面,列示导致所有者权益变动的交易或事项;另一方面,按照所有者权益各组成部分(包括实收资本(或股本)、资本公积、其他综合收益、盈余公积、未分配利润和库存股等)及其总额列示相关交易或事项对所有者权益的影响。

(3) 所有者权益变动表各项目还要分"本年金额"和"上年金额"两栏分别填列。所有者权益变动表的内容和格式如表 7-11 所示。

表 7-11　所有者权益变动表

202×年度

会企 04 表

编制单位：　　　　　　　　　　　　　　　　　　　　　　　　　　　　　　　　单位：元

项目	本年金额									上年金额								
	实收资本（或股本）	其他权益工具	资本公积	减:库存股	其他综合收益	专项储备	盈余公积	未分配利润	所有者权益合计	实收资本（或股本）	其他权益工具	资本公积	减:库存股	其他综合收益	专项储备	盈余公积	未分配利润	所有者权益合计
一、上年年末余额																		
加:会计政策变更																		
前期差错更正																		
其他																		
二、本年年初余额																		
三、本年增减变动金额（减少以"-"号填列）																		
（一）综合收益总额																		
（二）所有者投入和减少资本																		
1. 所有者投入的普通股																		
2. 其他权益工具持有者投入资本																		
3. 股份支付计入所有者权益的金额																		
4. 其他																		
（三）利润分配																		

续表

项目	本年金额									上年金额								
	实收资本(或股本)	其他权益工具	资本公积	减:库存股	其他综合收益	专项储备	盈余公积	未分配利润	所有者权益合计	实收资本(或股本)	其他权益工具	资本公积	减:库存股	其他综合收益	专项储备	盈余公积	未分配利润	所有者权益合计
1. 提取盈余公积																		
2. 对所有者(或股东)的分配																		
3. 其他																		
(四)所有者权益内部结转																		
1. 资本公积转增资本(或股本)																		
2. 盈余公积转增资本(或股本)																		
3. 盈余公积弥补亏损																		
4. 设定受益计划变动额结转留存收益																		
5. 其他综合收益结转留存收益																		
6. 其他																		
四、本年年末余额																		

第六节 附 注

一、财务报表附注的概念

财务报表的附注是对资产负债表、利润表、现金流量表和所有者权益变动表等报表中列示项目的文字描述或明细资料,以及对未能在这些报表中列示项目的说明等。

附注是财务报表的重要组成部分,附注中的相关信息应当与资产负债表、利润表、现金流量表和所有者权益变动表等报表中列示的项目相互参照,以帮助报表使用者相互关联地使用这些信息,从整体上更全面地理解财务报表。

二、财务报表附注披露的主要内容

(1) 企业的基本情况:

① 企业注册地、组织形式和总部地址。

② 企业的业务性质和主要经营活动。

③ 母公司以及集团最终母公司的名称。

④ 财务报告的批准报出者和财务报告批准报出日。

(2) 财务报表的编制基础。

(3) 遵循企业会计准则的声明。

企业应当声明编制的财务报表符合企业会计准则的要求,真实、完整地反映了企业的财务状况、经营成果和现金流量等有关信息。

如果企业编制的财务报表只是部分地遵循了企业会计准则,附注中不得做出这种表述。

(4) 重要会计政策和会计估计。

(5) 会计政策和会计估计变更以及差错更正的说明。

企业应当按照《企业会计准则第 28 号——会计政策、会计估计变更和差错更正》及其应用指南的规定,披露会计政策和会计估计变更以及差错更正的有关情况。

(6) 报表重要项目的说明。

企业应当以文字和数字描述相结合、尽可能以列表形式披露报表重要项目的构成或当期增减变动情况,并且报表重要项目的明细金额合计,应当与报表项目金额相衔接。在披露顺序上,一般应当按照资产负债表、利润表、现金流量表、所有者权益变动表的顺序及其项目列示的顺序。

(7) 其他需要说明的重要事项。

这主要包括或有和承诺事项、资产负债表日后非调整事项、关联方关系及其交易等。

▌▌ 本章小结

财务会计报告,是指企业对外提供的反映企业某一特定日期财务状况和某一会计期间经营成果、现金流量等会计信息的文件。财务报告的提供有助于企业的投资者和债权人进行投资决策和信贷决策,也是评估企业管理层对受托资源的经营管理责任的履行情况的重要数据资料。

财务会计报告包括财务报表和其他应当在财务会计报告中披露的相关信息和资料。

一套完整的财务报表至少应当包括"四表一注",即资产负债表、利润表、现金流量表、所有者权益变动表以及附注。

▌▌ 关键名词

财务报告   资产负债表   利润表   现金流量表

▌▌ 即测即评

请扫描二维码进行即测即评。

▌▌ 思考题

1. 填列资产负债表中各项目"期末余额"的方法有哪些?
2. 怎样填列利润表中各项目的"本期金额"?

▌▌ 计算分析题

1. 甲公司 20×9 年 12 月 31 日结账后有关科目余额如表 7-12 所示。

表 7-12   部分科目余额表

单位:元

一级科目	二级科目	借方余额	贷方余额
应收账款		560	
	A1 公司	600	
	A2 公司		40
预收账款			700
	B1 公司	100	
	B2 公司		800
应付账款			380
	C1 公司	20	
	C2 公司		400

续表

一级科目	二级科目	借方余额	贷方余额
预付账款		260	
	D1 公司	320	
	D2 公司		60
坏账准备	应收账款		80

要求:根据上述资料,计算资产负债表中下列项目的金额:(1) 应收账款;(2) 预付款项;(3) 应付账款;(4) 预收款项。

2. 乙公司 20×5 年 12 月 31 日的科目余额表见表 7–13。

表 7–13　科目余额表

单位:元

科目名称	期末借方	期末贷方	科目名称	期末借方	期末贷方
库存现金	10 000		短期借款		8 000
银行存款	57 000		应付账款		70 000
应收票据	60 000		——E 公司		100 000
应收账款	80 000		——F 公司	30 000	
——A 公司	100 000		预收账款		10 000
——B 公司		20 000	——G 公司		40 000
预付账款		30 000	——H 公司	30 000	
——C 公司	20 000		应付职工薪酬		16 000
——D 公司		50 000	应交税费		13 000
应收利息	12 000		应付利息		500
其他应收款	8 000		应付股利		3 500
坏账准备——应收账款		5 000	其他应付款		16 000
在途物资	45 000		长期借款		80 000
原材料	70 000		实收资本		500 000
库存商品	110 000		盈余公积		200 000
存货跌价准备		10 000			
固定资产	800 000		利润分配——未分配利润		200 000
累计折旧		300 000			
在建工程	60 000				
无形资产	180 000				
累计摊销		30 000			

相关资料明细如下:

长期借款共两笔,均为到期一次还本付息。金额及期限如下:

(1) 从工商银行借入 30 000 元(本利和),期限从 20×4 年 6 月 1 日至 20×6 年 6 月 1 日。

(2) 从建设银行借入 50 000 元(本利和),期限从 20×5 年 8 月 1 日至 20×7 年 8 月 1 日。

要求:编制乙公司 20×5 年 12 月 31 日的资产负债表。

3. 丙公司截至 20×5 年 12 月 31 日有关科目发生额如表 7-14 所示。

表 7-14 科目发生额表

单位:万元

科目名称	借方发生额	贷方发生额
主营业务收入	150	4 500
主营业务成本	2 400	120
其他业务收入		300
其他业务成本	250	
税金及附加	150	
销售费用	75	
管理费用	270	
财务费用	30	
信用减值损失	17	
资产减值损失	208	
投资收益		100
营业外收入		150
营业外支出	60	
所得税费用	390	

相关资料明细如下:

(1) "管理费用"科目下"研究费用"明细科目的发生额为 80 万元。

(2) "财务费用"科目下"利息支出"明细科目的发生额为 45 万元,"利息收入"明细科目的发生额为 15 万元。

要求:根据上述资料,编制丙公司 20×5 年度利润表。

第八章 复式记账法的电算化应用

学习目标

了解会计电算化处理需要的基础信息;理解并掌握会计电算化主要基础信息的设置、期初账套参数设置和余额录入、会计凭证的录入与自动生成处理、会计账簿的查询与管理、资产负债表和利润表的编制。

引例 会计还在誊抄数据吗?

许会计是四川锦华机械有限责任公司的财务骨干,在该公司从事会计工作多年,主要负责本公司的总账、往来明细账的登记,以及资产负债表的编制工作。公司经营初期规模小,业务单一,量不多,许会计在登记总账、明细账,以及月末对账时,都比较轻松。但随着公司的不断发展,规模扩大,业务种类增多,经济业务逐渐复杂,登记总账的工作量也越来越大了,月末对账时经常发现账账不符,资产负债表也难以编平,许会计渐渐感到难以应付。勤学善思的许会计想:登记总账和明细账其实质就是从记账凭证上誊抄数据,要是能用计算机帮我把各记账凭证上的发生额通过拷贝粘贴到各总账和明细账中,由计算机自动汇总各账簿的发生额及余额,自动读取总账和明细账中的数据编制资产负债表,该多好呀!

你能帮许会计实现这个愿望吗?

本章主要介绍小微企业一般会计业务的会计电算化基本处理过程:新建账套→账套基础信息设置→总账初始设置→会计凭证处理→会计账簿查询→会计报表编制,并以四川锦华机械有限责任公司 2021 年 12 月的会计业务为例,详细阐述了小微企业应如何新建账套、设置操作员及权限、设置基础档案、录入会计凭证、设置自动转账凭证按公式转入/转出及生成机制凭证、查阅会计账簿和编制会计报表。

第一节 会计电算化基础信息

会计电算化基础信息包括会计主体的账套信息、操作员及其权限、部门信息、职员信息、客商信息、存货信息以及结算方式信息等。会计账套信息是指与会计主体核算体系相关的信息,如单位名称、地址、联系人;会计核算类型、各种档案的编码方案等相关信息。任何企事业单位要进行会计业务电算化处理,都必须先建立账套。

一、新建账套

账套信息:

账套号:001;账套名称:四川锦华机械有限责任公司;启用日期:2021 年 12 月 1 日。

单位信息:

企业名称:四川锦华机械有限责任公司(以下简称为锦华公司);法定代表人:冯 ××;联系电话和传真均为:028-××××××××;税号:×××××××××××××。

核算类型:

企业记账本位币:人民币;企业类型:工业企业;行业性质:2007 年新会计制度科目;按行业性质预置科目。

基础信息:存货分类,客户、供应商不分类,无外币核算。

编码方案:科目编码:42222;部门:22;其他采用系统默认。

数据精度:采用系统默认。

系统启用:启用总账;启用日期:2021 年 12 月 1 日。

手工账流程梳理

二、设置操作员及权限

操作员及其权限示例如表 8-1 所示。

表 8-1 操作员及其权限

操作员编号	操作员姓名	系统权限
201	陈主管	账套主管
202	许会计	总账
203	李出纳	出纳
204	邱会计	应收管理

(一)设置操作员

【操作步骤】

(1)在"系统管理"主界面,执行"权限→用户"命令,进入用户管理功能界面。

(2)在用户管理界面,点击"增加"按钮,进入"增加用户"界面。此时录入编号、姓名、用户类型、认证方式、口令、所属部门、E-mail、手机号、默认语言等内容,并在所属角色中选中归属的内容,然后点击"增加"按钮,保存新增用户信息。

(二)设置权限

以系统管理员身份注册登录,执行"权限→权限"命令,进入操作员权限设置界面,进行功能权限分配。

[小提示]

本案例中关于新建账套、设置操作员及权限、设置基础档案、录入会计凭证、设置自动转账凭证按公式转入 / 转出及生成机制凭证、查阅会计账簿和编制会计报表等具体操作,详见《财务软件应用》。

三、基础档案

(一) 机构人员

1. 部门档案

部门档案信息设置如表 8-2 所示。

表 8-2　部门档案编号

编号	名称
01	办公室
02	财务部
03	生产部
0301	一车间
0302	二车间
04	市场部
0401	采购部
0402	销售部

在企业应用平台中,进入部门档案设置主界面,在编辑区输入部门编码、部门名称、负责人、部门属性、电话、地址、备注、信用额度、信用等级等信息即可。

[小提示]

修改部门档案:在部门档案界面左边,将要修改的部门选中,单击"修改"按钮,这时界面即处于修改状态,除部门编号不能修改外,其他信息均可修改。

删除部门档案:在左边目录树中,选中要删除的部门,单击"删除"按钮即可删除此部门。注意,若部门被其他对象引用后就不能被删除。

刷新档案记录:在网络操作中,可能同时有多个操作员在操作相同的目录。可以点击"刷新"按钮,查看到当前最新目录情况,即可以查看其他有权限的操作员新增或修改的目录信息。

2. 人员类别

人员类别如表 8-3 所示。

表 8-3　人 员 类 别

人员类别编码	人员类别名称	人员类别编码	人员类别名称
101	管理人员	103	采购人员
102	生产人员	104	销售人员

［小提示］

进入人员类别设置主界面,单击功能键,显示"添加职员类别"空白页,可根据企业的实际情况,在相应栏目中输入适当内容。

3. 人员档案

人员档案如表 8-4 所示。

表 8-4　人 员 档 案

职员编号	职员名称	性别	所属部门	是否操作员	是否业务员	人员类别
101	冯××	男	办公室		是	管理人员
201	陈主管	女	财务部	是	是	管理人员
202	许会计	女	财务部	是	是	管理人员
203	李出纳	男	财务部	是	是	管理人员
204	邱会计	女	财务部	是	是	管理人员
205	张　×	男	财务部	是	是	管理人员
301	孙××	男	一车间		是	生产人员
302	刘　×	男	一车间		是	生产人员
303	欧××	女	二车间		是	生产人员
401	赵　×	男	采购部		是	采购人员
402	张××	女	采购部		是	采购人员
403	吴　×	男	销售部		是	销售人员

［小提示］

(1) 进入人员档案设置主界面,根据企业的实际情况,在相应栏目中输入适当内容。

(2) 人员档案设置界面以及其他基础档案设置界面的"修改""删除"等功能按钮操作与部门档案的功能操作类似。

（二）客商信息

1. 供应商档案

供应商档案信息如表 8-5 所示。

表 8-5   供应商档案

编号	名称	简称	税号	开户银行	账号
001	南方公司	南方公司	87654321098768	工行杭州分行	25687991235888
002	北方公司	北方公司	98765432109878	工行石家庄分行	98765432109888
003	天天公司	天天公司	12345678901238	工行沈阳分行	12345678901288

建立供应商档案主要是为企业的采购管理、库存管理、应付款管理服务的。在填制采购入库单、采购发票和进行采购结算、应付款结算及有关供货单位统计时都会用到供货单位档案,因此必须应先设立供应商档案,以便减少工作差错。在输入单据时,如果单据上的供货单位不在供应商档案中,则必须在此建立该供应商的档案。供应商档案的栏目包括供应商档案基本页、联系页、其他页、信用页等。

2. 客户档案

客户档案如表 8-6 所示。

表 8-6   客 户 档 案

编号	名称	简称	税号
01	东方公司	东方公司	78906543212388
02	西方公司	西方公司	56789012345688
03	新华公司	新华公司	25689222233588
04	丽江公司	丽江公司	56789012345689
05	丽水公司	丽水公司	56789012345699

建立客户档案主要是为企业的销售管理、库存管理和应收款管理服务的,功能和供应商档案类似。

（三）存货信息

1. 存货分类

存货分类信息如表 8-7 所示。

表 8-7 存 货 分 类

存货分类编码	存货分类名称
1	原材料
2	库存商品

2. 计量单位

计量单位信息如表 8-8 所示。

表 8-8 计 量 单 位

计量单位组	计量单位编号	计量单位名称
01 基本计量单位 （无换算率）	1	件
	2	千克

先设置计量单位组，再录入计量单位相关信息。

3. 存货档案

存货档案信息如表 8-9 所示。

表 8-9 存 货 档 案

存货编码	存货名称	所属分类码	计量单位	税率	存货属性
101	A 材料	1	千克	13%	外购、生产耗用
102	B 材料	1	千克	13%	外购、生产耗用
103	C 材料	1	千克	13%	外购、生产耗用
201	甲产品	2	件	13%	自制、外销
202	乙产品	2	件	13%	自制、外销

存货主要用于设置企业在生产经营中使用到的各种存货信息，以便于对这些存货进行资料管理、实物管理和业务数据的统计、分析。用友 ERP-U8 系统中存货档案可完成对存货目录的设立和管理，随同发货单或发票一起开具的应税劳务等也应设置在存货档案中；同时提供存货档案的多计量单位设置。

（四）会计科目设置

对照系统中预置的科目表，增加表 8-10 中的会计科目。

表 8-10 2021 年 12 月本单位会计科目表

编号	会计科目	计量单位	辅助账类型	账页格式
1001	库存现金			
1002	银行存款			金额式

续表

编号	会计科目	计量单位	辅助账类型	账页格式
1121	应收票据		客户往来	金额式
1122	应收账款		客户往来	金额式
1123	预付账款		供应商往来	金额式
1221	其他应收款			金额式
122101	张 ×			金额式
1231	坏账准备			金额式
123101	应收账款			金额式
1402	在途物资			金额式
140201	A 材料			金额式
140202	B 材料			金额式
1403	原材料			金额式
140301	A 材料	千克		数量金额式
140302	B 材料	千克		数量金额式
1405	库存商品			金额式
140501	甲产品	件		数量金额式
140502	乙产品	件		数量金额式
1601	固定资产			金额式
1602	累计折旧			金额式
1604	在建工程			金额式
160401	厂房			金额式
160402	需安装的机器设备			金额式
1701	无形资产			金额式
1702	累计摊销			金额式
2001	短期借款			金额式
2201	应付票据		供应商往来	金额式

编号	会计科目	计量单位	辅助账类型	账页格式
2202	应付账款		供应商往来	金额式
2203	预收账款		客户往来	金额式
2211	应付职工薪酬			金额式
221101	工资			金额式
221102	职工福利			金额式
2221	应交税费			金额式
222101	应交增值税			金额式
22210101	进项税额			金额式
22210102	销项税额			金额式
222102	未交增值税			金额式
222103	教育费附加			金额式
222104	应交所得税			金额式
222105	应交城市维护建设税			金额式
2231	应付利息			金额式
2241	其他应付款			金额式
224101	供电公司			金额式
2501	长期借款			金额式
250101	本金			金额式
4001	实收资本			金额式
400101	东湖公司			金额式
400102	东海公司			金额式
400103	南海公司			金额式
4002	资本公积			金额式
400201	资本溢价			金额式
400202	其他资本公积			金额式

编号	会计科目	计量单位	辅助账类型	账页格式
4101	盈余公积			金额式
410101	法定盈余公积			金额式
4103	本年利润			金额式
4104	利润分配			金额式
410401	未分配利润			金额式
410402	提取法定盈余公积			金额式
410403	应付现金股利			金额式
5001	生产成本			金额式
500101	甲产品			金额式
500102	乙产品			金额式
5101	制造费用			金额式
6001	主营业务收入			金额式
600101	甲产品	件		数量金额式
600102	乙产品	件		数量金额式
6051	其他业务收入			金额式
605101	A 材料			金额式
605102	B 材料			金额式
6301	营业外收入			金额式
6401	主营业务成本			金额式
640101	甲产品	件		数量金额式
640102	乙产品	件		数量金额式
6402	其他业务成本			金额式
640201	A 材料			金额式
640202	B 材料			金额式
6403	税金及附加			金额式

续表

编号	会计科目	计量单位	辅助账类型	账页格式
6601	销售费用			金额式
660101	广告费			金额式
660102	工资及福利费			金额式
660103	折旧费			金额式
6602	管理费用			金额式
660202	工资及福利费			金额式
660203	折旧费			金额式
660204	材料费			金额式
660205	办公费			金额式
660206	差旅费			金额式
6603	财务费用			金额式
6711	营业外支出			金额式

注:指定现金科目:库存现金;指定银行存款科目:银行存款。

[小提示]

修改会计科目:选择要修改的科目,单击"修改"按钮或双击该科目,即可进入会计科目修改界面,可在此界面对需要修改的会计科目进行修改。单击"第一页""前页""后页""最后页"找到下一个需要修改的科目,重复上述步骤即可。

没有会计科目设置权的用户只能在此浏览科目的具体定义,而不能进行修改。已使用的科目可以增加下级,新增第一个下级科目为原上级科目的全部属性。

删除会计科目:选择要删除的科目,单击"删除"按钮删除选中的科目,但已使用的科目不能删除。

已有授权系统、已录入科目期初余额、已在多栏定义中使用、已在支票登记簿中使用、已录入辅助账期初余额、已在凭证类别设置中使用、已在转账凭证定义中使用、已在常用摘要定义中使用、已制单、记账或录入待核银行账期初的科目均为已使用科目。

(五) 收付结算

1. 结算方式

设置结算方式信息如表 8-11 所示。

表 8-11   结 算 方 式

结算方式编号	结算方式名称	是否票据管理	结算方式编号	结算方式名称	是否票据管理
1	现金结算	否	202	转账支票	是
2	支票	否	3	其他	否
201	现金支票	是			

2. 银行档案

银行编码:01   银行名称:中国工商银行   账号长度:14 位

3. 本单位开户银行

设置开户银行信息如表 8-12 所示。

表 8-12   开户银行信息

编号	银行账号	币种	开户银行	所属银行
001	69696767676789	人民币	中国工商成都光华村街支行	中国工商银行

第二节   会计电算化总账初始化

企业在采用会计电算化信息系统正式处理其经济业务前,必须对会计电算化信息系统进行期初设置,其期初设置主要包括总账系统的参数设置和期初余额设置。

一、总账参数

某电力集团财务共享流程再造案例分享

在建立新的账套后由于具体情况或业务变更需要,发生一些账套信息与核算内容不符,可以通过"总账参数"设置进行账簿选项的调整和查看。可对"凭证选项""账簿选项""凭证打印""预算控制""权限选项""会计日历""其他选项""自定义项核算"八部分内容的操作控制选项进行修改。

四川锦华公司要求进行支票控制,能使用应收应付以及存货受控科目,在填制凭证时,自动填补凭证断号,出纳凭证必须由出纳签字,凭证必须由主管会计签字,其他参数为系统默认。

二、期初余额

锦华公司 2021 年 12 月初总账及所属明细账期初余额如表 8-13 所示。

表 8-13　总账及所属明细账期初余额表

2021 年 12 月 1 日

单位:元

账户名称	借方余额	账户名称	借方余额	账户名称	贷方余额	账户名称	贷方余额
库存现金	120 000	原材料	1 000 000	短期借款	1 000 000	应付职工薪酬	570 000
银行存款	10 000 000	A 材料 8 000 千克	400 000	应付票据	180 000	工资	500 000
应收票据	2 340 000	B 材料 20 000 千克	600 000	北方公司	180 000	职工福利	70 000
新华公司	2 340 000	库存商品	3 000 000	应付账款	500 000	其他应付款	10 000
应收账款	3 000 000	甲产品 10 000 件	2 000 000	南方公司	180 000	供电公司	10 000
东方公司	2 000 000	乙产品 10 000 件	1 000 000	北方公司	320 000	实收资本	42 000 000
西方公司	1 000 000	生产成本	1 200 000	预收账款	2 000 000	东湖公司	22 000 000
预付账款	900 000	甲产品	800 000	丽江公司	1 000 000	东海公司	20 000 000
天天公司	900 000	乙产品	400 000	丽水公司	1 000 000	资本公积	500 000
其他应收款 ——张三	10 000	固定资产	40 000 000	应交税费	800 000	资本溢价	400 000
坏账准备	−300 000	累计折旧	−5 000 000	应交增值税	300 000	其他资本公积	100 000
应收账款	−300 000	在建工程	3 000 000	应交城市维护建设税	21 000	盈余公积-法定盈余公积	2 430 000
在途物资	200 000	厂房	3 000 000	教育费附加	9 000	利润分配	10 250 000
A 材料	120 000	无形资产	1 000 000	应交所得税	470 000	未分配利润	10 250 000
B 材料	80 000	累计摊销	−200 000	应付利息	30 000	本年利润	0
资产合计:60 270 000				负债及所有者权益合计:60 270 000			

[小提示]

"试算":显示期初试算平衡表,显示试算结果是否平衡,如果不平衡,请重新调整至平衡后再进行下一步工作。

"查找":输入科目编码或名称,或通过科目参照输入要查找的科目,可快速显示此科目所在的记录行。如果在录入期初余额时使用查找功能,可以提高输入速度。

"清零":期初余额清零功能。当此科目的下级科目的期初数据互相抵销使本科目的期初余额为零时,清除此科目的所有下级科目的期初数据。存在已记账凭证时此按钮置灰。

"对账"：期初余额对账。核对总账上下级、总账与部门账、总账与客户往来账、总账与供应商往来账、总账与个人往来账、总账与项目账。

如果对账后发现有错误，可单击"显示对账错误"按钮，系统将把对账中发现的问题列出来。

第三节　会计电算化凭证处理

基于大数据技术的会计核算服务

　　凭证处理是日常账务处理中最频繁的工作。账务处理从输入会计凭证开始，经过计算机对会计数据的处理，生成各类凭证、账簿文件，最后产生科目余额文件并完成整个处理过程。凭证处理数据流程如图 8-1 所示。

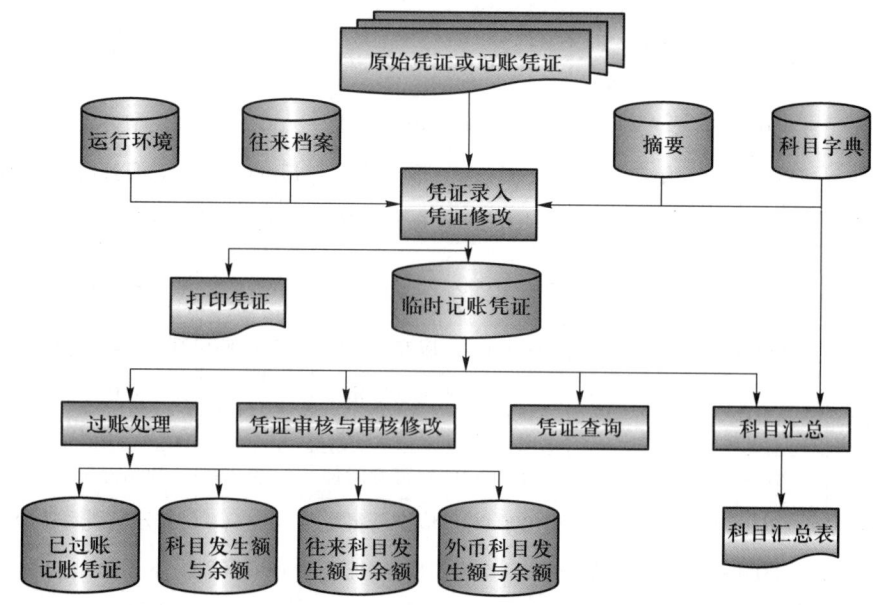

图 8-1　凭证处理数据流程图

一、记账凭证产生的途径、输入方式和类型

　　产生记账凭证的途径有三种：一是根据审核无误的原始凭证直接在计算机上编制记账凭证；二是先由人工编制记账凭证，再输入计算机；三是计算机自动生成的机制凭证，如自动转账凭证等。

　　凭证输入采用键盘输入、软盘引入、网络传输、文本导入和自动生成机制凭证五种，键盘输入是最常用的形式。

　　记账凭证的类型主要包括：通用记账凭证、收款凭证、付款凭证、转账凭证等。

　　锦华公司的记账凭证类型为通用记账凭证，如表 8-14 所示。

表 8-14　凭 证 类 型

类型	限制类型	限制科目
记账凭证	无限制	

【操作步骤】

在企业应用平台中,执行"基础设置→基础档案→财务→凭证类别"命令,进入凭证类别设置主界面,选择"记账凭证"后,点击"确定"保存设置。

二、记账凭证录入的内容和填制要求

(一)记账凭证录入的基本内容

(1)凭证日期。若账套业务时间与系统时间不一致,可将系统时间调整为账套业务时间。

(2)凭证种类。按照初始设定选择凭证类型。可直接录入凭证类型代码。

(3)凭证号。按每一类型顺序编号,如"记"字第 1 号、"收"字第 5 号、"转"字第 200 号等。若凭证作废但并未在物理上删除,那么仍然占用着凭证编号。只有物理删除时其编号才被释放。

(4)摘要。手工处理时一张凭证要编制一个完整的摘要。电算化系统中,摘要是以"行"为单位编制的,凭证的每一行都要有一个相对独立的摘要。系统在执行自动记账时要将凭证中的摘要内容复制到相应账簿作为账簿中的摘要内容,如果凭证中的某一行摘要内容为空,则相应账簿中这一记录的摘要内容也为空,由此将影响账簿的可读性。可通过调用摘要库的方法录入摘要内容。

(5)会计科目。可以输入科目编码、助记码或科目名称,也可引导输入,但必须输入最末级科目。系统将完成一些自动检查。例如,检查所输入科目是否已经过设置,检查科目是否为最末级科目。如遇到明细科目不存在的情况,可运用系统提供的增加明细科目的功能增补。

(6)金额。有直接输入和计算产生两种情况。对于有数量外币核算要求的科目,根据输入的数量、单价或外币、汇率等自动计算产生金额。

(7)合计。系统自动产生。

(8)附件张数。

每一张凭证均须在输入上述各项内容后才准予保存。凭证存盘时,账务处理系统将对存入的凭证作相应的检查,这些检查包括借贷平衡校验、科目与凭证类型匹配检验、非法对应科目检查等。

(二)记账凭证填制要求

1. 基本信息

凭证类别为初始设置时已定义的凭证类别代码或名称。采用自动编号时,计算机自动按月按类别连续给凭证进行编号。采用序时控制时,如将系统改为按序时制单,则在制单时凭证号必须按日期顺序排列。凭证日期应大于或等于启用日期,不能超过业务日期。由于系统默认凭证保存时不按凭证号顺序排列而按日期顺序排列,如不按序时制单会出现"凭证假丢失"现象。凭证一旦保存,其凭证类别、凭证编号不能修改。

2. 输入辅助核算信息——待核银行账项目

参数选择"支票控制",结算方式设为票据管理,银行账辅助信息不能为空,而且该方式的票号应在支票登记簿中有记录。对于实行支票管理的企业,在支票领用时,最好在支票登记簿中予以登记,以便系统能自动勾销未报销的支票。若支票登记簿中未登记该支票,则应在支票录入对话框中登记支票借用信息,同时填上报销日期。

3. 输入辅助核算信息——部门辅助账科目

当输入的账户需要进行部门核算时,要求选择对应的部门名称。输入部门名称有三种方法:一是直接输入部门名称;二是输入部门代码;三是参照输入。不管采用哪种方法,都要求在部门目录中预先定义好要输入的部门,否则系统会发出警告,要求先到部门目录中对该部门进行定义后,再进行制单。

4. 输入辅助核算信息——个人往来科目

当输入的账户需要登记个人往来账时,要求输入对应的部门和往来个人。当输入一个不存在的个人姓名时,系统会发出警告。因此,应先在基础档案中编辑该人姓名及其他资料。在录入个人信息时,若不输入"部门名称"只输入"个人名称"时,系统将根据所输个人姓名自动输入其所属部门。

5. 输入辅助核算信息——单位往来科目

当输入的账户需要登记往来账时,要求输入对应的单位代码和业务员姓名。单位往来包括供应商往来和客户往来。如果往来单位不属于已定义的往来单位,系统会发出警告。因此,需要在基础档案中正确编辑往来单位的信息,在填制凭证时系统才能参照调用。

6. 输入辅助核算信息——数量金额核算科目

当输入的账户为数量金额账时,系统会提示输入数量和单价,并根据数量单位自动计算出金额,并将金额先放在借方。如果方向不符,可将光标移动到贷方后,按空格键即可调整金额方向。若空过辅助信息,系统仍可继续操作,不显示出错警告,但可能导致数量辅助账的对账不平。

7. 输入辅助核算信息——项目核算科目

当输入的科目是项目核算科目时,屏幕弹出辅助信息输入窗口,要求输入项目核算信息。

8. 输入辅助核算信息——外币核算科目

输入外币核算信息时,如使用固定汇率,汇率栏中内容是固定的,不能输入或修改。如使用变动汇率,汇率栏中显示最近一次汇率,可以直接在汇率栏中修改。

三、记账凭证的审核签字

(一)审核凭证

按照会计制度规定,凭证的填制与审核不能为同一人,因此在进行审核之前,需要更换操作员,取消审核只能由有审核权限的操作人员进行。

审核人必须具有审核权,选择"凭证审核权限"条件时还需要有对制单人所制凭证的审核权。作废凭证不能被审核,也不能被标错。已标错的凭证不能被审核,需先取消标错,之后才能审核。凭证一经审核,不能被修改、删除,只有取消审核签字后才可修改或删除。

（二）出纳签字

会计凭证填制完成之后,如果该凭证是出纳凭证,且在系统"选项"中选择"出纳凭证必须经由出纳签字",则应由出纳核对签字。出纳凭证由于涉及企业现金的收入与支出,应加强对出纳凭证的管理。出纳人员可以通过"出纳签字"功能对制单员填制的带有现金或银行科目的凭证进行检查核对,主要核对出纳凭证的出纳科目的金额是否正确。审查认为错误或有异议的凭证,应交与填制人员修改后再核对。

出纳签字是为了加强企业现金收入和支出的管理。

凭证一经签字,就不能被修改、删除,只有取消签字后才可以修改或删除,取消签字只能由出纳本人进行。

（三）主管签字

为了加强对会计人员制单的管理,系统提供"主管签字"功能,会计人员填制的凭证必须经主管签字才能记账。具体步骤与审核凭证签字和出纳凭证签字步骤类似。

四、记账

记账前,系统将自动进行硬盘备份,保存记账前的数据。由于特殊原因,如记账过程中,由于断电使登记账发生中断等,导致记账错误,或者记账后发现输入的记账凭证有错误,需进行修改。为了解决这类问题,可调用"恢复记账前状态"功能,将数据恢复到记账前状态,修改完后再重新记账。系统提供两种恢复记账前状态的方式:一种是将系统恢复到最后一次记账前状态;另一种是将系统恢复到本月月初状态,无论本月记过几次账。

未结账月份的数据可以取消记账,已结账月份的数据不能取消记账。

五、期末业务处理

锦华公司 2021 年 12 月的期末业务如下:

(1) 生成销售成本结转凭证审核并记账。

(2) 生成期间损益结转凭证审核并记账。

(3) 生成计提所得税凭证审核并记账(年终汇算清缴所得税)。

(4) 生成所得税费用结转凭证审核并记账。

(5) 生成未分配利润结转凭证审核并记账。

(6) 生成利润分配——提取法定盈余公积凭证,审核并记账。

(7) 生成利润分配——应付现金股利凭证,审核并记账。

(8) 生成利润分配结转凭证审核并记账。

六、记账凭证查询

在总账系统中,执行"凭证→查询凭证"命令,可查询已记账或未记账凭证,如图 8-2 所示。

制单日期	凭证编号	摘要	借方金额合计	贷方金额合计	制单人	审核人	系统名	备注	审核日期	年度
2021-12-01	记 - 0001	收到东河公司作为资本投	5,000,000.00	5,000,000.00	许会计	陈主管			2021-12-31	2021
2021-12-01	记 - 0002	从工商银行借入期限6个	6,000,000.00	6,000,000.00	许会计	陈主管			2021-12-31	2021
2021-12-01	记 - 0003	从工商银行借入期限3年	1,000,000.00	1,000,000.00	许会计	陈主管			2021-12-31	2021
2021-12-01	记 - 0004	支付上月已计提短期借款	30,000.00	30,000.00	许会计	陈主管			2021-12-31	2021
2021-12-01	记 - 0005	购入设备一台,不需要安	472,000.00	472,000.00	许会计	陈主管			2021-12-31	2021
2021-12-01	记 - 0006	购入设备一台,需要安	472,000.00	472,000.00	许会计	陈主管			2021-12-31	2021
2021-12-01	记 - 0007	以银行存款支付安装调试		30,000.00	许会计	陈主管			2021-12-31	2021
2021-12-01	记 - 0008	安装完毕交付使用	450,000.00	450,000.00	许会计	陈主管			2021-12-31	2021
2021-12-01	记 - 0009	从北方公司购入A材料10	57,500.00	57,500.00	许会计	陈主管			2021-12-31	2021
2021-12-02	记 - 0010	收到东湖公司投入设备一	1,130,000.00	1,130,000.00	许会计	陈主管			2021-12-31	2021
2021-12-02	记 - 0011	从北方公司购入B材料10	34,990.00	34,990.00	许会计	陈主管			2021-12-31	2021
2021-12-02	记 - 0012	从北方公司购入A材料10	57,590.00	57,590.00	许会计	陈主管			2021-12-31	2021
2021-12-03	记 - 0013	收到东海公司投入原材料	565,000.00	565,000.00	许会计	陈主管			2021-12-31	2021
2021-12-04	记 - 0014	收到西海公司投入一项	530,000.00	530,000.00	许会计	陈主管			2021-12-31	2021
2021-12-04	记 - 0015	收到商海公司作为资本投	1,500,000.00	1,500,000.00	许会计	陈主管			2021-12-31	2021
2021-12-05	记 - 0016	向工商银行偿还一笔到期	80,000.00	80,000.00	许会计	陈主管			2021-12-31	2021
2021-12-05	记 - 0017	偿还前欠北方公司购料款	320,000.00	320,000.00	许会计	陈主管			2021-12-31	2021
2021-12-05	记 - 0018	预付南方公司购买A材料	50,000.00	50,000.00	许会计	陈主管			2021-12-31	2021
2021-12-06	记 - 0019	行政管理部门耗用领用A	2,000.00	2,000.00	许会计	陈主管			2021-12-31	2021
2021-12-10	记 - 0020	通过银行转账支付上月工	500,000.00	500,000.00	许会计	陈主管			2021-12-31	2021
2021-12-10	记 - 0021	财务经理张三预借差旅费	5,000.00	5,000.00	许会计	陈主管			2021-12-31	2021
2021-12-11	记 - 0022	向西方公司销售1000件甲	452,000.00	452,000.00	许会计	陈主管			2021-12-31	2021
2021-12-12	记 - 0023	从南方公司购买A材料已	90,400.00	90,400.00	许会计	陈主管			2021-12-31	2021
2021-12-12	记 - 0024	向北方公司所购B材料运	31,000.00	31,000.00	许会计	陈主管			2021-12-31	2021
2021-12-13	记 - 0025	购入行政管理部门用办公	3,000.00	3,000.00	许会计	陈主管			2021-12-31	2021
2021-12-15	记 - 0026	支付职工生活困难补助费	3,000.00	3,000.00	许会计	陈主管			2021-12-31	2021
2021-12-15	记 - 0027	向东方公司销售1000件乙	339,000.00	339,000.00	许会计	陈主管			2021-12-31	2021
2021-12-15	记 - 0028	张三出差回来报销差旅费	5,000.00	5,000.00	许会计	陈主管			2021-12-31	2021
2021-12-20	记 - 0029	支付产品广告费	100,000.00	100,000.00	许会计	陈主管			2021-12-31	2021
2021-12-20	记 - 0030	与南方公司结算货款,并	40,400.00	40,400.00	许会计	陈主管			2021-12-31	2021
2021-12-20	记 - 0031	本月生产领用A材料	200,000.00	200,000.00	许会计	陈主管			2021-12-31	2021
2021-12-28	记 - 0032	获得罚款收入10000万存	10,000.00	10,000.00	许会计	陈主管			2021-12-31	2021
2021-12-29	记 - 0033	向希望工程捐款30000元	30,000.00	30,000.00	许会计	陈主管			2021-12-31	2021
2021-12-31	记 - 0034	计提月初计入的短期借款	30,000.00	30,000.00	许会计	陈主管			2021-12-31	2021
2021-12-31	记 - 0035	支付本月短期借款利息	30,000.00	30,000.00	许会计	陈主管			2021-12-31	2021
2021-12-31	记 - 0036	结算本月应付生产工人	500,000.00	500,000.00	许会计	陈主管			2021-12-31	2021
2021-12-31	记 - 0037	发生生产工人福利费	70,000.00	70,000.00	许会计	陈主管			2021-12-31	2021
2021-12-31	记 - 0038	车间累计发生本月各项费	5,000.00	5,000.00	许会计	陈主管			2021-12-31	2021
2021-12-31	记 - 0041	核算本期车间管理人员		5,000.00	许会计	陈主管			2021-12-31	2021
2021-12-31	记 - 0042	发生车间管理人员职工	700.00	700.00	许会计	陈主管			2021-12-31	2021
2021-12-31	记 - 0043	计提本期车间使用房屋、	8,300.00	8,300.00	许会计	陈主管			2021-12-31	2021
2021-12-31	记 - 0044	汇总本月制造费用,并分	30,000.00	30,000.00	许会计	陈主管			2021-12-31	2021
2021-12-31	记 - 0045	结转本月完工产品成本	900,000.00	900,000.00	许会计	陈主管			2021-12-31	2021
2021-12-31	记 - 0048	计算销售机构人员工资及	57,000.00	57,000.00	许会计	陈主管			2021-12-31	2021
2021-12-31	记 - 0049	计提销售机构固定资产折	8,000.00	8,000.00	许会计	陈主管			2021-12-31	2021
2021-12-31	记 - 0050	本月生产领用B材料	100,000.00	100,000.00	许会计	陈主管			2021-12-31	2021
2021-12-31	记 - 0051	结转本期销产品成本	220,000.00	220,000.00	许会计	陈主管			2021-12-31	2021
2021-12-31	记 - 0052	销售不需要的B材料	113,000.00	113,000.00	许会计	陈主管			2021-12-31	2021
2021-12-31	记 - 0053	结转销售的B材料成本	60,000.00	60,000.00	许会计	陈主管			2021-12-31	2021
2021-12-31	记 - 0054	计提行政管理部门固定	30,000.00	30,000.00	许会计	陈主管			2021-12-31	2021
2021-12-31	记 - 0055	核算行政管理人员工资及	22,800.00	22,800.00	许会计	陈主管			2021-12-31	2021
2021-12-31	记 - 0056	期间损益结转	810,000.00	810,000.00	许会计	陈主管			2021-12-31	2021
2021-12-31	记 - 0057	期间损益结转	607,300.00	607,300.00	许会计	陈主管			2021-12-31	2021
2021-12-31	记 - 0058	计算本期应缴纳所得税费	50,675.00	50,675.00	许会计	陈主管			2021-12-31	2021
2021-12-31	记 - 0059	结转所得税费	50,675.00	50,675.00	许会计	陈主管			2021-12-31	2021
2021-12-31	记 - 0060	结转未分配利润	152,025.00	152,025.00	许会计	陈主管			2021-12-31	2021
2021-12-31	记 - 0061	提取法定盈余公积	15,202.50	15,202.50	许会计	陈主管			2021-12-31	2021
2021-12-31	记 - 0062	提取应付现金股利	30,405.00	30,405.00	许会计	陈主管			2021-12-31	2021
2021-12-31	记 - 0063	结转已分配利润	45,607.50	45,607.50	许会计	陈主管			2021-12-31	2021
		合计	23,796,570.00	23,796,570.00						

凭证共 63张　　□已审核 63 张　　□未审核 0 张　　　　　　　　　⊙ 凭证号排序　　○ 制单日期排序

图 8-2　查询凭证列表界面

七、2021 年 12 月锦华公司的所有记账凭证（图 8-3 至图 8-67）

此处以第三章部分实例为例进行讲解。

（一）第三章第一节举例对应的记账凭证

1. 企业接受投资业务实例

（1）接受货币资金投资。

【例 8-1】 12 月 1 日,锦华公司收到东河公司投入的货币资金 5 000 000 元,款项已全部存入银行。

图 8-3　记账凭证

（2）接受实物资产投资。

【例 8-2】 12 月 2 日,锦华公司收到东湖公司投入机器设备一台,收到的增值税专用发票注明该机器设备的价值为 1 000 000 元,增值税税额为 130 000 元。

图 8-4　记账凭证

【例 8-3】 12 月 3 日,锦华公司收到东海公司投入原材料一批,收到的增值税专用发票注明该批材料的价值为 500 000 元,增值税税额为 65 000 元。

记 账 凭 证　　　陈主管

记　字: 0013　　制单日期: 2021.12.03　　审核日期: 2021.12.31　　附单据数:

摘　要	科目名称	借方金额	贷方金额
收到东海公司投入原材料一批	原材料/材料	500000000	
收到东海公司投入原材料一批	应交税费/应交增值税/进项税额	65000000	
收到东海公司投入原材料一批	实收资本/东海公司		565000000

票号　－
日期　　　数量 10000.00000千克　单价 50.00000　合计 565000000　565000000

备注　项目　　　部门
　　　个人　　　客户
　　　业务员

记账　许会计　　审核　陈主管　　出纳　　　制单　许会计

图 8-5　记账凭证

（3）接受无形资产投资。

【例8-4】　12月4日,锦华公司收到西海公司投入一项专利权,收到的增值税专用发票注明该项专利权的价值为 500 000 元,增值税税额为 30 000 元。

记 账 凭 证　　　陈主管

记　字: 0014　　制单日期: 2021.12.04　　审核日期: 2021.12.31　　附单据数:

摘　要	科目名称	借方金额	贷方金额
收到西海公司投入一项专利权	无形资产	500000000	
收到西海公司投入一项专利权	应交税费/应交增值税/进项税额	30000000	
收到西海公司投入一项专利权	实收资本/西海公司		530000000

票号
日期　　　数量　　单价　　合计 530000000　530000000

备注　项目　　　部门
　　　个人　　　客户
　　　业务员

记账　许会计　　审核　陈主管　　出纳　　　制单　许会计

图 8-6　记账凭证

（4）接受投资产生溢价。

【例8-5】　12月4日,锦华公司收到南海公司投入的货币资金 1 500 000 元,根据投资协议,该投资在注册资本中所占份额为 1 200 000 元,款项已全部存入银行。

记 账 凭 证　　　陈主管

记　字: 0015　　制单日期: 2021.12.04　　审核日期: 2021.12.31　　附单据数:

摘　要	科目名称	借方金额	贷方金额
收到南海公司作为资本投入的资金	银行存款	1500000000	
收到南海公司作为资本投入的资金	应收资本/南海公司		1200000000
收到南海公司作为资本投入的资金	资本公积/资本溢价		300000000

票号　3 －
日期　2021.12.04　　数量　　单价　　合计 1500000000　1500000000

备注　项目　　　部门
　　　个人　　　客户
　　　业务员

记账　许会计　　审核　陈主管　　出纳　　　制单　许会计

图 8-7　记账凭证

2. 向银行借款业务实例

(1) 借入本金。

【例8-6】 12月1日,锦华公司从工商银行借入期限6个月、年利率为6%的借款6 000 000元,款项已存入银行。

图8-8 记账凭证

【例8-7】 12月1日,锦华公司从工商银行借入期限3年、年利率为9%的借款1 000 000元,款项已存入银行。

图8-9 记账凭证

(2) 短期借款利息的计提。

【例8-8】 续【例8-6】,12月31日,锦华公司计提本月短期借款利息30 000元。

陈主管

记 账 凭 证

记____字：0034　　制单日期：2021.12.31　　审核日期：2021.12.31　　附单据数：____

摘 要	科目名称	借方金额	贷方金额
计提月初借入的短期借款利息	财务费用	3000000	
计提月初借入的短期借款利息	应付利息		3000000
票号 日期　数量 单价	合 计	3000000	3000000

备注　项 目　部 门
个 人　客 户
业务员

记账 许会计　审核 陈主管　出纳 李出纳　制单 许会计

图 8-10　记账凭证

【例 8-9】 12 月 1 日，锦华公司支付上月已计提的短期借款利息共 30 000 元。

陈主管

记 账 凭 证

记____字：0004　　制单日期：2021.12.01　　审核日期：2021.12.31　　附单据数：____

摘 要	科目名称	借方金额	贷方金额
支付上月已计提短期借款利息	应付利息	3000000	
支付上月已计提短期借款利息	银行存款		3000000
票号 - 日期　数量 单价	合 计	3000000	3000000

备注　项 目　部 门
个 人　客 户
业务员

记账 许会计　审核 陈主管　出纳 李出纳　制单 许会计

图 8-11　记账凭证

【例 8-10】 12 月 31 日，锦华公司支付本月的短期借款利息共 30 000 元，假定企业在此前未计提过该笔短期借款的利息。

陈主管

记 账 凭 证

记____字：0035　　制单日期：2021.12.31　　审核日期：2021.12.31　　附单据数：____

摘 要	科目名称	借方金额	贷方金额
支付本月短期贷款利息(假定企业未计提过该利息)	财务费用	3000000	
支付本月短期借款利息(假定企业未计提过该利息)	银行存款		3000000
票号 日期　数量 单价	合 计	3000000	3000000

备注　项 目　部 门
个 人　客 户
业务员

记账 许会计　审核 陈主管　出纳 李出纳　制单 许会计

图 8-12　记账凭证

（3）归还借款。

【例 8-11】　12 月 5 日,锦华公司向工商银行偿还一笔到期的短期借款 80 000 元。

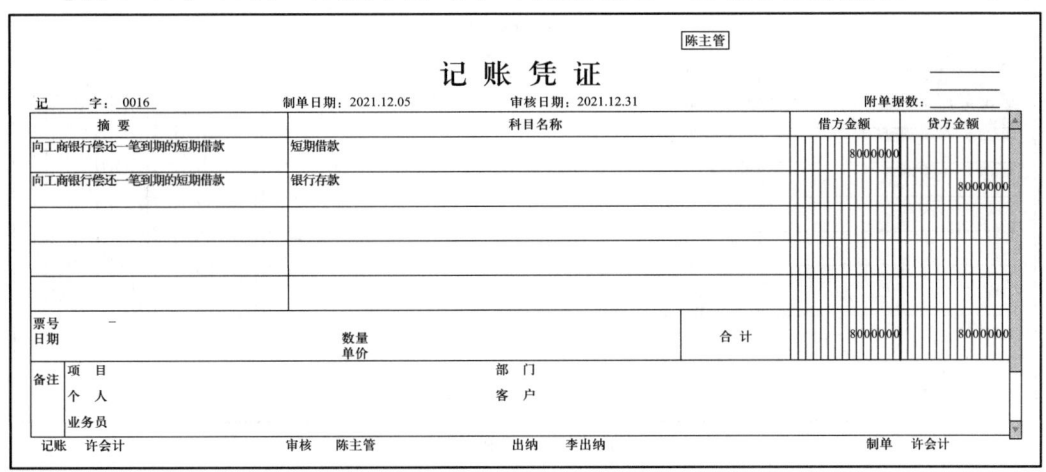

图 8-13　记账凭证

（二）第三章第二节举例对应的记账凭证

1. 固定资产购置业务实例

（1）购入不需要安装的固定资产。

【例 8-12】　12 月 1 日,锦华公司购入设备一台,不需要安装,收到销售方开具的增值税专用发票注明买价 400 000 元,增值税额为 52 000 元,锦华公司因购买该设备另支付运杂费和装卸费 20 000 元(不考虑运杂费和装卸费的增值税),全部款项已经通过银行转账支付,该设备已运到企业并投入使用。

图 8-14　记账凭证

（2）购入需要安装的固定资产。

【例 8-13】　12 月 1 日,锦华公司购入一条需要安装的生产线,收到销售方开具的增值税专用发票注明买价 400 000 元,增值税额为 52 000 元,锦华公司因购买设备另支付运杂费和装卸费 20 000 元(不考虑运杂费和装卸费的增值税),全部款项已经通过银行转账支付,该生产线已运到企业并准备开始安装。假定安装过程中发生安装调试费 30 000 元。

① 购入时：

图 8-15　记账凭证

② 以银行存款支付安装调试费时：

图 8-16　记账凭证

③ 安装完毕交付使用时：

图 8-17　记账凭证

2. 材料采购业务实例

【例8-14】 12月1日,锦华公司从北方公司购入A材料1000千克,收到的增值税专用发票上注明价款50000元,增值税税率为13%,增值税额为6500元,合计56500元,因购买该批材料另支付装卸费、保险费1000元(不考虑装卸费和保险费的增值税),上述款项已通过银行转账支付,材料已运达企业并验收入库。

陈主管					
		记 账 凭 证			
记　　字: 0009	制单日期: 2021.12.01	审核日期: 2021.12.31		附单据数:	
摘　要	科目名称			借方金额	贷方金额
从北方公司购入A材料1000千克	原材料/A材料			5100000	
从北方公司购入A材料1000千克	应交税费/应交增值税/进项税额			650000	
从北方公司购入A材料1000千克	银行存款				5750000
票号　—	数量　　1000.00000千克		合计	5750000	5750000
日期	单价　　51.00000				
备注　项　目	部　门				
个　人	客　户				
业务员					
记账　许会计	审核　陈主管	出纳　李出纳		制单　许会计	

图8-18　记账凭证

【例8-15】 12月2日,锦华公司从北方公司购入B材料1000千克,收到的增值税专用发票上注明价款30000元,增值税税率为13%,增值税税额为3900元;另外购进该批材料取得货物运输业增值税专用发票注明运费1000元,增值税税额为90元(交通运输业增值税率为9%),款项尚未支付,材料尚未验收入库。

陈主管					
		记 账 凭 证			
记　　字: 0011	制单日期: 2021.12.02	审核日期: 2021.12.31		附单据数:	
摘　要	科目名称			借方金额	贷方金额
从北方公司购入B材料1000千克	在途物资/B材料			3100000	
从北方公司购入B材料1000千克	应交税费/应交增值税/进项税额			399000	
从北方公司购入B材料1000千克	应付账款				3499000
票号　—	数量　　1000.00000千克		合计	3499000	3499000
日期	单价　　31.00000				
备注　项　目	部　门				
个　人	客　户				
业务员					
记账　许会计	审核　陈主管	出纳		制单　许会计	

图8-19　记账凭证

【例8-16】 12月2日,锦华公司从北方公司购入A材料1000千克,收到的增值税专用发票上注明价款50000元,增值税税率为13%,增值税税额为6500元;另外购进该批材料取得增值税专用发票注明运费1000元,增值税税额为90元(交通运输业增值税税率为9%),锦华公司开出一张商业承兑汇票用于支付上述款项,材料已运达企业并验收入库。

图 8-20 记账凭证

【例 8-17】 12 月 12 日,【例 8-15】所购 B 材料运抵企业并验收入库。

图 8-21 记账凭证

【例 8-18】 12 月 5 日,锦华公司通过银行转账支付款项到对方账户,以偿还前欠北方公司的购料款 320 000 元。

图 8-22 记账凭证

【例8-19】 12月5日,锦华公司根据合同规定,以银行存款50 000元预付南方公司购买A材料款。

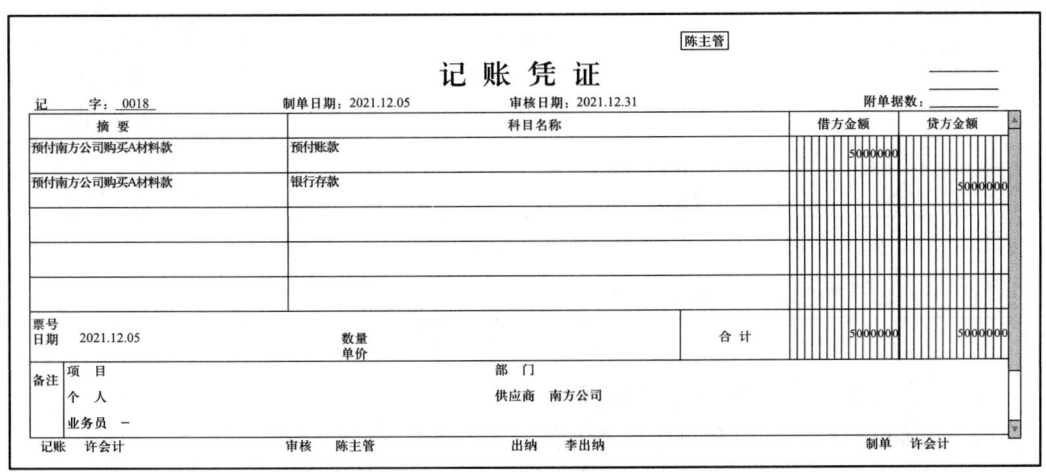

图8-23　记账凭证

【例8-20】 续【例8-19】,12月12日,A材料已运抵企业验收入库,南方公司开出的增值税专用发票载明A材料2 000千克,每千克40元,价款80 000元,增值税税额为10 400元,价税合计为90 400元。

① 12月12日,采购材料入库处理:

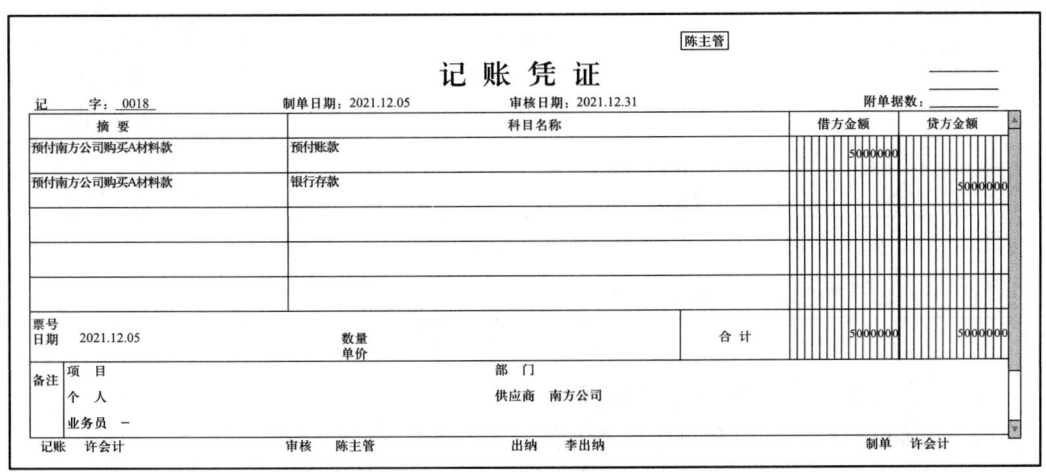

图8-24　记账凭证

② 12月20日,锦华公司与南方公司结算货款,补付差价40 400元:

图 8-25　记账凭证

（三）第三章第三节举例对应的记账凭证

1. 直接材料费用归集和分配业务实例

【例 8-21】　12 月 20 日,锦华公司一车间为生产甲产品领用 A 材料 200 000 元。

图 8-26　记账凭证

【例 8-22】　12 月 31 日,锦华公司二车间生产乙产品领用 B 材料 100 000 元。

图 8-27　记账凭证

2. 直接人工费用归集和分配的业务实例

【例8-23】　12月31日,经结算本月应付生产工人工资500 000元,其中:生产甲产品工人工资300 000元,生产乙产品工人工资200 000元。

			陈主管		

记 账 凭 证

记　　字：　0036		制单日期：2021.12.31	审核日期：2021.12.31		附单据数：_____
摘　要		科目名称		借方金额	贷方金额
结算本月应付生产工人工资		生产成本/甲产品		300000000	
结算本月应付生产工人工资		生产成本/乙产品		200000000	
结算本月应付生产工人工资		应付职工薪酬/工资			500000000
票号 日期		数量 单价	合　计	500000000	500000000
备注	项　目 个　人 业务员		部　门 客　户		
记账　许会计		审核　陈主管	出纳		制单　许会计

图8-28　记账凭证

【例8-24】　12月31日,按上述工资总额的14%提取职工福利费70 000元。其中,生产甲产品工人的福利费为42 000元,生产乙产品工人的福利费为28 000元。

			陈主管		

记 账 凭 证

记　　字：　0037		制单日期：2021.12.31	审核日期：2021.12.31		附单据数：_____
摘　要		科目名称		借方金额	贷方金额
发生生产工人福利费		生产成本/甲产品		42000000	
发生生产工人福利费		生产成本/乙产品		28000000	
发生生产工人福利费		应付职工薪酬/职工福利			70000000
票号 日期		数量 单价	合　计	70000000	70000000
备注	项　目 个　人 业务员		部　门 客　户		
记账　许会计		审核　陈主管	出纳		制单　许会计

图8-29　记账凭证

【例8-25】　12月10日,锦华公司通过银行转账支付上个月企业职工的工资500 000元。

图 8-30　记账凭证

【例 8-26】 12 月 15 日,因锦华公司职工张三家中遭遇泥石流灾害,经企业决定,支付职工生活困难补助费 3 000 元。

图 8-31　记账凭证

3. 制造费用归集和分配的业务实例

【例 8-27】 12 月 31 日,车间累计发生本月办公费 1 000 元、水电费 2 500 元、劳动保险费 1 500 元,共计 5 000 元,锦华公司通过银行存款支付。

图 8-32　记账凭证

【例8-28】 12月31日,车间管理一般耗用仓库 B 材料8 000元。

图 8-33 记账凭证

【例8-29】 锦华公司为生产车间租入了机器设备一台,租期半年,每月租金3 000元。12月31日,企业以银行存款支付租金3 000元。

图 8-34 记账凭证

【例8-30】 12月31日,核算本期车间管理人员工资共计5 000元。

图 8-35 记账凭证

【例8-31】 12月31日,根据上述车间管理人员工资总额的14%计提职工福利费。

图 8-36　记账凭证

【例8-32】 12月31日,计提本期车间使用的房屋、机器设备等固定资产的折旧8300元。

图 8-37　记账凭证

【例8-33】 12月31日,汇总本月制造费用,按甲乙产品工人的工资比例3：2(工资比例数字详见【例8-23】)进行分摊计入甲乙产品的成本。

图 8-38　记账凭证

【例 8-34】 12 月 31 日,本月投产的甲乙产品全部完工并验收入库,结转其实际成本。

陈主管				
记 账 凭 证				
记　　字：　0045　　　制单日期：2021.12.31　　　审核日期：2021.12.31　　　　　　　　附单据数：_____				

摘　要	科目名称		借方金额	贷方金额
结转本月完工产品成本	库存商品/甲产品		560000000	
结转本月完工产品成本	库存商品/乙产品		340000000	
结转本月完工产品成本	生产成本/甲产品			560000000
结转本月完工产品成本	生产成本/乙产品			340000000
票号 日期	数量　4666.66667件 单价　120.00000	合　计	900000000	900000000
备注　项　目 　　　个　人 　　　业务员	部　门 客　户			
记账　许会计　　　　审核　陈主管　　　　出纳			制单　许会计	

图 8-39　记账凭证

（四）第三章第四节举例对应的记账凭证

1. 商品销售收入的业务实例

【例 8-35】 12 月 11 日,锦华公司向西方公司销售 1 000 件甲产品,每件售价为 400 元。开出的增值税专用发票上注明价款 400 000 元,增值税额 52 000 元。全部款项已通过银行转账收讫。

陈主管				
记 账 凭 证				
记　　字：　0022　　　制单日期：2021.12.11　　　审核日期：2021.12.31　　　　　　　　附单据数：_____				

摘　要	科目名称		借方金额	贷方金额
向西方公司销售1000件甲产品	银行存款		45200000	
向西方公司销售1000件甲产品	主营业务收入/甲产品			40000000
向西方公司销售1000件甲产品	应交税费/应交增值税/销项税额			5200000
票号　3- 日期　2021.12.11	数量 单价	合　计	45200000	45200000
备注　项　目 　　　个　人 　　　业务员	部　门 客　户			
记账　许会计　　　　审核　陈主管　　　　出纳　李出纳			制单　许会计	

图 8-40　记账凭证

【例 8-36】 12 月 15 日,锦华公司向东方公司销售乙产品 1 000 件,每件售价 300 元,开出的增值税专用发票上注明价款 300 000 元,增值税额 39 000 元,收到东方公司签发的一张期限为 6 个月的商业承兑汇票。

图 8-41　记账凭证

【例 8-37】 12 月 31 日,锦华公司持有的新华公司开出的商业汇票到期,收回货款 234 000 元存入银行。

图 8-42　记账凭证

2. 商品销售成本及费用业务实例

【例 8-38】 12 月 20 日,锦华公司通过银行转账支付产品的广告费 100 000 元。

图 8-43　记账凭证

【例 8-39】 12 月 31 日,锦华公司按照规定计算出本期应负担的城市维护建设税 7 000 元,教育费附加费为 3 000 元。

	记 账 凭 证			陈主管	
记 字: 0047	制单日期:2021.12.31	审核日期:2021.12.31		附单据数:	
摘 要	科目名称			借方金额	贷方金额
计算本期应负担的城建税和教育费附加费	税金及附加			1000000	
计算本期应负担的城建税和教育费附加费	应交税费/应交城市维护建设税				7000000
计算本期应负担的城建税和教育费附加费	应交税费/应交教育费附加				3000000
票号 日期	数量 单价		合 计	1000000	10000000
备注 项 目 个 人 业务员		部 门 客 户			
记账 许会计	审核 陈主管	出纳		制单 许会计	

图 8-44 记账凭证

【例 8-40】 12 月 31 日,经计算本期应付给销售机构人员工资 50 000 元,并计提职工福利费 7 000 元。

	记 账 凭 证			陈主管	
记 字: 0048	制单日期:2021.12.31	审核日期:2021.12.31		附单据数:	
摘 要	科目名称			借方金额	贷方金额
计算销售机构人员工资及福利费	销售费用/工资及福利费			5700000	
计算销售机构人员工资及福利费	应付职工薪酬/工资				5000000
计算销售机构人员工资及福利费	应付职工薪酬/职工福利				7000000
票号 日期	数量 单价		合 计	570000000	570000000
备注 项 目 个 人 业务员		部 门 客 户			
记账 许会计	审核 陈主管	出纳		制单 许会计	

图 8-45 记账凭证

【例 8-41】 12 月 31 日,计提本期销售机构的固定资产折旧 8 000 元。

	记 账 凭 证			陈主管	
记 字: 0049	制单日期:2021.12.31	审核日期:2021.12.31		附单据数:	
摘 要	科目名称			借方金额	贷方金额
计提销售机构固定资产折旧	销售费用/折旧费			800000	
计提销售机构固定资产折旧	累计折旧				800000
票号 日期	数量 单价		合 计	800000	800000
备注 项 目 个 人 业务员		部 门 客 户			
记账 许会计	审核 陈主管	出纳		制单 许会计	

图 8-46 记账凭证

【例8-42】 12月31日,经计算本期已销的甲产品1 000件,单位成本为120元;已销的乙产品1 000件,单位成本100元。

图 8-47　记账凭证

【例8-43】 12月31日,锦华公司销售一批不需要的B材料,开出的增值税专用发票上注明价款100 000元,增值税税额为13 000元。全部款项已通过银行转账收讫。

图 8-48　记账凭证

【例8-44】 续【例8-44】,上述出售的B材料成本为60 000元。

图 8-49　记账凭证

（五）第三章第五节举例对应的记账凭证

1. 利润形成业务实例

【例 8-45】　12 月 6 日,锦华公司行政管理部门耗用仓库的 A 材料 2 000 元。

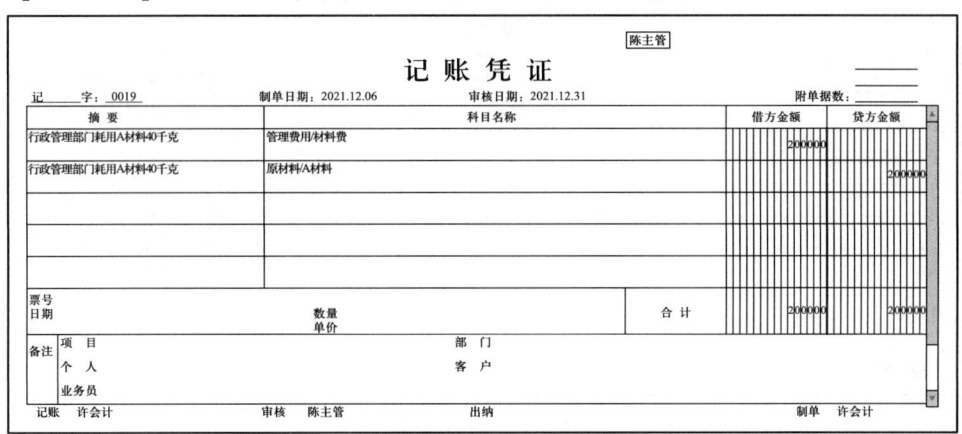

图 8-50　记账凭证

【例 8-46】　12 月 13 日,锦华公司银行转账支付购买的办公用品费 3 000 元。

图 8-51　记账凭证

【例 8-47】　12 月 10 日,财务经理张三预借差旅费 5 000 元,以库存现金支付。

图 8-52　记账凭证

【例8-48】 续【例8-47】,12月15日,张三出差回来报销差旅费4 500元,余款以现金退回。

记 账 凭 证

陈主管

摘　要	科目名称	借方金额	贷方金额
记 字：0028　　制单日期：2021.12.15　　审核日期：2021.12.31　　附单据数：____

摘　要	科目名称	借方金额	贷方金额
张三出差回来报销差旅费	管理费用/差旅费	4500000	
张三出差回来报销差旅费	库存现金	500000	
张三出差回来报销差旅费	其他应收款/张三		5000000

票号
日期　　　　数量
单价　　　　　　　合　计 | | 5000000 | 5000000 |

备注　项　目　　　　　　　　部　门
个　人　　　　　　　　客　户
业务员

记账 许会计　　　审核 陈主管　　　出纳 李出纳　　　　制单 许会计

图 8-53　记账凭证

【例8-49】 12月31日,企业计提本期行政管理部门所使用的固定资产折旧30 000元。

记 账 凭 证

陈主管

记 字：0054　　制单日期：2021.12.31　　审核日期：2021.12.31　　附单据数：____

摘　要	科目名称	借方金额	贷方金额
计提行政管理部门固定资产折旧	管理费用/折旧费	3000000	
计提行政管理部门固定资产折旧	累计折旧		3000000

票号
日期　　　　数量
单价　　　　　　　合　计 | | 3000000 | 3000000 |

备注　项　目　　　　　　　　部　门
个　人　　　　　　　　客　户
业务员

记账 许会计　　　审核 陈主管　　　出纳　　　　　制单 许会计

图 8-54　记账凭证

【例8-50】 12月31日,核算本期应付行政管理人员工资20 000元,应提取的职工福利费2 800元。

记 账 凭 证

陈主管

记 字：0055　　制单日期：2021.12.31　　审核日期：2021.12.31　　附单据数：____

摘　要	科目名称	借方金额	贷方金额
核算行政管理人员工资及福利费	管理费用/工资及福利费	2280000	
核算行政管理人员工资及福利费	应付职工薪酬/工资		2000000
核算行政管理人员工资及福利费	应付职工薪酬/职工福利		280000

票号
日期　　　　数量
单价　　　　　　　合　计 | | 2280000 | 2280000 |

备注　项　目　　　　　　　　部　门
个　人　　　　　　　　客　户
业务员

记账 许会计　　　审核 陈主管　　　出纳　　　　　制单 许会计

图 8-55　记账凭证

【例8-51】 12月28日,因对方公司违约,锦华公司获得罚款收入10 000元存入银行。

				陈主管	
		记 账 凭 证			
记　字：　0032	制单日期：2021.12.28	审核日期：2021.12.31		附单据数：	
摘　要	科目名称		借方金额	贷方金额	
获得罚款收入10000万元存入银行	银行存款		10000000		
获得罚款收入10000万元存入银行	营业外收入			10000000	
票号　3　-					
日期　2021.12.28	数量 单价	合　计	10000000	10000000	
备注　项　目	部　门				
个　人	客　户				
业务员					
记账　许会计	审核　陈主管	出纳　李出纳		制单　许会计	

图 8-56　记账凭证

【例8-52】 12月29日,锦华公司开出转账支票一张,向希望工程捐款30 000元。

				陈主管	
		记 账 凭 证			
记　字：　0033	制单日期：2021.12.29	审核日期：2021.12.31		附单据数：	
摘　要	科目名称		借方金额	贷方金额	
向希望工程捐款30000元	营业外支出		30000000		
向希望工程捐款30000元	银行存款			30000000	
票号					
日期	数量 单价	合　计	30000000	30000000	
备注　项　目	部　门				
个　人	客　户				
业务员					
记账　许会计	审核　陈主管	出纳　李出纳		制单　许会计	

图 8-57　记账凭证

【例8-53】 12月31日,将本期收入、利得转入"本年利润"账户。

				陈主管	
		记 账 凭 证			
记　字：　0056	制单日期：2021.12.31	审核日期：2021.12.31		附单据数：　0	
摘　要	科目名称		借方金额	贷方金额	
期间损益结转	主营业务收入/甲产品		40000000		
期间损益结转	主营业务收入/乙产品		30000000		
期间损益结转	其他业务收入/B材料		10000000		
期间损益结转	营业外收入		1000000		
期间损益结转	本年利润			81000000	
票号					
日期	数量　1000.00000件 单价　400.00000	合　计	81000000	81000000	
备注　项　目	部　门				
个　人	客　户				
业务员					
记账　许会计	审核　陈主管	出纳		制单　许会计	

图 8-58　记账凭证

【例8-54】 12月31日,将本期费用、损失转入"本年利润"账户。

陈主管

记 账 凭 证

记　　字：0057 - 0001/0003　　制单日期：2021.12.31　　审核日期：2021.12.31　　附单据数：0

摘　要	科目名称	借方金额	贷方金额
期间损益结转	本年利润	6073000 00	
期间损益结转	主营业务成本/甲产品		1200000 00
期间损益结转	主营业务成本/乙产品		1000000 00
期间损益结转	其他业务成本/B材料		600000 00
期间损益结转	税金及附加		100000 00
票号 日期　数量　单价	合　计	6073000 00	6073000 00
备注　项　目　个　人　业务员	部　门　客　户		

记账　许会计　　　　审核　陈主管　　　　出纳　　　　　　制单　许会计

图 8-59　记账凭证（一）

陈主管

记 账 凭 证

记　　字：0057 - 0002/0003　　制单日期：2021.12.31　　审核日期：2021.12.31　　附单据数：0

摘　要	科目名称	借方金额	贷方金额
期间损益结转	销售费用/广告费		1000000 00
期间损益结转	销售费用/工资及福利费		570000 00
期间损益结转	销售费用/折旧费		80000 00
期间损益结转	管理费用/工资及福利费		228000 00
期间损益结转	管理费用/折旧费		30000 00
票号 日期　数量　单价	合　计	6073000 00	6073000 00
备注　项　目　个　人　业务员	部　门　客　户		

记账　许会计　　　　审核　陈主管　　　　出纳　　　　　　制单　许会计

图 8-60　记账凭证（二）

陈主管

记 账 凭 证

记　　字：0057 - 0003/0003　　制单日期：2021.12.31　　审核日期：2021.12.31　　附单据数：0

摘　要	科目名称	借方金额	贷方金额
期间损益结转	管理费用/材料费		20000 00
期间损益结转	管理费用/办公费		30000 00
期间损益结转	管理费用/差旅费		45000 00
期间损益结转	财务费用		60000 00
期间损益结转	营业外支出		30000 00
票号 日期　数量　单价	合　计	6073000 00	6073000 00
备注　项　目　个　人　业务员	部　门　客　户		

记账　许会计　　　　审核　陈主管　　　　出纳　　　　　　制单　许会计

图 8-61　记账凭证（三）

【例8-55】　12月31日,企业按25%的税率计算本期应缴纳的所得税费用。

图 8-62　记账凭证

【例8-56】　12月31日,企业将本期应计入损益的所得税费用50 675元转入"本年利润"账户。

图 8-63　记账凭证

【例8-57】　12月31日,企业将净利润从"本年利润"账户转入"利润分配——未分配利润"账户。

图 8-64　记账凭证

2. 利润分配的业务实例

【例 8-58】 12 月 31 日,企业按照净利润的 10%提取法定盈余公积。

图 8-65 记账凭证

【例 8-59】 12 月 31 日,企业决定以净利润的 20%向投资者分配现金股利。

图 8-66 记账凭证

【例 8-60】 12 月 31 日,结转本年已分配的利润至"利润分配——未分配利润"账户,计算累计未分配利润。

图 8-67 记账凭证

八、科目汇总表查询

在总账系统中,执行"凭证→科目汇总"命令,可查询科目汇总表如图 8-68 所示。

科目汇总表

共63张凭证,其中作废凭证0张,原始单据共0张

科目编码	科目名称	外币名称	计量单位	金额合计 借方	金额合计 贷方	外币合计 借方	外币合计 贷方	数量合计 借方	数量合计 贷方
1001	库存现金			500.00	8,000.00				
1002	银行存款			14,309,000.00	2,222,900.00				
1121	应收票据			339,000.00	234,000.00				
1123	预付账款			90,400.00	90,400.00				
1221	其他应收款			5,000.00	5,000.00				
1402	在途物资			31,000.00	31,000.00				
1403	原材料			713,000.00	370,000.00				
1405	库存商品			900,000.00	220,000.00				
1601	固定资产			1,870,000.00					
1602	累计折旧				46,300.00				
1604	在建工程			450,000.00	450,000.00				
1701	无形资产			500,000.00					
资产 小计				19,207,900.00	3,677,600.00				
2001	短期借款			80,000.00	6,000,000.00				
2201	应付票据				57,590.00				
2202	应付账款			320,000.00	34,990.00				
2211	应付职工薪酬			503,000.00	655,500.00				
2221	应交税费			356,480.00	164,675.00				
2231	应付利息			30,000.00	30,000.00				
2232	应付股利				30,405.00				
2501	长期借款				1,000,000.00				
负债 小计				1,289,480.00	7,973,160.00				
4001	实收资本				8,425,000.00				
4002	资本公积				300,000.00				
4101	盈余公积				15,202.50				
4103	本年利润			810,000.00	810,000.00				
4104	利润分配			91,215.00	197,632.50				
权益 小计				901,215.00	9,747,835.00				
5001	生产成本			900,000.00	900,000.00				
5101	制造费用			30,000.00	30,000.00				
成本 小计				930,000.00	930,000.00				
6001	主营业务收入			700,000.00	700,000.00				
6051	其他业务收入			100,000.00	100,000.00				
6301	营业外收入			10,000.00	10,000.00				
6401	主营业务成本			220,000.00	220,000.00				
6402	其他业务成本			60,000.00	60,000.00				
6403	税金及附加			10,000.00	10,000.00				
6601	销售费用			165,000.00	165,000.00				
6602	管理费用			62,300.00	62,300.00				
6603	财务费用			60,000.00	60,000.00				
6711	营业外支出			30,000.00	30,000.00				
6801	所得税费用			50,675.00	50,675.00				
损益 小计				1,467,975.00	1,467,975.00				
合计				23,796,570.00	23,796,570.00				

图 8-68 查询科目汇总表界面

第四节 会计电算化账簿查询与管理

企业发生的经济业务,经过制单、审核、记账等程序之后,就形成了正式的会计账簿,对发生的经济业务进行查询、统计分析等操作时,都可以通过账簿管理来完成。查询账簿是会计工作的另一个重要内容。

会计账簿主要包括科目账、客户往来辅助账、供应商往来辅助账等,其中科目账有科目总账、科目明细账、科目余额表,以及科目序时账等。

一、科目账查询

查询是指按照给定条件查找满足条件的账簿,并在屏幕上显示出来。

（一）三栏式总账

三栏式总账就是借、贷、余额三栏账。在这里可以查询各总账科目及所有明细科目的年初余额、每月发生额合计和月末余额。生产成本总账联查明细账界面如图 8-69 所示。

生产成本明细账

科目 | 5001 生产成本

2021年 月 日	凭证号数	摘要	借方	贷方	方向	余额
		期初余额			借	1,200,000.00
12 20	记-0031	本月生产领用A材料	200,000.00		借	1,400,000.00
12 31	记-0036	结算本月应付生产工人工资	300,000.00		借	1,700,000.00
12 31	记-0036	结算本月应付生产工人工资	200,000.00		借	1,900,000.00
12 31	记-0037	发生生产工人福利费	42,000.00		借	1,942,000.00
12 31	记-0037	发生生产工人福利费	28,000.00		借	1,970,000.00
12 31	记-0044	汇总本月制造费用,并分摊计入甲、乙产品成本	18,000.00		借	1,988,000.00
12 31	记-0044	汇总本月制造费用,并分摊计入甲、乙产品成本	12,000.00		借	2,000,000.00
12 31	记-0045	结转本月完工产品成本		560,000.00	借	1,440,000.00
12 31	记-0045	结转本月完工产品成本		340,000.00	借	1,100,000.00
12 31	记-0050	本月生产领用B材料	100,000.00		借	1,200,000.00
12		当前合计	900,000.00	900,000.00	借	1,200,000.00
12		当前累计	900,000.00	900,000.00	借	1,200,000.00
		结转下年			借	1,200,000.00

图 8-69　生产成本总账联查明细账界面

（二）余额表

余额表用于查询统计各级科目的本月发生额、累计发生额和余额等。本功能提供了很强的统计功能,可灵活运用,该功能不仅可以查询统计人民币金额账还可以查询统计外币和数量发生额和余额。发生额及余额表界面如图 8-70 所示。

（三）明细账

1. 三栏式明细账

在"总账系统"中,调出明细账查询条件设置界面,选择需要查询的科目(如销售费用)等条件后,可以查询销售费用三栏式明细账,如图 8-71 所示。

2. 数量金额式明细账

在"总账系统"中,调出明细账查询条件设置界面,选择需要查询的科目(如库存商品——甲产品)等条件后,在右上角选择账页格式:数量金额式,如图 8-72 所示。

3. 多栏式明细账

在"总账系统"中,普通多栏账由系统将要分析科目的下级科目自动生成多栏账,栏目内容可以自行定义。管理费用的多栏账,如图 8-73 所示。

发生额及余额表

科目编码	科目名称	期初余额		本期发生		期末余额	
		借方	贷方	借方	贷方	借方	贷方
1001	库存现金	120,000.00		500.00	8,000.00	112,500.00	
1002	银行存款	10,000,000.00		14,309,000.00	2,222,900.00	22,086,100.00	
1121	应收票据	2,340,000.00		339,000.00	234,000.00	2,445,000.00	
1122	应收账款	3,000,000.00				3,000,000.00	
1123	预付账款	900,000.00		90,400.00	90,400.00	900,000.00	
1221	其他应收款	10,000.00		5,000.00	5,000.00	10,000.00	
1231	坏账准备		300,000.00				300,000.00
1402	在途物资	200,000.00		31,000.00	31,000.00	200,000.00	
1403	原材料	1,000,000.00		713,000.00	370,000.00	1,343,000.00	
1405	库存商品	3,000,000.00		900,000.00	220,000.00	3,680,000.00	
1601	固定资产	40,000,000.00		1,870,000.00		41,870,000.00	
1602	累计折旧		5,000,000.00		46,300.00		5,046,300.00
1604	在建工程	3,000,000.00		450,000.00	450,000.00	3,000,000.00	
1701	无形资产	1,000,000.00		500,000.00		1,500,000.00	
1702	累计摊销		200,000.00				200,000.00
资产小计		64,570,000.00	5,500,000.00	19,207,900.00	3,677,600.00	80,146,600.00	5,546,300.00
2001	短期借款		1,000,000.00	80,000.00	6,000,000.00		6,920,000.00
2201	应付票据		180,000.00		57,590.00		237,590.00
2202	应付账款		500,000.00	320,000.00	34,990.00		214,990.00
2203	预收账款		2,000,000.00				2,000,000.00
2211	应付职工薪酬		570,000.00	503,000.00	655,500.00		722,500.00
2221	应交税费		800,000.00	356,480.00	164,675.00		608,195.00
2231	应付利息		30,000.00	30,000.00	30,000.00		30,000.00
2232	应付股利				30,405.00		30,405.00
2241	其他应付款		10,000.00				10,000.00
2501	长期借款				1,000,000.00		1,000,000.00
负债小计			5,090,000.00	1,289,480.00	7,973,160.00		11,773,680.00
4001	实收资本		42,000,000.00		8,425,000.00		50,425,000.00
4002	资本公积		500,000.00		300,000.00		800,000.00
4101	盈余公积		2,430,000.00		15,202.50		2,445,202.50
4103	本年利润		9,650,000.00	810,000.00	810,000.00		9,650,000.00
4104	利润分配		600,000.00	91,215.00	197,632.50		706,417.50
权益小计			55,180,000.00	901,215.00	9,747,835.00		64,026,620.00
5001	生产成本	1,200,000.00		900,000.00	900,000.00	1,200,000.00	
5101	制造费用			30,000.00	30,000.00		
成本小计		1,200,000.00		930,000.00	930,000.00	1,200,000.00	
6001	主营业务收入			700,000.00	700,000.00		
6051	其他业务收入			100,000.00	100,000.00		
6301	营业外收入			10,000.00	10,000.00		
6401	主营业务成本			220,000.00	220,000.00		
6402	其他业务成本			60,000.00	60,000.00		
6403	税金及附加			10,000.00	10,000.00		
6601	销售费用			165,000.00	165,000.00		
6602	管理费用			62,300.00	62,300.00		
6603	财务费用			60,000.00	60,000.00		
6711	营业外支出			30,000.00	30,000.00		
6801	所得税费用			50,675.00	50,675.00		
损益小计				1,467,975.00	1,467,975.00		
合计		65,770,000.00	65,770,000.00	23,796,570.00	23,796,570.00	81,346,600.00	81,346,600.00

图 8-70　发生额及余额表界面

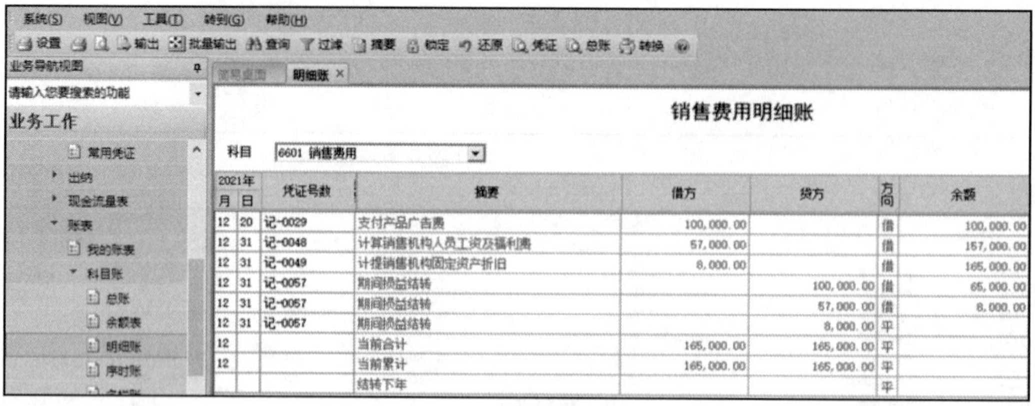

图 8-71　销售费用三栏式明细账界面

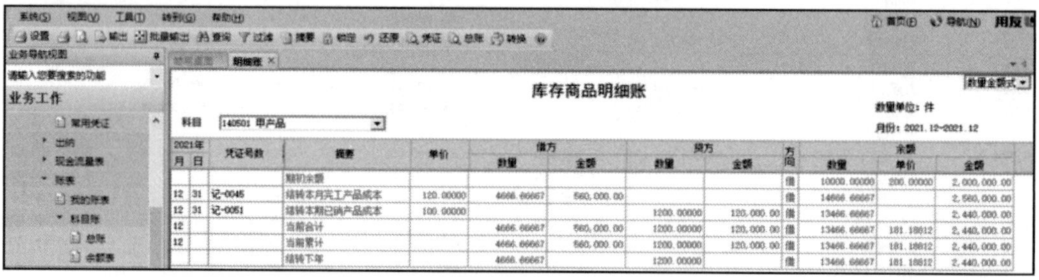

图 8-72　库存商品数量金额式明细账界面

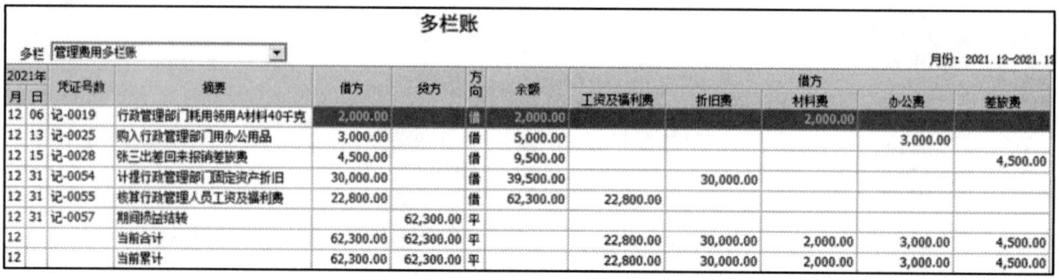

图 8-73　管理费用多栏账界面

明细账和序时账查询方法和步骤与上文类似。

二、往来账表查询

往来账表查询模块可实现对往来汇总表、余额账、明细账和客户等进行查询，并生成各种信息统计表。可单独查询或进行条件组合查询。

往来余额账包括客户科目余额表、客户余额表、客户三栏式余额表、客户业务员余额表、客户分类余额表、客户部门余额表、客户项目余额表及客户地区分类余额表等多种查询方式。

往来明细账包括客户科目明细账、客户明细账、客户三栏式明细账、客户多栏明细账、客户分类明细账、客户业务员明细账、客户部门明细账、客户项目明细账及客户地区分类明细账等多种查询方式。

（一）客户往来账表查询

1. 客户科目余额表

在"总账系统"中，调出余额账查询条件设置界面，输入条件后，点击"确定"，可查看到往来科目余额表，如图8-74所示。

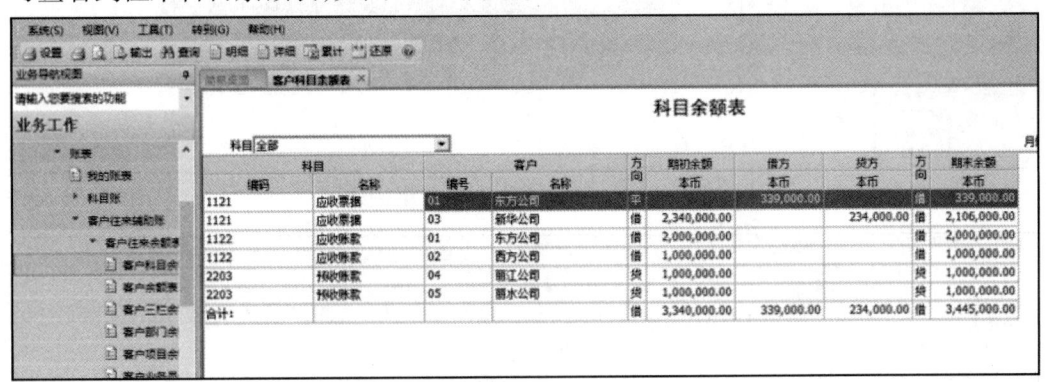

图8-74　往来科目余额表

2. 客户往来明细账

在"总账系统"中，调出明细账查询条件设置界面，输入条件后，点击"确定"，可查看到往来科目明细表，如图8-75所示。

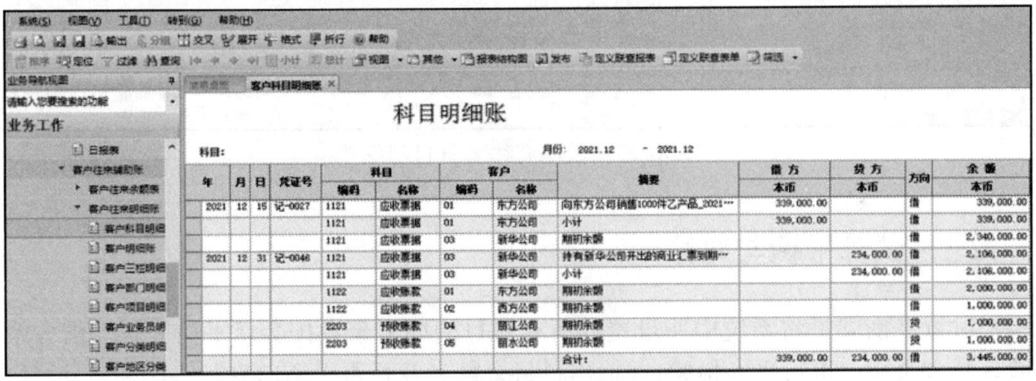

图8-75　客户往来科目明细账

（二）供应商账表查询

1. 供应商科目余额表

在"总账系统"中，调出余额账查询条件设置界面，输入条件后，点击"确定"，可查看到供应商往来科目余额表，如图8-76所示。

2. 供应商往来明细账

在"总账系统"中，调出明细账查询条件设置界面，输入条件后，点击"确定"，可查看到供应商往来科目明细账，如图8-77所示。

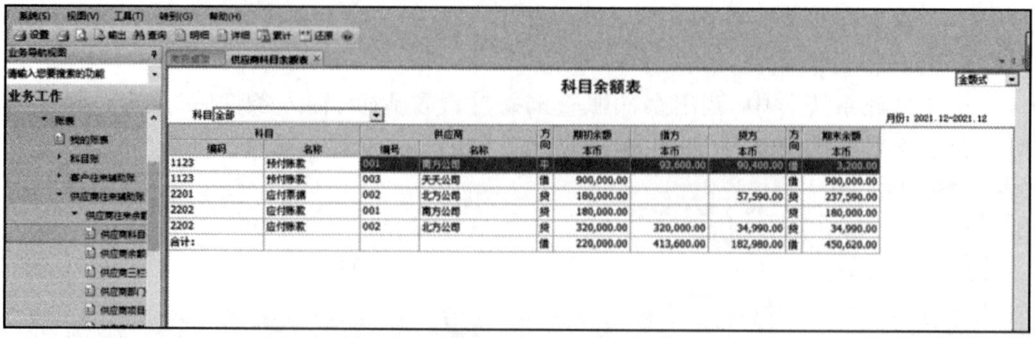

科目余额表

科目：全部　　月份：2021.12-2021.12

科目编码	科目名称	供应商编号	供应商名称	方向	期初余额本币	借方本币	贷方本币	方向	期末余额本币
1123	预付账款	001	南方公司	平		93,600.00	90,400.00	借	3,200.00
1123	预付账款	003	天天公司	借	900,000.00			借	900,000.00
2201	应付票据	002	北方公司	贷	180,000.00		57,590.00	贷	237,590.00
2202	应付账款	001	南方公司	贷	180,000.00			贷	180,000.00
2202	应付账款	002	北方公司	贷	320,000.00	320,000.00	34,990.00	贷	34,990.00
合计：				借	220,000.00	413,600.00	182,980.00	借	450,620.00

图 8-76　供应商往来科目余额表

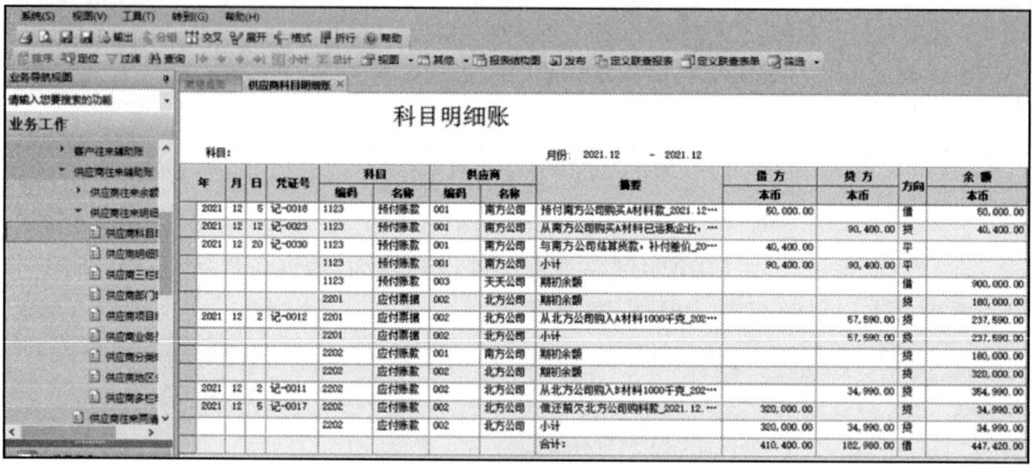

科目明细账

科目：　　月份：2021.12 - 2021.12

年	月	日	凭证号	科目编码	科目名称	供应商编码	供应商名称	摘要	借方本币	贷方本币	方向	余额本币
2021	12	5	记-0018	1123	预付账款	001	南方公司	预付南方公司购买A材料款_2021.12···	50,000.00		借	50,000.00
2021	12	12	记-0023	1123	预付账款	001	南方公司	从南方公司购买A材料已运抵企业，···		90,400.00	贷	40,400.00
2021	12	20	记-0030	1123	预付账款	001	南方公司	与南方公司结算货款，补付差价_20···	40,400.00		平	
				1123	预付账款	001	南方公司	小计	90,400.00	90,400.00	平	
				1123	预付账款	003	天天公司	期初余额			借	900,000.00
				2201	应付票据	002	北方公司	期初余额			贷	180,000.00
2021	12	2	记-0012	2201	应付票据	002	北方公司	从北方公司购入A材料1000千克_202···		57,590.00	贷	237,590.00
				2201	应付票据	002	北方公司	小计		57,590.00	贷	237,590.00
				2202	应付账款	001	南方公司	期初余额			贷	180,000.00
				2202	应付账款	002	北方公司	期初余额			贷	320,000.00
2021	12	2	记-0011	2202	应付账款	002	北方公司	从北方公司购入B材料1000千克_202···		34,990.00	贷	354,990.00
2021	12	5	记-0017	2202	应付账款	002	北方公司	偿还前欠北方公司购料款_2021.12.···	320,000.00		贷	34,990.00
				2202	应付账款	002	北方公司	小计	320,000.00	34,990.00	贷	34,990.00
								合计：	410,400.00	182,980.00	借	447,420.00

图 8-77　供应商往来科目明细账

三、试算平衡与对账

试算平衡就是将系统中所设置的所有科目的期末余额按会计平衡公式“借方余额＝贷方余额”进行平衡检验，并输出科目余额表及是否平衡信息。

对账是对各册账簿数据进行核对，以便检查各个对应记账数据是否正确和账簿是否平衡。它主要是通过核对总账与明细账、总账与辅助账、财务账与业务账数据来完成账账核对。

一般实行计算机记账后，只要记账凭证输入正确，计算机自动记账后各种账簿都应是正确、平衡的，但由于非法操作或计算机病毒或其他原因，有时可能会造成某些数据被破坏，因此，许多财务软件，为在期末结账前进一步确保账证相符和账账相符，仍然保留了控制系统进行自动试算平衡与自动对账的功能。为了保证账证相符和账账相符，应经常进行对账，至少一个月一次。一般应在每月月底结账前，通过调用试算平衡和对账功能，再一次进行正确性检验。当对账出现错误或记账有误时，系统允许“恢复记账前状态”，进行检查、修改，直到对账正确。

四、结账

在手工账务处理中,每个会计年度期末都需要进行结账处理,结账实际上就是计算和结转各账簿的本期发生额和期末余额,并终止本期账务处理的工作。在计算机账务系统中,也有这一过程,以符合会计制度的要求。

然而,计算机账务处理与手工账务处理的结账有些不同,使用计算机进行结账与手工相比简单多了,计算机账务系统在每次记账时实际上已经结出各科目的余额和发生额,结账主要是对结账月份日常处理的限制,表明该月的数据已经处理完毕,不能再输入当期凭证,也不能再在当期进行各账户的记账工作,可以说是在账务系统中画上了一个句号。

总账系统的期末结账意味着每月月末计算和结转各账簿的本期发生额和期末余额,并终止本月总账系统的账务处理工作。

操作步骤如下:执行"总账→期末→结账"命令,选择"结账月份"后点击"下一步";按照提示,点击"对账→下一步→结账"按钮;系统显示结账标志"Y"。

系统中除了有月末结账功能外,还伴随有"取消结账"功能,它又称为"反结账",是系统提供的一个纠错功能。如果由于某种原因,在结账后发现结账前的操作有误,而结账后不能修改结账前的数据,则可使用此功能恢复到结账前状态去修改错误。在结账界面,选择要取消结账的月份,按"Ctrl+Shift+F6"组合键可取消结账。

第五节　会计电算化报表编制

为了方便准确地编制财务报表,用友 ERP 系统提供了资产负债表、利润表、现金流量表等报表模板,以及自动取数公式。

以第三章案例数据为基础,编制锦华公司的资产负债表和利润表。

一、资产负债表

在用友 UFO 报表系统中,可调出报表模板选择框,选择"资产负债表",使用预设的模板完成报表出具。

在格式状态下,修改资产负债表模板,如将"短期投资"改为"交易性金融资产"。通过引导设置报表的取数公式:根据对各目标单元填列数据的要求,通过引导逐项设置函数及运算符,即可自动生成所需要的单元公式。

在"函数分类"列表框中选择"用友账务函数"选项,可以定义资产负债表的期末数\期初数取数公式。报表格式和公式定义完成后,点击报表左下角的"格式"将状态调整为"数据"状态,执行"数据→整表重算"命令,可调取资产负债表的全部数据,如图 8-78 和图 8-79 所示。

智能管理会计的两层含义和五大特点

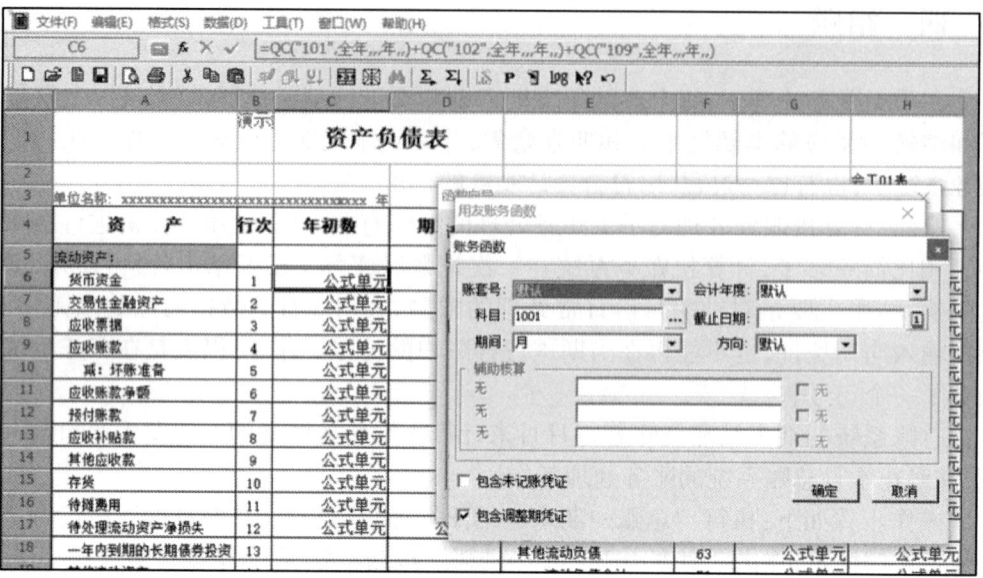

图 8-78　账务函数参数设置对话框

资　　产	行次			负债和所有者权益 （或股东权益）	行次	期末余额	年初余额
流动资产：				流动负债：			
货币资金	1	22,198,600.00	10,120,000.00	短期借款	32	6,920,000.00	1,000,000.00
交易性金融资产	2			交易性金融负债	33		
应收票据	3	2,445,000.00	2,340,000.00	应付票据	34	237,590.00	180,000.00
应收账款	4	2,700,000.00	2,700,000.00	应付账款	35	214,990.00	500,000.00
预付款项	5	900,000.00	900,000.00	预收款项	36	2,000,000.00	2,000,000.00
应收利息	6			应付职工薪酬	37	722,500.00	570,000.00
应收股利	7			应交税费	38	608,195.00	800,000.00
其他应收款	8	10,000.00	10,000.00	应付利息	39	30,000.00	30,000.00
存货	9	6,423,000.00	5,400,000.00	应付股利	40	30,405.00	
一年内到期的非流动资产	10			其他应付款	41	10,000.00	10,000.00
其他流动资产	11			一年内到期的非流动负债	42		
流动资产合计	12	34,676,600.00	21,470,000.00	其他流动负债	43		
非流动资产：				流动负债合计	44	10,773,680.00	5,090,000.00
可供出售金融资产	13			非流动负债：			
持有至到期投资	14			长期借款	45	1000000.00	
长期应收款	15			应付债券	46		
长期股权投资	16			长期应付款	47		
投资性房地产	17			专项应付款	48		
固定资产	18	36,823,700.00	35,000,000.00	预计负债	49		
在建工程	19	3,000,000.00	3,000,000.00	递延所得税负债	50		
工程物资	20			其他非流动负债	51		
固定资产清理	21			非流动负债合计	52	1000000.00	
生产性生物资产	22			负债合计	53	11773680.00	5090000.00
油气资产	23			所有者权益（或股东权益）：			
无形资产	24	1,300,000.00	800,000.00	实收资本（或股本）	54	50,425,000.00	42,000,000.00
开发支出	25			资本公积	55	800,000.00	500,000.00
商誉	26			减：库存股	56		
长期待摊费用	27			盈余公积	57	2,445,202.50	2,430,000.00
递延所得税资产	28			未分配利润	58	10,356,417.50	10,250,000.00
其他非流动资产	29			所有者权益（或股东权益）合计	59	64,026,620.00	55,180,000.00
非流动资产合计	30	41,123,700.00	38,800,000.00				
资产总计	31	75,800,300.00	60,270,000.00	负债和所有者权益（或股东权益）总计	60	75,800,300.00	60,270,000.00

资产负债表

编制单位：四川锦华机械有限责任公司　　　2021 年　12 月　31 日

会企01表

单位：元

图 8-79　四川锦华机械有限责任公司的资产负债表

二、利润表

在用友 UFO 报表系统中,格式状态下点击"格式→报表模板",可调出报表模板选择框,选择"利润表",可调出表模板,将其项目依据最新报表的项目进行调整。

先针对报表部分单元进行修改,使其符合目前企业的报表要求,再进行单元格内函数参数设置。报表格式和公式定义完后,点击报表左下角的"格式"将状态调整为"数据"状态,执行"数据—整表重算"命令,可调取利润表的全部数据,如图 8-80 所示。

项　目	行数	本期金额	上期金额
一、营业收入	1	800,000.00	
减:营业成本	2	280,000.00	
税金及附加	3	10,000.00	
销售费用	4	165,000.00	
管理费用	5	62,300.00	
财务费用	6	60,000.00	
资产减值损失	7		
加:公允价值变动收益(损失以"-"号填列)	8		
投资收益(损失以"-"号填列)	9		
其中:对联营企业和合营企业的投资收益	10		
二、营业利润(亏损以"-"号填列)	11	222,700.00	
加:营业外收入	12	10,000.00	
减:营业外支出	13	30,000.00	
其中:非流动资产处置损失	14		
三、利润总额(亏损总额以"-"号填列)	15	202,700.00	
减:所得税费用	16	50,675.00	
四、净利润(净亏损以"-"号填列)	17	152,025.00	
五、每股收益:	18		
(一)基本每股收益	19		
(二)稀释每股收益	20		

图 8-80　四川锦华机械有限责任公司的利润表

本章小结

本章主要介绍小微企业一般会计业务的会计电算化基本处理过程:新建账套→账套基础信息设置→总账初始设置→会计凭证处理→会计账簿查询→会计报表编制。并以锦华公司的会计业务为例,详细阐述了小微企业应如何新建账套、设置操作员及权限、设置基础档案、录入会计凭证、设置自动转账凭证取数公式及生成机制凭证、查阅会计账簿和编制会计报表等。

关键名词

会计电算化　　　　建立账套　　　　基础信息初始化

思考题

1. 新建账套主要包括哪些步骤？
2. 会计电算化信息系统需要设置哪些基础档案？
3. 总账参数有何作用？
4. 会计电算化凭证产生的途径有哪些？
5. 期末业务主要有哪些？
6. 如何定义期末自动转账的取数公式？
7. 简述会计报表编制的一般步骤。
8. 如何定义会计报表的取数公式？

延伸阅读

请扫描二维码阅读相关文献。

延伸阅读

第九章 会计法规、会计组织与支付结算法律制度

学习目标

了解会计机构的设置;熟悉会计人员的职权、会计职业道德;熟悉银行结算账户和支付结算工具与方式;掌握会计法规体系,尤其是企业会计准则的构成。

引例　财务多写两个字,老板坐牢12年!

如果碰上一个"二把刀"的"假会计"做账,税务机关想不注意都很难,下面就是一个血淋淋的案例。

浙江金华一家公司的老板卖出一批货物到江苏某市一家公司,按照市场价是1 000万元,但是这个老板卖了1 400万元。对方收到货物后,对公账户打款1 400万元过来,并且开具了增值税发票。按照正常的流程来说,这笔交易没问题。但在财务人员的身上出了些状况。财务人员在做账的时候,不小心写了不该写的"代开"两个字。这批货按照市场价是1 000万元,但是实际卖了1 400万元,按道理说这是"一个愿打一个愿挨"的事,而且交易是真实的。但是就是因为"代开"这两个字引起了税务机关的警觉,直接对该企业进行税务稽查,通过不懈的努力再加上大数据的辅助,终于发现,浙江这家企业收到1 400万元的对公账款后,老板再通过个人账户返还了400万元给这家公司。

这下麻烦大了,税务机关认定浙江这家企业涉及虚开增值税专用发票。虚开的400万元按照13%税率来计算,偷税金额是52万元,按照《中华人民共和国刑法》的处罚标准,涉案老板要坐12年牢。

会计法规是指导会计核算、规范会计行为、加强经济管理、维护市场秩序的重要规范。会计机构和会计人员是各单位进行会计核算的首要条件,合理设置会计机构,配备有素质的会计人员,会计工作才能顺利开展。各单位日常经济活动中需要开立银行结算账户,运用各种支付结算方式进行款项结算。随着市场经济的不断发展,科学技术的不断进步,我们已经可以通过各种便捷的方式进行款项收付。

第一节　会计法规体系

一、会计法规体系概述

会计法规体系即会计法律制度,是组织会计工作,处理会计事务应遵循的有关法律、制度、规章的总称。我国基本形成了以《中华人民共和国会计法》(以下简称《会计法》)为主体的比较完整的会计法规体系,主要包括四个层次,即会计法律、会计行政法规、国家统一的会计制度和地方规范性文件。

（一）会计法律

会计法律是由全国人民代表大会及其常务委员会经过一定立法程序制定的有关会计工作的法律。它是我国会计法规体系的最高层次,是制定其他会计法律法规的依据,也是指导会计工作的最高准则,是会计机构、会计工作、会计人员的大法。我国目前有两部会计法律,分别是《会计法》和《中华人民共和国注册会计师法》(以下简称《注册会计师法》)。

我国会计法的形成和发展

我国目前施行的《会计法》颁布于 1985 年,2024 年第三次修正后重新公布,自 2024 年 7 月 1 日起施行。修订后的《会计法》包括总则、会计核算、会计监督、会计机构和会计人员、法律责任和附则六章共 51 条。修订后的《会计法》在强化会计监督与责任追究、推动会计信息化建设、细化法律条文与增强可操作性,以及贯彻落实党和国家方针政策等方面均取得了显著进展。《会计法》是我国会计工作的根本性法律,也是制定其他会计法规的依据。

《注册会计师法》颁布于 1993 年,2014 年进行了修正,是我国中介行业的第一部法律。《注册会计师法》对注册会计师行业管理体制、注册会计师考试和注册、会计师事务所组织形式和业务范围、法律责任等进行了系统规范,为注册会计师行业发展提供了有力的法律保障。

（二）会计行政法规

会计行政法规是国务院制定发布或者国务院有关部门拟定、经国务院批准发布,用于调整经济生活中某些方面会计关系的法律规范,其法律效力仅次于会计法。例如,《总会计师条例》《企业财务会计报告条例》等。

《总会计师条例》颁布于 1990 年,2011 年进行了修订,对总会计师的地位、作用、职责、权限、任免与奖惩等进行了系统规范,特别规定了全民所有制大、中型企业应当设置总会计师,并规定设置总会计师的单位在单位行政领导中,不得设置与总会计师职权重叠的副职。

《企业财务会计报告条例》颁布于 2000 年,对企业财务会计报告的构成、编制、对外提供、法律责任等重大方面做了规定,要求企业负责人对本企业财务会计报告的真实性、完整性负责,企业不得编制和对外提供虚假的或者隐瞒重要事实的财务会计报告。

（三）国家统一的会计制度

国家统一的会计制度,即会计部门规章,是国务院财政部门根据《会计法》制定的关于会计核算、会计监督、会计机构和会计人员以及会计工作管理的制度。例如,《企业会计准则》《会计基础工作规范》《代理记账管理办法》等。

《企业会计准则》是财政部在 2006 年发布的,2014 年第一次大规模修订和增补、2016 年至 2020 年第二次大规模修订和增补,顺应了我国社会主义市场经济发展和经济全球化的需要。我国现行企业会计准则体系由基本准则、具体准则、应用指南和解释组成。

《会计基础工作规范》是财政部在 1996 年发布,2019 年修订的,规定了会计机构和会计人员、会计核算、会计监督、内部会计管理制度等方面的内容,旨在加强会计基础工作,建立规范的会计工作秩序,提高会计工作水平。

《代理记账管理办法》是财政部在 2016 年发布,2019 年修订的,规定了代理记账机构设置的条件、业务范围、委托合同的内容、委托人的义务、代理记账机构及其从业人员的义务等内容。本管理办法旨在加强代理记账资格管理,规范代理记账活动,促进代理记账行业健康发展。

（四）规范性文件

规范性文件是省、自治区、直辖市的人民代表大会及其常务委员会在与《中华人民共和国宪法》、法律和行政法规不相抵触的前提下,根据本地区情况制定、发布的会计规范性文件。

二、企业会计准则

企业会计准则是进行会计工作必须遵循的规范,是对经济业务确认、计量和报告的具体会计处理做出规定,规范会计信息的生成过程,提高会计信息的质量。我国《企业会计准则》现已形成包括 1 项基本准则、42 项具体准则在内的企业会计准则体系。

我国现行企业会计准则体系由基本准则、具体准则、应用指南和解释组成。

（一）基本准则

基本准则在企业会计准则体系中具有统御地位,是制定具体准则的基础。我国基本准则主要包括以下内容:

（1）总则。基本准则明确了企业会计准则的适用范围、财务会计报告的目标、会计基本假设、会计基础、会计要素、记账方法等内容。

（2）会计信息质量要求。基本准则规定了企业提供的会计信息需要满足的八大要求。

（3）会计要素及其计量属性。基本准则阐述了六大会计要素的定义、特征和确认条件。会计要素一般采用历史成本计量,采用其他计量属性计量的,应保证所确定的会计要素金额能够取得并可靠计量。

（4）财务会计报告。基本准则阐述了财务会计报告的概念和会计报表的内容。

（5）附则。

（二）具体准则

具体准则是在基本准则的指导下,对企业各项资产、负债、所有者权益、收入、费用、利润及相关交易事项的确认、计量和报告进行规范的会计准则。我国发布了包括《企业会计准则第 1 号——存货》等 42 项具体准则。

（三）应用指南

应用指南是对具体准则相关条款的细化和有关重点难点问题提供的操作性指南，以利于会计准则的贯彻落实和指导实务操作。

（四）解释

解释是对具体准则实施过程中出现的问题、具体准则条款规定不清楚或者尚未规定的问题做出的补充说明。

三、政府会计标准体系

政府会计标准体系是用于确认、计量、记录和报告政府和事业单位财务收支活动及其受托责任的履行情况的会计体系。2015 年以来，财政部积极、稳妥、有序推进政府会计标准体系建设，建立了政府预算会计和财务会计适度分离又相互衔接的政府会计核算模式。2015 年 10 月，财政部发布《政府会计准则——基本准则》；2016 年至 2019 年，财政部根据《政府会计准则——基本准则》，陆续制定发布存货、投资、固定资产等 11 项具体准则及 2 项应用指南，以及 6 项政府会计准则制度解释。2017 年 10 月，财政部发布《政府会计制度——行政事业单位会计科目和报表》。

我国现行的政府会计标准体系由政府会计基本准则、具体准则及其应用指南、政府会计制度组成。

（一）政府会计基本准则

政府会计基本准则对具体准则和制度的制定起指导作用。《政府会计准则——基本准则》规定了政府会计主体、会计目标、核算体系、核算基础、会计信息质量、会计要素的确认、计量和报告等事项。

（二）政府会计具体准则

政府会计具体准则依据其基本准则制定，用于规范政府发生的经济业务或事项的会计处理原则，具体规定各会计要素变动的确认、计量和报告。

（三）政府会计应用指南

政府会计应用指南主要对具体准则的实际应用做出操作性规定。

（四）政府会计制度

政府会计制度采用新的政府会计核算模式，详细规定 77 个财务会计一级科目和 26 个预算会计一级科目的核算内容、明细核算要求、主要账务处理等内容，明确财务报表和预算会计报表的格式及填报要求，并对单位通用业务或共性业务和事项的账务处理进行举例说明。

第二节　会计机构和会计人员

一、会计机构

会计机构是各单位处理会计工作的职能机构，合理设置会计机构是会计工作科

学、合理开展的前提。《会计法》规定"各单位应当根据会计业务的需要决定是否设置会计机构",具体内容有:

(1) 各单位应当根据会计业务的需要设置会计机构并配备会计机构负责人。如规模大、业务多的大、中型企业和行政事业单位、社会团体等应当设置会计机构,保证正常的业务核算。

(2) 不具备单独设置会计机构条件的,应当在有关机构中配备专职会计人员并指定会计主管人员。会计工作具有专业性、政策性强等特点,为了提高会计工作效率,明确岗位责任,没有设置会计机构、只在其他机构中配备一定数量专职和兼职会计人员的单位,也应在专职会计人员中指定会计主管人员。

(3) 没有设置会计机构或者配备会计人员的单位,应当根据《代理记账管理办法》的规定,委托会计师事务所或者持有代理记账许可证书的代理记账机构进行代理记账。

一般来说,会计机构的设置需要考虑单位规模大小、经济业务和财务收支的简繁、经济管理的要求。如果会计机构设置过于精简,会计工作过粗,会出现不相容的岗位由同一人担任的情形,不利于会计部门内部控制的监督;而机构设置过于庞大,又会导致会计工作分工过细,容易造成人工费用的浪费。

二、会计人员

会计人员是指直接从事会计工作的人员。各单位应根据规模大小、业务需要及会计机构岗位设置的要求,配备一定数量和素质的具备从业资格的会计人员。

(一) 会计人员的职责和权限

1. 会计人员的主要职责

根据 2024 年修订的《会计法》和 2019 年修订的《会计基础工作规范》,会计人员的职责如下:

(1) 进行会计核算。会计人员必须根据实际发生的经济业务事项,按照国家统一的会计制度的规定确认、计量和记录资产、负债、所有者权益、收入、费用、成本和利润。进行会计核算提供满足内外部需要的会计信息,是会计人员最基本的职责。

(2) 实行会计监督。会计人员应依据相关规定对本单位经济活动的真实性、合法性、合理性进行监督。会计人员应当对原始凭证进行审核和监督;会计人员对伪造、变造、故意毁灭会计账簿或者账外设账行为,应当制止和纠正;会计人员应当对实物、款项进行监督,督促建立并严格执行财产清查制度;会计人员应当对财务收支进行监督等;会计人员对违反单位内部会计管理制度的经济活动,应当制止和纠正等。

(3) 拟定本单位办理会计事务的具体办法。会计人员应根据企业会计准则等规定,结合本单位实际情况和需要,拟定本单位会计工作所必须遵守的具体要求和对经济业务的具体处理办法。如拟定各类业务和产品的核算制度,实时根据新、旧业务的变化,及时完善有关制度办法等。

(4) 参与拟定经济和业务计划、分析预算执行情况。会计人员应参与拟定经济计划、业务计划,考核和分析预算、财务计划的执行情况。会计人员的参与能够给经济计划和业务计划的拟定提供重要的财务数据支撑,使所拟定出的计划更科学、合理;会计人员根据财务核算信息,可以考核、分析预算、财务计划的执行情况,从而总结经验,发现问题,提出改进建议和措施。

(5) 办理其他会计事务。会计人员在本单位经营管理中还要履行参与合同签订、参与市场调查等职责。随着大数据技术和人工智能的发展,会计转型已是必然,会计人员的职责也不断向广度和深度发展。

2. 会计人员的权限

会计人员在履行职责的同时还享有必要的权限,以保障职责切实顺利地履行。会计人员的主要权限如下:

(1) 会计人员有权要求本单位有关部门、人员认真执行国家批准的计划、预算,遵守国家财经纪律和财务制度,如有违反,会计人员有权拒绝付款、拒绝报销或拒绝执行,并向本单位负责人报告。对于弄虚作假、营私舞弊、欺骗上级等违法乱纪行为,会计人员必须坚决拒绝执行,并向本单位负责人或上级机关、财政部门报告。

(2) 会计人员有权参与本单位财务计划的编制、定额的制定,经济合同的签订,以及参与生产、经营管理工作会议。

(3) 会计人员有权监督、检查本单位有关部门的财务收支、资金使用和财产保管、收发、计量、检验等。各单位领导人应当支持会计机构、会计人员依法行使职权;对忠于职守,坚持原则,做出显著成绩的会计机构、会计人员,应当给予精神的和物质的奖励。各单位应当合理安排会计人员的培训,保证会计人员每年有一定时间用于学习和参加培训。

(二) 会计人员的职业道德

会计职业道德,指在会计职业活动中应当遵循的、体现会计职业特征的、调整会计职业关系的各种经济关系的职业行为准则和规范。《财政部关于开展会计职业道德宣传教育工作的通知》(2003)中要求"要在全社会营造'爱岗敬业、诚实守信、廉洁自律、客观公正、坚持准则、提高技能、参与管理、强化服务'等会计职业道德意识和观念,树立良好的会计职业道德风尚,提高会计职业道德水平"。会计职业道德的具体内容如下:

《会计人员职业道德规范》

1. 爱岗敬业

会计人员应当热爱本职工作,努力钻研业务,使自己的知识和技能适应所从事工作的要求。

2. 诚实守信

会计人员应当保守本单位的商业秘密。除法律规定和单位领导人同意外,不能私自向外界提供或者泄露单位的会计信息。做到保密守信,不为利益所诱惑,执业谨慎,信誉至上。

3. 廉洁自律

会计人员应当树立正确的人生观和价值观;公私分明、不贪不占;遵纪守法、光明磊落。会计人员在职业活动中要做到不收受贿赂、不贪污钱财;要严格自律、自我约束、抵制不正当的思想和行为。

4. 客观公正

会计人员办理会计事务应当实事求是、客观公正。会计人员要以客观事实为依据,真实记录和反映实际交易和事项;会计核算要准确,凭证要合法,记录要可靠。会计人员要具备诚实的品格,在履行会计职能时,摒弃单位、个人私利,公平公正,不偏不倚,保持应有的独立性。

5. 坚持准则

会计人员应当熟悉财经法律、法规、规章和国家统一会计制度;自觉地严格遵守各项准则,对不符合会计法律与财务制度的经济业务不予受理;并结合会计工作进行广泛宣传;认真执行国家统一的会计制度,依法履行会计监督职责,敢于同违反会计法律法规和财务制度的现象作斗争,确保会计信息的真实性和完整性。

6. 提高技能

会计人员要通过学习、培训和实践等途径,提高职业技能和专业胜任能力,以适应工作需要。会计人员不仅要具备不断提高会计专业技能的意识和愿望,还要具有勤学苦练的精神和科学的学习方法,刻苦钻研,不断进取,努力提高工作效率和工作质量。

7. 参与管理

会计人员应通过现场核实等方法全面掌握本单位经济活动的实物流程、管理制度和控制要求;主动提出合理化建议,积极参与管理,使管理活动更有针对性和实效性。

8. 强化服务意识

会计人员应当树立服务意识,熟悉本单位的生产经营和业务管理情况,运用掌握的会计信息和会计方法,为改善单位内部管理、提高经济效益服务。

《会计基础工作规范》规定,财政部门、业务主管部门和各单位应当定期检查会计人员遵守职业道德的情况,并作为会计人员晋升、晋级、聘任专业职务、表彰奖励的重要考核依据。会计人员违反职业道德的,由所在单位进行处理。

三、会计专业职务与会计专业技术资格

会计工作的专业性要求会计人员必须具备一定的专业知识和专业技能。设置会计专业职务、举办会计专业技术资格考试,可以考核和确认会计人员的专业知识和业务技能,鼓励会计人员提高专业素质和职业道德。

(一) 会计专业职务

会计专业职务即会计职称。会计专业职务分为会计员、助理会计师、会计师、高级会计师和正高级会计师。助理会计师和会计员为初级职务,会计师为中级职务,高级会计师为副高级职务,正高级会计师为正高级职务。会计专业职务,由各单位根据会计工作需要,在规定的限额和批准的编制内设置。

《会计专业职务试行条例》对会计员、助理会计师、会计师和高级会计师的基本职责有明确规定。如会计员,负责具体审核和办理财务收支、编制记账凭证、登记会计账簿、编制财务会计报告和办理其他会计事项。助理会计师,负责草拟单位内部一般

性的财务会计制度、规定、办法,分析检查某一方面或某些项目的财务收支和预算的执行情况等。会计师,负责草拟比较重要的财务会计制度、规定、办法;解释、解答财务会计法规、制度中的重要问题;分析检查财务收支和预算的执行情况;培养初级会计人才。高级会计师,负责草拟和解释,解答在一个地区、一个部门、一个系统或在全国施行的财务会计法规、制度、办法;组织和指导一个地区或一个部门、一个系统的经济核算和财务会计工作;培养中级以上会计人才。

（二）会计专业技术资格

会计专业技术资格与会计专业职务是两个不同的概念。会计专业技术资格是担任会计专业职务的任职资格。会计人员在取得会计专业技术资格后通过单位聘任或任命才能担任会计专业职务。

会计专业技术资格分为初级资格、中级资格和高级资格三个级别。目前,初级、中级会计资格实行全国统一考试制度,高级会计师资格实行考试与评审相结合制度。

初级会计资格的考试科目是:初级会计实务和经济法基础;中级会计资格的考试科目是:中级会计实务、财务管理和经济法。全部考试科目通过后,取得相应的会计资格。取得初、中级会计资格表明其已具备担任相应级别会计专业职务的任职资格,可以被单位聘任或任命为会计员、助理会计师、会计师。

凡申请参加高级会计师资格评审的人员,须经考试合格后,方可参加评审。考试科目为:高级会计实务。参加国家统一考试并达到合格标准的人员,由全国会计专业技术资格考试办公室核发高级会计师资格考试成绩合格证。考试合格并符合规定条件的可在考试合格成绩有效期内,向所在省、自治区、直辖市或中央单位会计专业高级职务评审委员会申请进行评审,通过后即表示其已具备担任高级会计师的资格,经单位聘任或任命后担任高级会计师。

四、会计人员的继续教育

会计人员继续教育是国家为提高会计人员政治素质、业务能力、职业道德水平,使其知识和技能不断得到更新、补充、拓展和提高而对会计人员进行再培训、再教育。2018 年 7 月 1 日开始实施的《会计专业技术人员继续教育规定》对会计人员继续教育相关事项进行了详细规定。

（一）会计人员继续教育的对象

根据《会计专业技术人员继续教育规定》(2018),国家机关、企业、事业单位以及社会团体等组织具有会计专业技术资格的人员,或者不具有会计专业技术资格但从事会计工作的人员(以下简称会计专业技术人员)享有参加继续教育的权利和接受继续教育的义务。具有会计专业技术资格的人员应当自取得会计专业技术资格的次年开始参加继续教育,并在规定时间内取得规定学分。不具有会计专业技术资格但从事会计工作的人员应当自从事会计工作的次年开始参加继续教育,并在规定时间内取得规定学分。

（二）会计人员继续教育的内容

会计专业技术人员继续教育内容包括公需科目和专业科目。公需科目包括会计专业技术人员应当普遍掌握的法律法规、政策理论、职业道德、技术信息等基本知识，专业科目包括会计专业技术人员从事会计工作应当掌握的财务会计、管理会计、财务管理、内部控制与风险管理、会计信息化、会计职业道德、财税金融、会计法律法规等相关专业知识。

通过哪些方式可以取得会计人员继续教育学分?

会计专业技术人员参加继续教育实行学分制管理，每年参加继续教育取得的学分不少于 90 学分。其中，专业科目一般不少于总学分的 2/3。会计专业技术人员参加继续教育取得的学分，在全国范围内当年度有效，不得结转以后年度。

（三）会计人员继续教育的考核

用人单位应当建立本单位会计专业技术人员继续教育与使用、晋升相衔接的激励机制，将参加继续教育情况作为会计专业技术人员考核评价、岗位聘用的重要依据。会计专业技术人员参加继续教育情况，应当作为聘任会计专业技术职务或者申报评定上一级资格的重要条件。

继续教育管理部门应当加强对会计专业技术人员参加继续教育情况的考核与评价，并将考核、评价结果作为参加会计专业技术资格考试或评审、先进会计工作者评选、高端会计人才选拔等的依据之一，并纳入其信用信息档案。对未按规定参加继续教育或者参加继续教育未取得规定学分的会计专业技术人员，继续教育管理部门应当责令其限期改正。

五、会计机构负责人与总会计师

（一）会计机构负责人

会计机构负责人（会计主管人员）是指在一个单位内具体负责会计工作的中层领导人员。在设置会计机构的情况下，具体负责会计工作的中层领导为会计机构负责人；在不单独设置会计机构，而是在有关机构中配备专职会计人员的情况下，具体负责会计工作的中层领导为会计主管人员。

《会计基础工作规范》规定会计机构负责人、会计主管人员应当具备下列基本条件：① 坚持原则，廉洁奉公；② 具备会计师以上专业技术职务资格或者从事会计工作不少于三年；③ 熟悉国家财经法律、法规、规章和方针、政策，掌握本行业业务管理的有关知识；④ 有较强的组织能力；⑤ 身体状况能够适应本职工作的要求。

（二）总会计师

1. 总会计师的设置范围

《会计法》规定国有的和国有资产占控股地位或者主导地位的大、中型企业必须设置总会计师；不限制其他单位根据需要设置总会计师。其他单位可以根据业务需要，视情况自行决定是否设置总会计师。从实际情况看，许多外商投资企业、民营企业也都设有总会计师。

2. 总会计师的职责

《总会计师条例》规定，总会计师负责组织本单位的下列工作：编制和执行预算、财务收支计划、信贷计划，拟订资金筹措和使用方案；进行成本费用预测、计划、控制、核算、分析和考核；建立、健全经济核算制度，利用财务会计资料进行经济活动分析；

负责对本单位财会机构的设置和会计人员的配备、会计专业职务的设置和聘任提出方案;组织会计人员的业务培训和考核;支持会计人员依法行使职权。协助单位主要行政领导人对企业的生产经营、行政事业单位的业务发展以及基本建设投资等问题作出决策。参与新产品开发、技术改造、科技研究、商品(劳务)价格和工资奖金等方案的制定;参与重大经济合同和经济协议的研究、审查。

3. 总会计师的权限

《总会计师条例》规定,总会计师有以下权限:

(1) 总会计师对违反国家财经法律、法规、方针、政策、制度和有可能在经济上造成损失、浪费的行为,有权制止或者纠正。制止或者纠正无效时,提请单位主要行政领导人处理。

(2) 总会计师有权组织本单位各职能部门、直属基层组织的经济核算、财务会计和成本管理方面的工作。

(3) 总会计师主管审批财务收支工作。除一般的财务收支可以由总会计师授权的财会机构负责人或者其他指定人员审批外,重大的财务收支,须经总会计师审批或者由总会计师报单位主要行政领导人批准。

(4) 预算、财务收支计划、成本和费用计划、信贷计划、财务专题报告、会计决算报表,须经总会计师签署;涉及财务收支的重大业务计划、经济合同、经济协议等,在单位内部须经总会计师会签。

(5) 会计人员的任用、晋升、调动、奖惩,应当事先征求总会计师的意见;财会机构负责人或者会计主管人员的人选,应当由总会计师进行业务考核,依照有关规定审批。

六、注册会计师及会计师事务所

(一) 注册会计师

注册会计师是依法取得注册会计师证,并接受委托从事审计和会计咨询、服务业务的执业人员,是社会监督的重要力量。注册会计师的业务范围主要有以下两个方面。

(1) 依法承办审计业务。审查企业财务报告,出具审计报告;验证企业资本、出具验资报告;办理企业合并、清算事宜中的审计业务并出具有关报告;法律法规规定的其他业务。

(2) 承办会计咨询、服务业务。设置会计制度,担任会计顾问,提供会计管理咨询服务;代理纳税申报,提高税务咨询;代理申请工商登记,拟订合同、章程和其他业务文件;办理投资评估、资产评估和项目可行性研究中的有关业务;培训会计、审计和财务管理人员;其他会计咨询、服务。

[小提示]

注册会计师考试分为专业阶段考试和综合阶段考试。考生在通过专业阶段考试的全部科目后,才能参加综合阶段考试。

专业阶段考试科目:会计、审计、税法、经济法、财务成本管理、公司战略与风险管理。

综合阶段考试科目:职业能力综合测试(文字呈现)。

(二) 会计师事务所

会计师事务所是注册会计师依法承办业务的机构,主要有独资、普通合伙制、股份有限制、有限责任制四种组织形式。《注册会计师法》规定,我国的注册会计师只批准设立有限责任会计师事务所和合伙会计师事务所,不准设立个人独资会计师事务所。

第三节　支付结算法律制度

一、支付结算概述

(一) 支付结算的概念

支付结算是指单位、个人在社会经济活动中使用票据、银行卡和汇兑、委托收款、托收承付以及电子支付等结算方式进行货币给付及其资金清算的行为。

在各单位的日常经济活动中,除少数经济往来的款项按规定可以使用现金结算外,大量的支付清算活动都必须通过银行的票据结算和其他机构支付结算方式完成。

《现金管理暂行条例》规定可以使用现金的事项

(二) 支付结算的原则

单位、个人和银行办理支付结算必须遵守下列原则:

(1) 恪守信用,履约付款。参与支付结算的当事人要按合同要求和约定行使权利和承担义务,严格遵守信用,履行付款义务。

(2) 谁的钱进谁的账,由谁支配。银行的客户对其存款具有所有权和支配权,除法律、法规另有规定外,银行无权在未经存款人授权或委托的情况下,擅自截留和动用存款人在银行账户中的资金。

(3) 银行不垫款。银行在办理结算过程中,只负责办理结算当事人之间的款项划拨,不承担垫付任何款项的责任。该原则划清了银行资金和客户资金的界限,保证了银行资金的安全。

(三) 支付结算的工具

单位、个人和银行及其他机构办理支付结算,必须使用按中国人民银行统一规定印制的票据凭证和统一规定的结算凭证。目前,我国的支付结算工具与方式包括"三票、一卡、三方式"。

你知道我国老百姓支付方式的变迁史吗?

随着互联网技术的发展,网上银行、条码支付、网络支付等电子支付方式得到快速发展。我国目前已形成了以票据和银行卡为主体,以电子支付为发展方向的非现金支付工具体系。

二、银行结算账户

(一) 银行结算账户的概念和种类

银行结算账户是指银行为存款人开立的办理资金收付结算的"活期"存款账户。按照国家有关规定,凡是独立核算的单位应当根据业务需要,按照规定在其所在地银行开设账户,用于存款、取款以及各种收支转账业务的结算。

(二) 银行结算账户的用途

银行结算账户按用途不同可以分为基本存款账户、一般存款账户、临时存款账户和专用存款账户。

1. 基本存款账户

基本存款账户是存款人办理日常转账结算和现金收付的账户,是存款人的主办账户。工资、奖金等现金的支取只能通过该账户办理。一个单位只能选择一家银行的一个营业机构开设一个基本存款账户。

2. 一般存款账户

一般存款账户是存款人因借款或其他结算需要,在基本存款账户开户银行以外的银行开立的银行结算账户。该账户用于办理存款人借款转存、借款归还和其他结算的资金收付,可以办理现金缴存,但不得办理现金支取。

3. 专用存款账户

专用存款账户是存款人按照法律、行政法规和规章,对其特定用途资金进行专项管理和使用而开立的银行结算账户。该账户适用于基本建设资金、更新改造资金、证券交易结算资金、粮棉油收购资金、住房基金等。

4. 临时存款账户

临时存款账户是存款人因临时需要并在规定期限内使用而开立的银行结算账户。存款人可通过该账户办理转账结算,根据国家现金管理的规定办理现金收付。

各单位的货币资金收付,除了在规定的范围内可以用现金收支外,其余一律通过银行账户办理转账结算。

三、支付结算工具与方式

我国的支付结算工具与方式包括"三票、一卡、三方式"。"三票"是三种票据,《中华人民共和国票据法》中规定的"票据",包括汇票、银行本票和支票,是指由出票人签发的、约定自己或委托付款人在见票时或指定日期向收款人或持票人无条件支付一定金额的有价证券;"一卡"是银行卡;"三方式"是汇兑、托收承付和委托收款。

(一) 银行汇票

银行汇票是汇款人将款项交存出票银行,由出票银行签发的,由其在见票时按照实际结算金额无条件支付给收款人或者持票人的票据。该票据可以用于先收款后发货或钱货两清的商品交易,也可以用于单位和个人各种款项的结算。注明"现金"

字样的银行汇票可以用于支取现金,但现金银行汇票的申请人和收款人均应为个人。

银行汇票结算的基本流程如下:

(1) 申请人向出票银行填写"银行汇票申请书",并交存款项。

(2) 出票银行签发银行汇票。

(3) 申请人使用银行汇票结算。

(4) 持票人到银行办理进账或支取现金。

(5) 银行汇票结清。银行汇票的实际结算金额低于出票金额的,其多余金额由出票银行退交申请人。

(二) 商业汇票

商业汇票是出票人签发的,委托付款人在指定日期无条件支付确定的金额给收款人或者持票人的票据。根据承兑人不同,商业汇票分为商业承兑汇票和银行承兑汇票。商业汇票的付款期限由双方商定,最长不得超过 6 个月。该种票据具有付款期限,对于购货企业,可以在资金暂不充裕的情况下及时购入商品,对于销售企业,可以疏通商品渠道,扩大销售,加速资金周转。

1. 商业承兑汇票

商业承兑汇票是由银行以外的付款人承兑,商业承兑汇票结算的基本流程如下:

(1) 签发商业承兑汇票。付款方签发并承兑或收款方签发交给付款方承兑,并交付已承兑的汇票给收款人。

(2) 委托银行收款。收款方应在提示付款期限内通过开户银行委托收款或直接向付款人提示付款。

(3) 到期兑付。商业承兑汇票到期时,付款人开户银行凭票将票款划给收款人。如果付款人账户余额不足支付或拒绝付款等,由收款方和付款方自行协商票款的清偿问题。

2. 银行承兑汇票

银行承兑汇票由银行承兑,承兑银行按票面金额的万分之五向出票人收取手续费。银行承兑汇票结算的基本流程如下:

(1) 签发银行承兑汇票。银行承兑汇票由付款方签发并交其开户银行进行承兑,付款方将承兑后的汇票交给收款人。

(2) 委托银行收款。收款方应在提示付款期限内通过开户银行委托收款或直接向付款人提示付款。

(3) 到期兑付。银行承兑汇票到期时,承兑银行无条件付款。如果银行承兑汇票的出票人于汇票到期日未能足额交存票款,则承兑银行除凭票向持票人无条件付款外,对出票人尚未支付的汇票金额按照每天万分之五计收利息。

(三) 银行本票

银行本票是汇款人将款项交存出票银行,由出票银行签发的,承诺其在见票时无条件支付确定的金额给收款人或者持票人。该票据适用于单位或个人在同一票据交换区域支付的各种款项。注明"现金"字样的银行本票可以用于支取现金,但申请人或收款人为单位的,银行不得为其签发现金银行本票。

银行本票结算的基本流程如下:

(1) 申请人向出票银行填写"银行汇票申请书",并交存款项。

(2) 出票银行签发银行本票。

(3) 申请人使用银行本票结算。

(4) 持票人到银行办理进账或支取现金。

(5) 银行本票结清。

(四) 支票

支票是指出票人签发的、委托办理支票存款业务的银行在见票时无条件支付确定的金额给收款人或者持票人的票据。支票分为现金支票、转账支票和普通支票。现金支票只能用于支取现金。转账支票只能用于转账。普通支票既可用于转账,也可用于支取现金;在普通支票左上角划两条平行线的,为划线支票,划线支票只能用于转账,不得支取现金。支票适用于单位和个人在同一票据交换区域的各种款项结算。

(五) 银行卡

银行卡是指经批准由商业银行向社会发行的具有消费信用、转账结算、存取现金等全部或部分功能的信用支付工具。

按不同标准,可以对银行卡做不同的分类。

(1) 按是否具有透支功能分为信用卡和借记卡,前者可以透支,后者不具备透支功能。

信用卡按是否向发卡银行交存备用金分为贷记卡、准贷记卡两类。① 贷记卡是指发卡银行给予持卡人一定的信用额度,持卡人可在信用额度内先消费、后还款的信用卡。② 准贷记卡是指持卡人须先按发卡银行要求交存一定金额的备用金,当备用金账户余额不足支付时,可在发卡银行规定的信用额度内透支的信用卡。

借记卡的主要功能包括消费、存取款、转账、代收付、外汇买卖、投资理财、网上支付等,按功能不同分为转账卡(含储蓄卡)、专用卡和储值卡。① 转账卡是实时扣账的借记卡,具有转账结算、存取现金和消费功能。② 专用卡是具有专门用途、在特定区域使用的借记卡,具有转账结算、存取现金功能。"专门用途"是指在百货、餐饮、饭店、娱乐行业以外的用途。③ 储值卡是发卡银行根据持卡人要求将其资金转至卡内储存,交易时直接从卡内扣款的预付钱包式借记卡。

(2) 按币种不同分为人民币卡、外币卡。外币卡是持卡人与发卡银行以除人民币以外的货币作为清算货币的银行卡。目前国内商户可受理维萨(VISA)、万事达(Master Card)、美国运通(American Express)、大来(Diners Club)等外币卡。

(3) 按发行对象不同分为单位卡、个人卡。

(4) 按信息载体不同分为磁条卡、芯片(IC)卡。

(六) 汇兑

汇兑是汇款人委托银行将其款项支付给收款人的结算方式。单位和个人的各种款项的结算,均可使用汇兑结算方式。汇兑分为信汇、电汇两种,由汇款人选择使用。汇款人和收款人均为个人,需要在汇入银行支取现金的,应在信、电汇凭证的"汇款金额"大写栏,先填写"现金"字样,后填写汇款金额。

汇兑结算的基本流程如下:

(1) 汇款人委托开户银行汇款。

(2) 汇款人开户银行将款项划转到收款人开户银行。

(3) 收款人开户银行通知收款人收账。

（七）托收承付

托收承付是根据购销合同由收款人发货后委托银行向异地付款人收取款项,由付款人向银行承认付款的结算方式。办理托收承付结算的款项,必须是商品交易,以及因商品交易而产生的劳务供应的款项。代销、寄销、赊销商品的款项,不得办理托收承付结算。

托收承付结算的基本流程如下:

(1) 销售方(收款方)向购买方(付款方)发货。

(2) 收款方向收款方开户银行办理托收手续。

(3) 收款方开户银行向付款方开户银行寄送单据。

(4) 付款方开户银行通知付款方承付。

(5) 付款方同意承付。

(6) 付款方开户银行将款项划往收款方开户银行。

（八）委托收款

委托收款是收款人委托银行向付款人收取款项的结算方式。单位和个人凭已承兑商业汇票、债券、存单等付款人债务证明办理款项的结算,均可以使用委托收款结算方式。委托收款在同城、异地均可以使用。

委托收款的基本流程如下:

(1) 收款方向收款方开户银行办理委托收款手续。收款方办理委托收款应向开户银行提交委托收款凭证和有关的债务证明。

(2) 收款方开户银行向付款方开户银行寄送单据。

(3) 付款方开户银行通知付款方付款。

(4) 付款方同意付款。

(5) 付款方开户银行将款项划往收款方开户银行。

（九）网上支付

网上支付是电子支付的一种形式,如网上银行、支付宝、微信支付、Apple Pay,我们的生活已经逐渐被这种支付方式覆盖。网上支付主要是网上银行和第三方支付。

1. 网上银行

网上银行是各银行在互联网中设立的虚拟柜台,银行利用网络技术,通过互联网向客户提供开户、销户、查询、对账、行内转账、跨行转账、信贷、网上证券、投资理财等传统服务项目,使客户足不出户就能够安全、便捷地管理活期和定期存款、支票、信用卡及个人投资等。

随着互联网及电子商务的兴起,网上购物逐渐代替了上街购物,传统的银行支付变成了在线支付,网购成为消费者的主流购物渠道。1996 年,中国银行率先建立网上银行服务。

2. 第三方支付

第三方支付,是指非金融机构作为收、付款人的支付中介所提供的网络支付、预付卡发行与受理、银行卡收单以及中国人民银行确定的其他支付服务。第三方支付方式包括线上支付方式（如通过第三方支付平台实现的互联网在线支付）和线下支付方式（包括 POS 机刷卡支付、拉卡拉等自助终端支付、移动支付等）。第三方支付由银行作为信用保证，保障了买卖双方各自利益，提高了双方诚信度和安全性，有效降低和化解网上交易风险，提高成交率。

本章小结

本章主要介绍了会计法规体系、会计机构和会计人员、支付结算法律制度。会计法规体系包含会计法律、行政法规、国家统一的会计制度及地方规范性文件，以《会计法》为核心。企业会计准则体系包含基本准则、具体准则及应用指南等，确保会计信息的规范性与透明度。会计机构是单位处理会计工作的部门，需合理设置以保障工作高效开展。会计人员需具备资格，职责包括核算、监督、拟定制度等，享有监督、参与管理等权限。支付结算是通过票据、电子支付等方式进行的货币给付和资金清算行为。主要工具为"三票、一卡、三方式"。银行结算账户分基本、一般、专用和临时存款账户，各有用途。随着互联网发展，网上支付和第三方支付成为主流，能保障交易安全便捷。

关键名词

会计机构　　　　会计人员　　　　会计法规

即测即评

请扫描二维码进行即测即评。

思考题

1. 为什么出纳人员不得兼管稽核、会计档案保管和收入、费用、债权债务账目的登记工作？
2. 什么是我国企业会计准则的"金字塔结构"？

延伸阅读

请扫描二维码阅读相关文献。

延伸阅读

主要参考文献

[1] 财政部会计资格评价中心 . 经济法基础[M]. 北京:经济科学出版社,2022.

[2] 财政部会计资格评价中心 . 初级会计实务[M]. 北京:经济科学出版社,2022.

[3] 中国注册会计师协会 .2022 年注册会计师统一考试辅导教材《会计》[M]. 北京:中国财政经济出版社,2022.

[4] 刘英明,张捷 . 基础会计[M].3 版 . 北京:中国人民大学出版社,2021.

[5] 戴德明,林钢,赵西卜 . 财务会计学[M].13 版 . 北京:中国人民大学出版社,2021.

[6] 王新玲 . 用友 U8 财务管理系统原理与实验[M].2 版 . 北京:清华大学出版社,2020.

[7] 企业会计准则编审委员会 . 企业会计准则(2017 版)[M]. 上海:立信会计出版社,2017.

[8] 李海波,蒋瑛 . 新编会计学原理——基础会计[M].18 版 . 上海:立信会计出版社,2017.

[9] 孙莲香 . 会计电算化技能实训教程[M]. 北京:清华大学出版社,2017.

郑重声明

读者意见反馈

为收集对教材的意见建议，进一步完善教材编写并做好服务工作，读者可将对本教材的意见建议通过如下渠道反馈至我社。

咨询电话　400-810-0598

反馈邮箱　gjdzfwb@pub.hep.cn

通信地址　北京市朝阳区惠新东街 4 号富盛大厦 1 座
　　　　　　高等教育出版社总编辑办公室

邮政编码　100029